本书的出版受到国家大宗淡水鱼产业技术体系"十二五"重点课题的资助

我国区际产业转移的就业效应研究

RESEARCH ON EMPLOYMENT EFFECT OF INTER-REGIONAL INDUSTRIAL RELOCATION

周洪霞 著

经济管理出版社
ECONOMY & MANAGEMENT PUBLISHING HOUSE

图书在版编目（CIP）数据

我国区际产业转移的就业效应研究/周洪霞著.—北京：经济管理出版社，2017.2
ISBN 978－7－5096－4871－1

Ⅰ.①我…　Ⅱ.①周…　Ⅲ.①区域产业结构—产业转移—影响—就业—研究—中国　Ⅳ.①F127②D669.2

中国版本图书馆 CIP 数据核字（2016）第 324756 号

组稿编辑：杨雅林
责任编辑：杨雅林　马玉丹　赵春娥
责任印制：黄章平
责任校对：雨　千

出版发行：经济管理出版社
　　　　　（北京市海淀区北蜂窝 8 号中雅大厦 A 座 11 层　100038）
网　　址：www.E－mp.com.cn
电　　话：（010）51915602
印　　刷：北京玺诚印务有限公司
经　　销：新华书店
开　　本：720mm×1000mm/16
印　　张：14
字　　数：267 千字
版　　次：2017 年 5 月第 1 版　2017 年 5 月第 1 次印刷
书　　号：ISBN 978－7－5096－4871－1
定　　价：58.00 元

·版权所有　翻印必究·
凡购本社图书，如有印装错误，由本社读者服务部负责调换。
联系地址：北京阜外月坛北小街 2 号
电话：（010）68022974　邮编：100836

前　言

　　产业转移是促进区域协调发展的一种重要途径，成为国内学术界和政府部门关注的重要课题。产业转移通过各种途径作用于产业转出地和产业转入地，产生多种经济效应，其中，产业转移引发劳动力流动进而产生的就业效应，成为各界讨论的热点。特别是近年来东部沿海地区频现"用工荒"、"招工难"，中西部在面临"招工难"的同时外出劳动力有明显"回流"迹象，这与东部产业向中西部转移是否相关？产业转移将对劳动力就业产生何种影响？基于此，本书选择从我国产业由东部向中西部等内陆地区的转移为主题，利用统计描述、面板数据模型、空间计量模型等方法来分析并验证产业转移对我国劳动力就业的影响。

　　1999~2012年，我国工业总体空间集聚水平呈倒"U"型变动轨迹，其中，1999~2005年主要是向东部集聚，自2005年后产业由东部向中西部转移趋势增强。对于流动性最强的制造业而言，大多行业的重心分布在相对东南地区，从2005年左右开始向西向北移动。对1999~2012年制造业转移特征分析发现：以纺织业为代表的劳动密集型行业空间集聚水平呈倒"U"型变化，呈"大规模转出，分散化小规模转入"状态；以石油加工、炼焦及核燃料加工业为代表的资本密集型行业和以计算机、通信和其他电子设备制造业为代表的技术密集型行业集聚水平均在下降，有转移迹象但规模不大，主要在具备一定产业基础的地区发生明显的产业转出和转入现象。从我国产业转移与劳动力就业的总体状况来看，产业转移使劳动力向东部流动的速度减缓，并带动中西部外出劳动力回流，但这种影响不明显，劳动力就业没有出现与产业同幅度的变化。可见，产业转移通过引发劳动力流动而带来的各地就业变化存在一定的滞后性。

　　进一步通过模型构建和实证检验发现，产业转移可通过引导劳动力地区间流动而改变就业空间分布，产业转移过程中的劳动力流动与就业空间分布变化是明显的经济现象。改革开放后，我国的产业转移与劳动力流动经历了从"同向转移"为主到"逆向转移"为主再到"同向转移和逆向转移并存"的过程，在此过程中就业空间分布也由过度集中于东部沿海的非均衡状态向就业趋于分散的均衡状态转变。产业转移还可通过推动产业结构升级、技术进步、人力资本提升等途径优化地区就业结构，其中，产业结构对就业结构具有决定性作用，是产业转移影响地区就业结构最重要的一种途径。与对就业空间、就业结构的影响相比，产业转移对地区就业质量的影响更为深远，特别是对于作为产业转入地的中西部而言。产业转移可通过创造就业机会、提升就业技能、增加女性就业、促进教育和培训、刺激劳动力市场发育等途径提升中西部地区的劳动力就业质量。

目 录

第一章 导论 … 1

第一节 问题提出 … 1
一、选题背景 … 1
二、研究意义 … 3

第二节 相关研究综述 … 5
一、国际产业转移对就业的影响 … 5
二、国内产业转移对就业的影响 … 7
三、对已有研究的评析 … 8

第三节 研究框架 … 9
一、研究思路 … 9
二、本书结构 … 10

第四节 主要创新与不足 … 11

第二章 产业转移的理论分析 … 13

第一节 产业转移内涵 … 13
一、宏观层面 … 14
二、微观层面 … 14
三、本书界定 … 15

第二节 产业转移的理论基础 … 15
一、基于国际转移角度的理论 … 16
二、基于区际转移角度的理论 … 20

第三节 产业转移的动因与效应 … 23
一、产业转移的动因 … 23
二、产业转移区位选择的影响因素 … 24

三、产业转移的效应 …………………………………………… 26
第四节 我国产业转移的动力——基于推拉模型 ……………… 27
一、转出地的推力 ……………………………………………… 28
二、转出地的阻力 ……………………………………………… 30
三、转入地的拉力 ……………………………………………… 32
四、转入地的斥力 ……………………………………………… 33
本章小结 …………………………………………………………… 34

第三章 我国产业转移与劳动力就业现状 …………………………… 35
第一节 工业空间格局及演变 …………………………………… 35
一、工业空间分布的变化趋势 ………………………………… 35
二、制造业重心的空间变动 …………………………………… 42
第二节 制造业转移特征 ………………………………………… 53
一、测度方法 …………………………………………………… 53
二、产业分类 …………………………………………………… 55
三、对象选取 …………………………………………………… 56
四、结果分析 …………………………………………………… 57
第三节 劳动力就业 ……………………………………………… 82
一、就业结构 …………………………………………………… 83
二、空间分布 …………………………………………………… 88
第四节 产业转移与劳动力就业的对比分析 …………………… 93
一、东部地区 …………………………………………………… 94
二、中部地区 …………………………………………………… 96
三、西部地区 …………………………………………………… 98
四、东北地区 …………………………………………………… 98
本章小结 …………………………………………………………… 101

第四章 产业转移的就业空间重构效应 ……………………………… 103
第一节 我国劳动力流动现状 …………………………………… 103
一、劳动力流动的特征 ………………………………………… 104
二、劳动力流动的动因 ………………………………………… 111
三、劳动力流动的影响 ………………………………………… 112
第二节 产业转移与劳动力流动的规律 ………………………… 115
一、消费者偏好 ………………………………………………… 116

二、生产均衡 ······································· 116
　　三、农业部门生产 ··································· 117
　　四、劳动力流动 ····································· 118
　　五、产业转移与劳动力流动 ··························· 118
第三节 我国产业转移与就业空间变化的典型事实 ············· 120
　　一、"同向转移" ···································· 122
　　二、"逆向转移" ···································· 124
　　三、"同向和逆向转移并存" ·························· 125
第四节 我国产业转移与就业空间变化的关联性 ··············· 127
　　一、研究方法 ······································· 128
　　二、模型说明 ······································· 131
　　三、空间自相关描述 ································· 133
　　四、空间计量分析 ··································· 137
本章小结 ··· 140

第五章 产业转移的就业结构调整效应 ···················· 142

第一节 就业结构的内涵及影响因素 ························· 142
　　一、就业结构的内涵 ································· 142
　　二、影响就业结构的关键因素 ························· 142
第二节 产业转移影响就业结构的作用机理 ··················· 144
　　一、产业转移影响就业结构的途径 ····················· 144
　　二、产业转移影响产业结构的机制 ····················· 150
　　三、产业转移影响就业结构的传导路径 ················· 155
第三节 实证分析 ·· 156
　　一、理论模型 ······································· 156
　　二、实证检验 ······································· 159
本章小结 ··· 163

第六章 产业转移的就业质量提升效应 ···················· 165

第一节 就业质量的界定及影响因素 ························· 165
　　一、就业质量的概念 ································· 165
　　二、就业质量的影响因素 ····························· 166
第二节 产业转移对就业质量的影响途径与效应 ··············· 170
　　一、创造就业机会 ··································· 170

二、提升就业技能 ………………………………………… 171
　　三、增加女性就业 ………………………………………… 172
　　四、促进教育和培训 ……………………………………… 172
　　五、刺激劳动力市场发育 ………………………………… 173
　第三节　典型案例分析 ………………………………………… 174
　　一、河南承接产业转移的特征 …………………………… 174
　　二、河南就业质量现状 …………………………………… 177
　　三、实证检验 ……………………………………………… 179
　本章小结 ………………………………………………………… 181

第七章　研究结论与展望 ……………………………………………… 182
　第一节　主要结论 ……………………………………………… 182
　第二节　研究展望 ……………………………………………… 185

附录 ……………………………………………………………………… 187

参考文献 ………………………………………………………………… 198

后记 ……………………………………………………………………… 214

第一章 导论

随着我国经济结构调整和产业转型升级的步伐加快,产业转移作为促进区域协调发展的重要手段,成为国内各界关注的重要课题。产业转移通过多种途径直接作用于产业转出地和产业转入地,产生多种经济效应,其中,产业转移对劳动力就业的影响是各界讨论的热点。

第一节 问题提出

一、选题背景

综观20世纪以来四次大范围的国际产业转移,每一次产业转移都伴随着某些国家的经济腾飞和产业结构的转型升级,对世界经济发展格局产生深远影响。随着经济全球化和区域经济一体化日益深化,产业结构的调整升级已不再局限于一个国家或某一地区内部,而是融入全球经济或一国总体经济的大潮中。因此,一个国家或地区的经济发展及产业结构变化会通过一连串的连锁反应对其他国家或地区经济发展与产业结构产生深远影响。作为产业结构调整升级的一种重要途径,产业转移成为连接各个区域经济发展与产业结构调整升级的重要纽带。

自改革开放以来,我国抓住国际产业转移的历史机遇,逐步融入世界经济全球化的生产体系中,成为国际产业转移的最大承接国。东部沿海地区凭借区位优势和政策支持,承接了大量国际产业转移,经济迅猛发展,现已接近或达到新兴工业化国家和地区的经济发展水平。经过多年的高速发展,东部沿海传统产业的发展规模已接近其产业承载力上限,出现要素成本大幅上升、资源约束日益趋紧、环境污染愈加严重等问题,再加上近年来国内消费结构升级、经济发展方式转变、环保新政趋严等因素影响，东部沿海地区的产业亟须转型升级，减少或淘汰没有能力转型升级的低端传统产业，发展高技术含量、高附加值的资本和技术密集型产业，实现"腾笼换鸟"。中部、西部等内陆地区则在西部大开发、中部崛起等一系列政策的支持下，交通、水利、能源、通信等基础设施建设逐步完善，法制环境、政策环境、市场环境等明显改善，外加土地、劳动力、资源等优势条件使其成为东部沿海大规模产业转移的理想区位。进入 21 世纪后，东部及沿海地区为加快产业结构调整升级、优化产业布局，加快产业转移步伐，逐步将劳动和资源密集型产业转移到中部、西部等内陆地区，集中力量发展技术和资本密集型产业。据统计，中部六省利用境内省外资金总数由 2009 年的 1.2 万亿元上升至 2013 年的 3.3 万亿元，复合年增长率达到 29%；西部典型省市重庆在 2009 ~ 2013 年累计引进境内省外资金达到 2.1 万亿元，比前 5 年引进资金总和增长 10 倍多，承接产业转移取得明显成效①。产业由东部沿海向中部、西部等内陆地区转移不仅有利于推动东部产业结构转型升级、促进中西部等内陆地区经济快速增长，也迎合了我国促进区域协调发展的政策需要。改革开放后，在非均衡发展战略的影响下，我国产业与人口分布不匹配引发大量中西部等内陆地区劳动力向东部流动就业，在推动东部地区经济快速发展的同时，大规模的"移民就业"也带来了全国交通运力紧张、东部地区要素供给日趋紧张、中西部等内陆地区人力资本流失等诸多问题。为此，自 21 世纪初，我国陆续出台并实施了"西部大开发"、"振兴东北老工业基地"、"促进中部地区崛起"等统筹区域协调发展的战略，投资和政策重点大规模向中部、西部转移，促进东部产业向中部、西部转移。产业转移成为执行区域协调发展战略的一个重要抓手，得到国家及各级政府的重视，例如，国务院 2010 年出台了《关于中西部地区承接产业转移的指导意见》②，明确了中西部在承接产业转移过程中的重点任务及相关政策；我国陆续设立了安徽皖江城市带、广西桂东、重庆沿江、湖南湘南、湖北荆州、晋陕豫黄河金三角、甘肃兰白经济区、江西赣南、四川广安、宁夏银川—石嘴山等多个承接产业转移示范区，引导东部产业向中西部合理有效转移。

在国家政策引导下，近年来特别是进入"十一五"之后，我国工业在东部沿海高度集聚的状态开始发生变化，东部发达地区产业向省内欠发达地区、中西部等内陆地区和东南亚国家转移步伐加快，其中，中部、西部地区成为承接东部产业转移的重点地区。以反映产业空间集聚程度的基尼系数为例，我国工业分布

---

① 工业和信息化部产业政策司、工业和信息化部电子科学技术情报研究所：《中国产业转移年度报告 2014 ~ 2015》，电子工业出版社 2015 年版。

② http://www.gov.cn/zwgk/2010 - 09/06/content_ 1696516.htm。

的空间基尼系数[①]自2005年后一直不断下降，由2005年的0.493下降到2013年的0.428；东部工业增加值份额由2005年的60.4%减少到2013年的50.2%，并呈现持续下降态势，而中部、西部以及东北地区的份额则呈稳定上升趋势。产业转移也是资本、技术、劳动力等要素在地区间流动、聚集进而改变生产力空间分布格局的过程。就劳动力而言，虽然我国劳动力市场存在一定程度的分割，但劳动力的地区间流动不存在严格的政策性障碍，劳动力具有较高流动性。因此，在东部产业向中部、西部等内陆地区转移的过程中，劳动力流动的空间选择也随之发生变化，劳动力由中部、西部向东部大规模流动的势头有所减缓，中部、西部外出劳动力回流趋势明显，换言之，劳动力由跨区域转移就业逐渐向就地就近转移就业转变。我国劳动力自20世纪80年代后开始由中西部等内陆地区向东部沿海大规模流动，引发一波又一波的"民工潮"。但从2004年开始，东部沿海特别是珠三角、长三角等经济增长引擎区出现民工短缺，并演变成日益严重的"招工难"和"用工荒"，而中部、西部在面临"招工难"的同时出现外出劳动力回流迹象。据统计，与2012年相比，2013年中部和西部的农民工分别增长9.4%和3.3%，而东部农民工则减少0.2%。以劳动力输出大省河南为例，随着河南承接产业转移（富士康、海马汽车、格力电器等）规模不断增大，外出劳动力回流迹象日趋明显：据统计，2011年河南农村劳动力在省内务工数量（1268万人）首次超过省外务工数（1190万人），2012年省内就业数增加到1451万人，省外输出降为1119万人，省内外就业人数差额由2011年的78万人扩大到2012年的332万人，到2014年，选择到省外务工的比例下降到39%，选择在本地（县、市）就业的比例提高到38.1%（2012年仅为24.2%），劳动力就业本地化趋势日益明显。

可见，在我国产业转移过程中伴随着劳动力流动，呈现产业转移和劳动力回流的"双转移"特点，这会对我国劳动力就业产生深远影响。在此背景下，本书选择我国区际产业转移的就业效应作为研究主题，利用统计描述、面板数据模型、空间计量模型等方法分析并验证产业转移对全国及产业转出地与产业转入地劳动力就业的影响，揭示产业转移对我国就业空间及各地就业结构、就业质量的影响途径和效应，力图为我国产业转移实践提供依据。

二、研究意义

自2004年开始，我国东部沿海地区频现"民工荒"、"招工难"，中西部等内陆地区近年来也出现劳动力供给紧缺状况。究其原因，一方面可能是随着我国

---

① 利用地区工业增加值指标计算，具体见第三章。

经济总量规模不断扩大，劳动力供过于求的局面正在发生变化；另一方面可能是随着东部产业向中西部转移，引发在东部务工的内陆劳动力回流，中西部不断加快的经济发展步伐也使其用工需求快速增长。学术界有观点指出，我国劳动力流动的主流是由中西部向东部流动，并倾向于长期留在东部地区不再回流，导致我国出现"产业西移"与"劳动力东进"共存，形成空间上的"逆向"变化。换言之，产业转移进一步引发我国沿海与内地之间的劳动力争夺战，导致区域间劳动力竞争加剧。沿着上述角度来思考，我们发现需要从理论上回答的问题很多，如产业转移会对劳动力就业空间分布产生什么影响？产业转移对转出地、转入地的劳动力就业有何影响，影响机制和途径是什么？

从现实意义看，我国政府一直将扩大和保障就业作为经济发展的一个重要目标，党的十八大报告中提出"推动实现更高质量的就业"目标。然而，改革开放后由于产业、人口分布不匹配引发的大规模中西部等内陆劳动力流向东部在异地就业，形成了独具中国特色的"农民工"队伍。这些农民工虽然在东部就业，但户籍却仍在中西部等内陆地区，在住房、就业、社保、医保、子女教育等方面不能完全享受和城镇居民同等的待遇，而且还承担着思念家乡亲人、不适应陌生环境等诸多心理负担。与此同时，劳动力特别是农村劳动力的大量外流会给当地农业生产、劳动力素质、婚姻家庭、养老等带来巨大冲击，出现众多"留守儿童"、"空巢老人"、"留守妇女"及"留守家庭"，由此衍生许多社会问题。就东部地区而言，劳动力的过度集聚也给当地的教育、就业、住房、环境、医疗、治安、管理等方面带来严峻挑战。农民工在东部沿海与中西部之间的跨地区反复流动，特别是重大节日如春节，农民工节前返乡、节后大规模返城的"候鸟式迁移"，给全国交通运输带来巨大压力，耗费大量社会资源和财富。2015年我国春运人数高达37亿人次，其中最大的客流当属"民工流"，据估计，在2.6亿农民工中有1.6亿是跨省流动。作为促进区域协调发展的一个重要途径，产业转移可以引导资本、技术、劳动力等要素在地区间合理有序流动：东部将失去比较优势的低端产业转出去，进而集中力量发展高附加值、高技术含量产业，可减少对异地农民工的依赖、引导农民工回流返乡，并会"倒逼"当地企业加快人力资本队伍建设，推进"候鸟式迁移"的农民工成为永久性城市职工，加快外来务工人员市民化进程；中西部在承接产业转移的过程中，可扩充本地就业容量，吸引外出务工人员回流，推动劳动力由异地就业向返乡就地就近就业转变，加速推进当地工业化、城镇化步伐。

可见，深入研究我国产业转移的就业效应，有助于把握区域分工演进下劳动力跨地区转移就业的规律和趋势，加深产业转移对各地劳动力就业影响的认识，具有重要的理论价值和现实意义。

第二节 相关研究综述

就业是世界各国、各地区政府共同面临的一个现实问题,它与经济发展和社会稳定密切相关。世界经济发展史表明,国际产业转移不仅可以促进各国产业结构升级、带动经济快速发展,还可通过贸易、投资、外包等途径对劳动力就业产生重要影响。当前,我国正处于经济发展方式和产业结构的快速调整期,东部沿海产业向中西部地区转移步伐加快,大规模产业转移对劳动力就业产生重要影响。国内外很多学者基于不同视角就产业转移对劳动力就业的影响进行了探讨和研究。

一、国际产业转移对就业的影响

国际产业转移早期主要是通过跨国公司以海外直接投资的方式来实现,因此,大多学者通过理论分析和实证检验来探讨对外直接投资对劳动力就业的影响。

Jasay(1960)从母国角度出发,指出,若母国资本有限,对外直接投资会对国内投资或消费产生替代,从而对母国劳动力就业产生消极作用。在20世纪六七十年代,美国出现高失业率,以"劳联"、"产联"为代表的一些工会组织指出,主要原因是美国跨国公司的对外直接投资转移了大量的国内工作机会(罗良文,2004)。也有观点指出,企业对外直接投资如果是为获得国内的稀缺资源或者为避开关税壁垒,则这种防御性的对外直接投资有利于补充或促进国内投资和消费,进而会增加国内的就业机会(Hawkins,1972)。联合国贸发组织发表的《1994年世界投资报告》以"跨国公司、就业与工作环境"为主题,系统阐述了以海外直接投资为表现形式的国际产业转移对作为转出地的母国就业的双重影响(见表1-1)。从就业数量看,企业将生产活动外移对本地生产形成替代,造成就业机会外流,同时转移企业会对为其提供资本、货物、服务的本地企业的就业产生创造效应。因此,学者们常用替代效应和创造效应相抵消后的净值来分析产业转移对转出地就业数量的影响,并认为两者相抵后一般为正,即产业转移对转出地的就业数量不会产生太大的负面影响(Blomstrom、Lipsey,1997;Brainard、Riker,1997;Chen、Ying,2004)。除了影响就业数量外,产业转移还对转出地的就业质量、就业区位有重要影响。产业外移在减少转出地部分行业就业机会的同时,也使部分行业的就业机会增加,引起就业机会在地区各行业间流动,可能会出现"结构性失业"或"摩擦性失业",倒逼失业者通过再就业培训和人力资本再投资等途径不断提高自身人力资本水平和就业技能,以逐步适应高层次、高水平就业需求,进而会推动当地就业质量的整体改观。如 Chen 和 Ying(2004)以台湾为例进行研究发现,产业向外转移在一定程度上使台湾当地的技术人员和管理人员需求量出现大幅度增加,对体力劳动者需求增加的幅度较小甚至有下降态势,换言之,产业转移导致就业机会在各行业间重新配置。

表1-1 海外直接投资对母国就业的影响

影响指标	直接影响		间接影响	
	正面	负面	正面	负面
就业数量	对服务于跨国公司海外分支结构的国内企业就业有创造或维持效应	若国外分支企业替代母国生产,则会产生就业再配置或就业外流	对海外分支企业的母国供应商或其他服务性行业有就业创造效应	与转移出去的生产活动有关的企业和产业出现就业损失
就业质量	产业重构时劳动力技能、生产价值提高	为维持就业而保持或降低工资水平	刺激就业人员技能的提高及工作环境的改善	对供应商的压力导致其降低工资和就业标准
就业区位	有些工作转移到转入地,也可能被更高技能的工资弥补	就业外流导致劳动力流出,恶化地区劳动力市场状况	"蓝领"工作减少能被当地劳动力市场高附加值工作的更大需求弥补	暂时解雇工人导致劳动力市场需求下降,引起母国工厂裁员

资料来源:联合国跨国公司与投资司:《1994年世界投资报告:跨国公司、就业与工作环境》,对外经济贸易出版社1995年版。

就转入地(东道国)而言,产业转入在短期内可能对本地企业产生挤出效应,对就业产生消极影响;从长期来看,产业转入会不断扩充当地的就业容量。因此,产业转移对于劳动力大量剩余而资本缺乏的国家或地区尤为重要。据 China and Word Economy(2004)报道,"产业转移使国际分工体系中中国的就业量增加了1/3"。产业转移成为促进转入地劳动力就业增长的一个重要途径(Helen Mckeon,2004),世界各国都将吸收海外直接投资作为提高本国就业率的一项重要政策。在增加转入地就业数量的同时,转入企业的技能培训、实践锻炼也会提高进入转移企业工作的劳动力的综合素质,而且通过进一步的示范、关联效应可促进当地就业质量不断提高。Lipsey 和 Sj·holm(2001)研究发现,同等条件下东道国工人平均工资在外资企业比在其他企业要高,吸收海外直接投资可以改善东道国工人的福利待遇。产业转移还会影响转入地劳动力的就业结构,张二震、任志成(2005)分析发现,外商直接投资可通过"推进农业劳动力向非农产业转移"与"促进劳动力素质结构升级"两种方式提升我国就业结构。联合国贸发组织在《1994年世界投资报告》中,全面分析了作为国际产业转移重要途径的海外直接投资对东道国就业的影响(见表1-2)。

表1-2 海外直接投资对东道国就业的影响

影响 指标	直接影响		间接影响	
	正面	负面	正面	负面
就业数量	增加净资本并创造就业机会	购并形式的投资可导致"合理化"裁员	通过前后向联系和乘数效应增加当地就业	中间产品依赖进口或挤垮现有企业都会降低就业水平
就业质量	工资较高,生产力水平较高	引进"解雇"等不受欢迎的各种惯例	向转入国企业传播先进的工作组织方法	引进收入分配不平等,在转入国试图竞争时降低工资水平
就业区位	为高失业区增加新的就业机会	使城市更为拥挤,加重地区人口不平衡	使供应商转移到劳动力资源丰富地区	当地原有生产商可能会被挤垮,地区性失业现象也会恶化

资料来源:联合国跨国公司与投资司:《1994年世界投资报告:跨国公司、就业与工作环境》,对外经济贸易出版社1995年版。

二、国内产业转移对就业的影响

关于我国国内产业转移的就业效应,成学真、王超(2005)从理论角度分析了我国"东业西移"对西部就业的影响,指出产业西移对西部就业一方面有直接吸纳、间接吸纳和联系效应,另一方面也可能产生冲击、替代效应,当劳动力供求结构不一致时还可能出现"结构性失业"。邝惠贞、刘力(2011)以河源市为例分析发现,承接产业转移有利于带动当地就业岗位增加,优化劳动力就业结构,提高整体就业质量。在国际上,受移民政策的影响劳动力跨国流动并不普遍,导致各国间长期存在工资差距,从而引起企业为降低成本而进行跨国投资和转移。然而,我国内部劳动力流动相对自由,特别是近年来我国加快户籍制度改革步伐,采取多项政策措施完善劳动力市场,为劳动力的合理流动提供制度保障。因此,在我国国内产业转移与劳动力流动同时存在,而且两者之间相互作用、相互影响,成为国内学者关注的焦点。

诸多学者基于不同视角对国内劳动力流动与产业转移进行分析,陈计旺(1999)在区域发展不平衡背景下对产业转移与要素流动进行分析发现,劳动力流动在某种程度上替代了产业的区域间转移。王兴中(2006)、傅鸿源等(2008)也指出,我国劳动力由中西部向东部的大规模流动增加了东部劳动力供给总量,减缓当地劳动力成本的上升压力,在一定程度上维持了东部劳动密集型产业发展的低成本优势,使其丧失向外转移的动力。对此,也有学者提出质疑,山社武等(2010)对我国东中西部27个行业的劳动力成本进行实证检验发现,东部制造业的劳动力成本远高于中西部,特别是劳动密集型行业已不具备劳动力成本优势,换言之,劳动力跨区域流动并不是阻碍东部产业外移的根本原因。对于近年来东部沿海频现"用工荒"、"招工难"以及中西部地区出现外出劳动力回流现象,有学者认为,农民工向中西部"回流"可延续并扩大中西部地区的低劳动力成本优势,迫使沿海劳动密集型企业加速向内地转移,形成劳动力回流倒闭产业内迁的态势(陈浩等,2012),"由以出口导向、劳动力密集型制造业、异地就业为主要特征的'劳动力转移'模式,转变为以内需驱动、沿海劳动力密集型产业向内陆转移、就地就业为主要特征的'产业转移'模式"(穆建新,2009)。

随着广东省劳动力与产业"双转移"①战略的提出,学术界进一步对产业转移与劳动力流动进行深入探讨。刘力(2009)指出,产业转移与劳动力转移②不是两个孤立不相干的过程,产业转移可引导劳动力流向,两者之间存在空间协调问题。傅允生(2013)、辜胜阻等(2013)认为,劳动密集型产业向中西部转移以及劳动力向中西部"回流",在优化东部资源配置、加快产业转型升级的同时,也可为中西部经济增长培育内生动力,有利于促进我国区域经济协调发展,以产业转移和劳动力回流为特征的"双转移"成为当前经济发展的一种新趋势。

三、对已有研究的评析

综合已有研究可以发现,大多学者都认同短期内产业转移可能对地区就业有负面影响,长期而言则有积极影响。由于各个国家、地区的资源禀赋、产业结

---

① "双转移"是广东提出的"产业转移"和"劳动力转移"两大战略的统称,具体是指珠三角劳动密集型产业向东西两翼、粤北山区转移;而东西两翼、粤北山区的劳动力,一方面向当地第二产业、第三产业转移,另一方面其中的一些较高素质劳动力,向发达的珠三角地区转移。

② 根据景普秋、陈甬军(2004)的研究,农村劳动力转移是指农业劳动力向非农产业、农村剩余劳动力向城市的转移过程,涉及产业与空间的双重转移。

构、政策等都有明显差异，因而产业转移对不同国家或地区就业的影响也大不相同。关于国际产业转移的就业效应，学术界已进行了较为全面的分析，对于我国区际产业转移的就业效应，学者们大多是将其作为一种产业转移的效应进行简单概述，并未进行全面系统的分析。目前的研究主要集中在产业转移与劳动力东流、回流之间的相互影响，仅有少量文献在分析产业转移效应时提到对劳动力就业的影响，尤其对于中西部而言，更多文献只是强调劳动力成本优势对其承接产业转移的影响，关于产业转移对中西部劳动力就业的影响鲜有涉及。

产业转移涉及转出地和转入地两个主体，转出地主要是经济发达的国家或地区，转入地一般是欠发达的国家或地区，转出地与转入地在经济发展水平、产业结构、人才积累、资源禀赋等方面差异明显，因而产业转移对不同地区的影响也存在差异。因此，我国区际产业转移的就业效应应包括产业转移的转出地就业效应和转入地就业效应两个方面。结合我国实际，东部产业向中西部转移可能引发劳动力的跨区域流动进而导致全国就业空间分布的变化，短期内可能会减少东部地区的就业机会，长期看则会通过促进东部产业结构转型升级进而带动地区就业结构和就业质量提升。从影响程度和效果看，产业转移对作为转入地的中西部就业影响更为显著。这是因为，中西部经济发展水平相对落后，存在大量农村剩余劳动力，产业转移使得劳动力需求由东部（转出地）转移到中西部（转入地），通过影响中西部的经济发展水平、产业结构、教育培训、企业成长等方面对当地就业产生更为深刻的影响。因此，本书将在测度分析我国产业转移和劳动力就业特征的基础上，深入研究产业转移对全国及转入地、转出地就业的影响，重点分析产业转入地。

第三节　研究框架

一、研究思路

本书以我国产业由东部向中西部等内陆地区的区际转移为例研究产业转移对劳动力就业的影响，尤其是对转入地就业的影响。为此，本书首先从理论上分析产业转移的内涵、理论基础、动因及效应，借鉴"推拉理论"分析影响我国产业转移的因素；其次，测度分析我国产业转移和劳动力就业特征，并对两者进行对比性分析；最后，基于理论和实证两方面深入探讨产业转移对我国就业空间、就业结构和就业质量的影响。研究思路如图1-1所示。

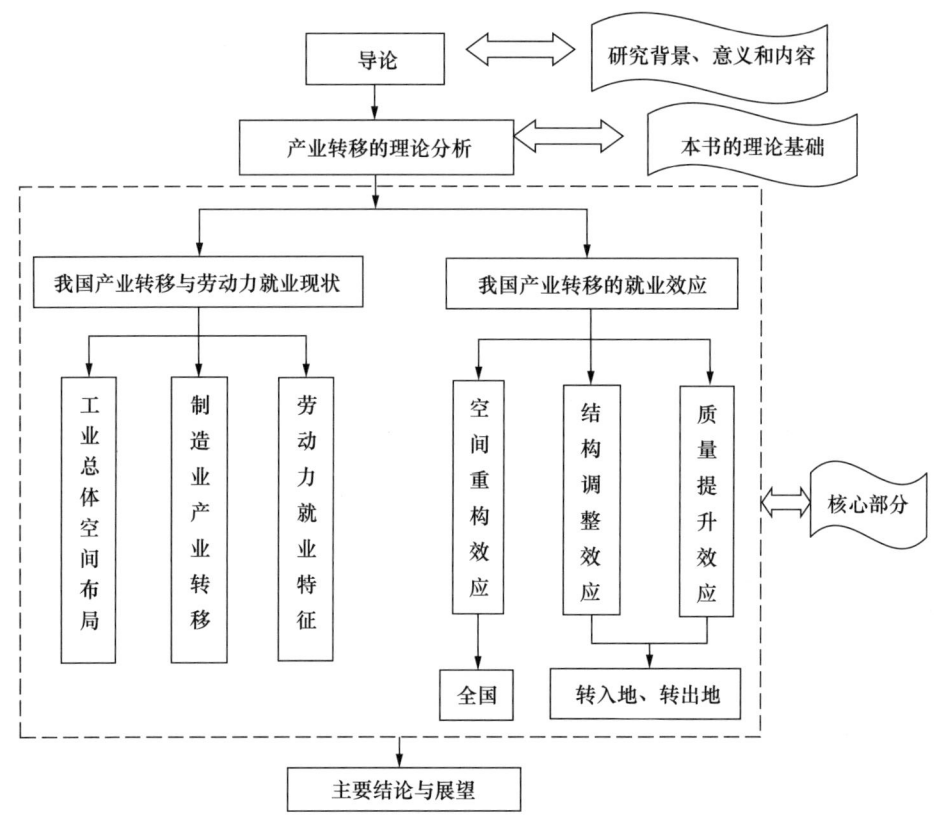

图1-1 本书研究框架与思路

二、本书结构

本书共七章，各章主要内容如下：

第一章为导论。介绍本书选题背景、意义，对相关研究进行综述，引出研究主题，梳理全书的研究思路与结构安排，阐明主要创新及不足。

第二章为产业转移的理论分析。主要从产业转移的内涵、动因、效应等方面对相关文献进行梳理，分别从国际转移和区际转移两个视角概括产业转移的理论基础，最后借用"推拉理论"分析我国产业转移的影响因素。

第三章为我国产业转移与劳动力就业现状。分析21世纪以来我国工业总体空间分布格局的变化趋势，重点研究流动性最强的制造业的转移特征，同时对改革开放以来我国劳动力就业的特征分析；最后分别从东部、中部、西部和东北四大板块对产业转移与劳动力就业进行对比分析。

第四章为产业转移的就业空间重构效应。主要从全国视角出发,分析产业转移通过引导劳动力流动而导致的劳动力就业空间分布变化。在阐述我国劳动力流动动因与效应的基础上,通过构建理论模型揭示产业转移与劳动力流动的规律,分析我国产业转移与就业空间分布变化的典型事实,通过计量方法验证我国产业转移与就业空间变化的相关性。

第五章为产业转移的就业结构调整效应。以劳动力的产业间配置为主,揭示产业转移影响地区就业结构的作用机理,并以产业转入地——西部地区为例,通过理论模型探讨产业转移作为一种资本投入和结构调整力量对就业结构的影响,并进行实证检验。

第六章为产业转移的就业质量提升效应。首先阐述就业质量的概念及影响因素,其次从创造就业机会、提升就业技能、增加女性就业、促进教育和培训、刺激劳动力市场发育等方面重点分析产业转移对转入地就业质量的影响,最后以河南省为例进行检验。

第七章为研究结论与展望。基于前文对我国区际产业转移就业效应的系统阐述,归纳总结全书基本结论,提出进一步研究展望。

第四节 主要创新与不足

本书对我国区际产业转移就业效应的研究虽然是建立在前人研究结果的基础上,但也不乏创新,主要表现在:

首先,从区际转移角度概括产业转移的基础理论,包括梯度转移理论、产业集群理论、"中心—外围"理论和"推拉"理论。借鉴人口迁移的"推拉理论",将我国产业由东部向中西部转移的影响因素概括为:转出地的推力、转出地的阻力、转入地的拉力和转入地的斥力。

其次,对我国产业转移与劳动力就业进行对比分析,以揭示两者之间的变化特征,在此基础上通过构建理论模型与实证检验探讨产业转移对我国就业空间、就业结构和就业质量的影响机制和途径。

最后,建立产业转移就业效应的研究框架,深化"区际产业转移—就业空间"、"区际产业转移—就业结构"、"区际产业转移—就业质量"的分析思路。

受限于数据、方法、时间,本书难免存在不足之处:一是对就业决定因素的分析不足,产业转移对转出地、转入地就业的影响在不同时间维度上是不同的，需要从动态角度进一步分析；二是本书关于产业转移对转出地就业的分析仅使用规范分析方法，如果获得东部各行业输出数据及由此导致的劳动力流入流出数据，则可进行具体量化分析；三是尚未建立统一、全面的就业质量衡量指标，且数据收集比较困难，书中对产业转移就业质量效应的分析结果有待进一步验证。

第二章 产业转移的理论分析

在对产业转移的就业效应进行分析前需对产业转移的特性有基本了解,为此,本章就产业转移的内涵、理论基础、动因、效应等方面进行梳理,最后借鉴人口迁移的"推拉理论"探讨我国产业转移的影响因素。

第一节 产业转移内涵

产业转移的含义紧随实践而发展。"产业转移"最早出现在英国政府中一个名为"产业转移委员会"(Industrial Transference Board)的部门,此处的"产业转移"与学术界所指的"产业转移"有一定差别。英国产业转移委员会成立于20世纪20年代后期,其目的是解决空间分布集聚的出口企业因生产能力过剩而造成大量人员失业,引导在本区域找不到工作的人(特别是煤矿工人)向其他有较多就业机会的地区转移,即"使工人转移靠近工作"。可见,此处的"产业转移"(Industrial Transfer)侧重于通过政府政策引导人口或产业跨区域转移,实现人口与产业分布的空间匹配,以解决个别地区的劳动力失业问题。学术界所关注的"产业转移"则更侧重于市场经济条件下某产业从高梯度地区向低梯度地区的空间转移,政策目标不局限于促进就业,也将其作为调整产业结构、促进产业升级、实现地区间产业分工、促进区域协调发展的一种重要途径。

由于实践滞后,国内对产业转移的研究起步较晚。最早是改革开放初期对"梯度理论"和"反梯度理论"的讨论,如夏禹龙(1982)等在借鉴国外"适应理论"的基础上,结合我国国情提出应该让有条件的长三角等地"首先掌握世界先进技术,然后逐步向中间技术地带、传统技术地带转移"的梯度转移理论;郭凡生(1986)等学者提出"反梯度理论",指出我国虽然存在东、中、西三级梯度,但低梯度区域也可通过技术引进与开发而实现超越发展,进而产生由低梯度区域向高梯度区域的反梯度推移。卢根鑫（1997）对"产业转移"进行了较为系统的研究，在其专著《国际产业转移论》中提出，"产业转移"的概念"曾被用于描述一国内部某些工业从一个地区转移到另一个地区的过程"，在此基础上他将"国际产业转移"定义为"某些产业由某些国家或地区转移到另一些国家或地区"。此后，国内学术界对产业转移的研究逐渐增多，研究视角不断扩展，对"产业转移"概念的界定也呈多元化。综合已有研究可发现，诸学者主要是从宏观和微观两个层面对产业转移的概念进行阐释。

一、宏观层面

从宏观层面对产业转移的界定具体分为两个方面：

一是产业空间区位的变化，代表学者如郑燕伟、陈建军等。被广为引用的概念由陈建军（2002）提出，即"产业区际转移是由于资源供给或产品需求条件发生变化后某些产业从某一个地区或国家转移到另一个地区或国家的一种经济过程"。此概念将产业转移表述为由外部条件变化而导致的产业空间布局的变化，仅对产业转移的动因进行高度概括，没有涉及产业转移的形式、方向、内容等。

二是产业的梯度转移，代表学者如王先庆、陈计旺、陈刚和陈红儿等。被引用最多的是陈刚、陈红儿（2001）提出的概念，他们认为"区际产业转移是在市场经济条件下，发达区域的产业顺应竞争优势的变化，通过跨区域投资，把部分产业的生产转移到发展中区域进行，从而使产业表现为空间上移动的现象"。根据转移主体的性质、转移动机等差别，他们将其分为"扩张性产业转移"和"撤退性产业转移"，前者属于原区位的成长性产业，主要是为占领市场、扩大规模而进行的主动迁移；后者是原区域的衰退性产业，其迁移主要是迫于外部竞争和内部压力的一种战略性调整①。

二、微观层面

从微观角度出发，很多学者将产业转移界定成企业行为，即企业是产业转移的实施主体。代表性的论述，如刘满平（2004）指出"区际产业转移具体体现在区域内生产要素如资本、设备、技术、劳动力等跨区域的流动，而企业作为生产要素的载体，那么，区际产业转移的外在表现是众多相关产业的企业进行转移"；石奇（2004）指出"产业转移是企业在技术手段之外通过对市场的重组和集成实现经济性的结果"；谢丽霜（2005）也强调产业梯度转移是由发达地区企业完成的，她认为"产业梯度转移是在市场经济条件下，发达地区的边际产业在

---

① 陈刚、陈红儿：《区际产业转移理论探微》，《贵州社会科学》2001年第7期。

内外部力量的驱动下,借助企业的跨区域投资活动,转移到欠发达地区,从而使产业在国内不同区域间发生空间转移的过程和现象。"

三、本书界定

上述宏观、微观层面三个视角对产业转移的界定各有侧重,第二种和第三种概念从本质上都可理解为产业转移是转出地经济主体的一种自发行为。就范围而言,后两种概念所指范围小于第一种定义,如 A 地企业通过发挥自身优势,持续扩大生产规模,不断挤占 B 地市场份额进而淘汰 B 地的同类企业,由此引发产业空间布局发生变化,这一类"产业转移"与后两种定义不符,但却符合第一种定义。

由于研究视角、研究目的的不同,学者们界定的产业转移概念也各有侧重。本书立足于我国内部的区际产业转移,探讨产业空间分布的相对变化及其对地区劳动力就业的影响。据此,本书在借鉴已有研究的基础上,结合我国产业转移实践,将区际产业转移①定义为:由于资源供给、市场需求及政策环境等条件变化而导致的产业在区域间的相对变化过程。由于我国地区经济发展迅速,存在同一产业在不同地区均同时增长的状况,若单纯根据绝对生产量的增减难以判断产业转移规模和方向。因此,本书强调产业转移的区域相对性,通过产业生产活动在地区间的相对变化来反映区际产业转移状况。

第二节 产业转移的理论基础

"产业转移"的研究主要源于学者们对产业空间变动的观察以及对区域经济发展梯度推移的设想,诸多学者基于不同视角试图从各种经济学理论、学说及模型中寻求对"产业转移"的理论解释。例如,有的学者从经济地理学视角用古典区位理论和新经济地理学理论分析产业转移的原因和区位选择,有的学者从投资经济学视角用国际投资理论进行阐述,也有的学者从发展经济学、管理学、技术经济学等学科角度研究产业转移问题。陈建军(2002)较早地对产业转移的理论基础进行了系统梳理,将其分为宏观(产业)和微观(企业)两个层面:宏观层面的理论包括对产业转移纵向状态的研究("雁型模式"、"产品生命周期理论"、"劳动密集型产业转移理论"等)和对产业转移横向状态的研究("国际生

---

① 本书中"区际产业转移"、"产业区际转移"均指我国各地区之间的产业转移。

产折中理论"等）；微观层面包括跨国公司理论、分工理论等，如"企业盈利空间界限理论"。这些理论主要是基于产业国际转移而言的，本书主要研究区际产业转移，因此，本节在梳理国际产业转移相关理论的基础上，进一步从产业区际转移角度阐述其理论基础。

一、基于国际转移角度的理论

（一）劳动密集型产业转移理论

美国经济学家阿瑟·刘易斯（Arthur Lewis）在其著作的《国际经济秩序的演变》中从劳动力成本的角度探讨国际产业转移动因，他认为，20世纪60年代部分发达国家劳动密集型产业向发展中国家转移的主要原因是，"二战"后发达国家人口增长几乎为零，而工业迅速增长又增加了大量非熟练劳动力需求，引发劳动力成本急剧攀升，导致发达国家劳动力密集型产业丧失发展优势。因此，在追求低劳动力成本的驱动下，发达国家向发展中国家转移在本国丧失比较优势的劳动密集型产业，再从发展中国家进口所需的劳动密集型产品。

该理论认为产业转移的根本原因是国家间劳动力要素的相对变化，其本质是建立在要素禀赋理论基础上的，将产业转移与地区比较优势联系在一起。该理论主要是针对劳动密集型产业而言的，没有对资本、技术密集型产业的转移进行分析。

（二）雁行模式理论

"雁行模式"（Flying Geese Model or FG Model），又称"雁行发展模式"（Flying Geese Pattern of Development），由日本经济学家赤松要（Kaname Akamatsu）在20世纪30年代提出，并在此后的研究中不断加以深化。

20世纪30年代，赤松要在研究日本棉纺织工业历史时发现，明治维新后日本经济快速发展引发对棉纺织品的巨大需求，但受国内经济、技术水平等的限制，需从国外进口部分棉纺织品。随着日本经济的持续发展，国内产业发展与技术进步速度加快，日本加大对进口产品的生产，并逐步实现对进口产品的替代，开始由进口向出口转变，且出口规模不断扩大。换言之，日本棉纺织业的发展经历了"国外进口—国内生产（进口替代）—向国外出口"三个阶段，这三个阶段用曲线图形表示就是三条倒"V"形曲线，赤松要认为，这三条倒"V"形曲线如同三只大雁在飞翔，故称为"雁行模式"。"雁行模式"是一种对产业发展经验的总结，诸多学者从不同角度进行验证，例如，Ozawa（1993）通过实证研究发现，日本很多产业的发展路径与"雁行模式"基本吻合；Cumings（1984）对东亚内部分工与产业发展进行剖析发现，由于东亚后进国家存在较高的产业同构性，"雁行模式"不能很好地解释东亚内部的产业发展。

"雁行模式"描述了一个动态的产业梯度转移过程，反映了欠发达国家通过产业转移而实现产业结构的转型升级。将"雁行模式"运用到我国实践，东部发达地区属于雁行的头部，中西部等欠发达地区属于雁行的中部和尾部，东部产业向中西部转移为中西部调整优化产业结构提供了可能。

（三）生命周期理论

弗农（1966）从发达国家（美国）视角出发，根据产品关键生产要素的变化探讨产业生产区位的变化，提出"产品生命周期"（Product Life Cycle）理论，指出产品生命周期变化是推动产业转移的重要因素。他将产品生命周期分为新产品（New Product）、成熟产品（Maturing Product）和标准化产品（Standardized Product）三个阶段，不同阶段产品生产的比较优势及竞争力不同，对技术、资本、劳动力等要素的重视程度也会随之变化，由此引发产品生产布局变化，内容如图2-1所示。产业生产区位由发达国家转移到欠发达国家，主要是为适应产品生产由新产品到成熟产品再到标准化产品的生命周期变化而最大限度地避免产品生产比较劣势，是产品生命周期演化到一定阶段的必然产物。"产品生命周期"理论认为，只有当产品进入标准化阶段后，产业生产才会向外围区域转移，事实上，许多尚未进入标准化阶段的产业生产也会迫于要素成本压力而将某些生产环节转移到其他低成本地区。

除了弗农"产品生命周期"理论外，生命周期理论还包括汤普森（Thompson）的"区域生命周期"理论。汤普森（1966）在分析美国制造业空间布局演变过程时，从产业布局角度概括区域发展阶段，提出"区域生命周期"理论。他将区域生命周期过程划分为三个阶段：青年阶段（Youth）、成熟阶段（Maturity）和老年阶段（Old Age）。根据产品生产关键要素的变化，产业生产在不同阶段会转移到处于不同生命周期阶段的地区。"区域生命周期"理论是对客观经济现象的总结，它是产品生命周期的一种空间结果，发达地区要保持制造业稳定和经济持续繁荣，就必须不断发展创新产品，创造新的产品生命周期，并将其生产和创新能力不断向边缘地区传播（North and Rees，1979）。

（四）边际产业扩张理论

日本学者小岛清（Kojmia，1973）结合日本对外直接投资实践，在H-O理论（即赫克歇尔—俄林理论）的基础上对"雁行模式"理论进行深入阐释和发展，提出"追赶型产业周期理论"（Catching-up Product Model）。他将东亚各国的发展概括为以日本为第一雁行，亚洲新兴工业化国家（Newly Industrializing Economics，NIES）为第二雁行，东南联盟国家（Association of Southeast Asian Nation，ASEANA）为第三雁行的发展形态，被称为"新雁行模式"。"新雁行模式"理论的中心是边际产业扩张理论，即对外直接投资应遵循"边际产业扩张"原则，

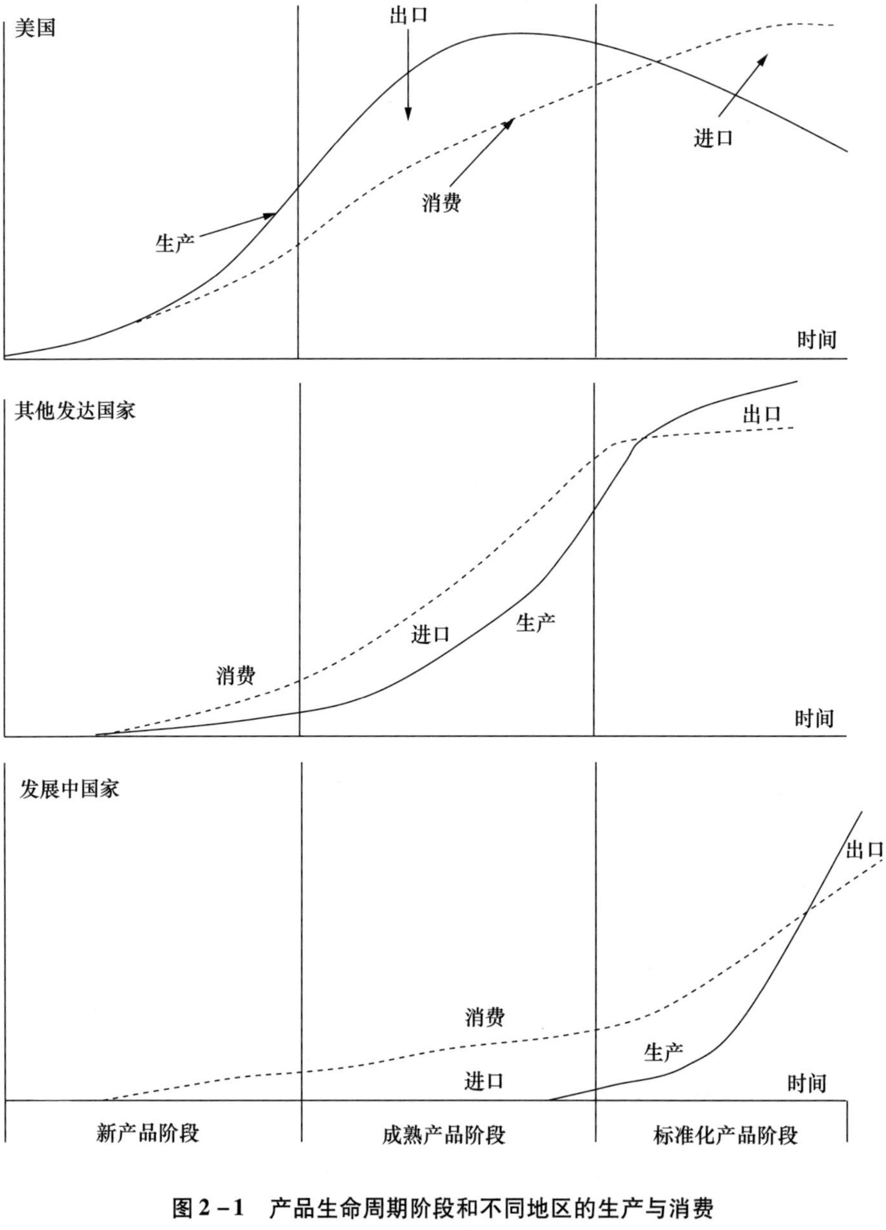

图 2-1 产品生命周期阶段和不同地区的生产与消费

资料来源：Raymond Vernon, "International Investment and International Trade in the Product Cycle", Quarterly Journal of Economics, Vol. 5, 1966, pp. 199.

投资国通过直接投资向外转移的应该是在本国丧失比较优势而在被投资国有比较优势的"边际产业"，这对双方都是一种福利最大化选择。小岛清用图 2-2

对此进行了说明。

在图 2-2 中，小岛清用轴线 L 表示投资国产品的生产成本，L'表示被投资国产品的生产成本。假设投资国所有产品的生产成本都固定，被投资国产品的生产成本各不相同。在产品 M 上，投资国与被投资国的生产成本线重合，在 M 点以左的 A、B、C 三种产品的生产成本在投资国高于被投资国，即此类产品在投资国不具备比较优势，属于"边际产业"，应转移出去。经过向外转移，被投资国不仅接受了投资国 A、B、C 产业的资本，还接受了投资国转移的经营资源，使被投资国 A'、B'、C'产品的生产成本进一步下降到 A''、B''、C''，产业竞争力不断增强，而投资国则以较低价格从被投资国进口 A、B、C 产品，从而使双方都能获得利润最大化。同时，小岛清认为，此类边际产业的转移可进一步扩大转出地与转入地之间的贸易往来，也将其称为"顺贸易型"（Pro - trade Oriented）产业转移。边际产业扩张理论主要是针对发达国家向欠发达国家的"顺贸易型"产业转移而言的，是对特定时期的特定现象进行解释而得的一种结论，不具普遍性。

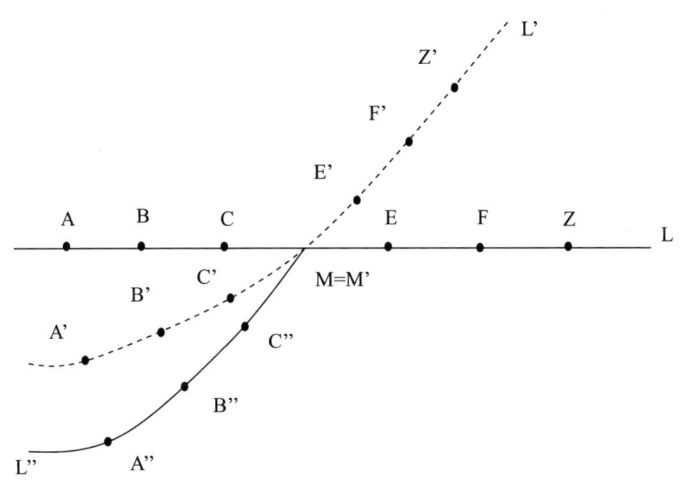

图 2-2 小岛清的边际产业扩张论

（五）国际生产折中理论

国际生产折中理论，又称国际生产综合理论，是邓宁（Dunning, 1976）在《贸易、经济活动的区位与多国企业：折中理论探讨》中首次提出，并在 1981 年的著作《国际生产与跨国企业》中做了进一步阐述。该理论对国际生产的决定因素、采取形式、开展程度等内容进行了系统分析,其核心是"O-L-I"模型,即所有权特定优势(Ownership-specific Advantages)、区位特定优势(Location-specific Advantages)和内部化优势(Internalization Incentive Advantages)。所有权特定优势,主要包括独占无形资产和企业规模经济产生的优势;区位特定优势即被投资国要素禀赋结构决定的自然区位和经济区位优势,如自然资源丰富、地理位置优越、政治经济制度健全、基础设施完善等;内部化优势即跨国公司通过利用所有权优势而达到节约或消除交易成本的能力。邓宁认为,这三大优势是企业进行对外投资和跨国经营的主要推动力。

从严格意义上讲,该理论并不是单纯解释产业转移规律的理论,而是对国际生产理论的综合,是一种国际直接投资理论。从另一个角度看,跨国公司的对外直接投资在形式上既是一种产业国际转移,也是产业转移的重要研究内容。

二、基于区际转移角度的理论

(一) 梯度转移理论

20世纪60~70年代,克鲁默(Krumme)、海特(Hayor)等在不平衡发展理论和产品生命周期理论的基础上创立了"区域发展梯度转移理论"。该理论的基本观点是:区域经济发展水平高低决定了区域产业结构,而产业结构的优劣与区域主导产业所处的生命周期阶段有十分密切的关系。若某一个地区的主导产业处在创新阶段,则该地区为高梯度地区,若某一个地区的主导产业处于衰退期,则该地区为低梯度地区,成长于高梯度地区的创新活动会随着时间的变化而向低梯度地区转移(安增军、刘琳,2009)。20世纪80年代初,国内学者引入梯度转移理论,对我国区域经济发展进行深入分析。夏禹龙、冯之浚(1982)在我国区域经济发展不平衡背景下指出,我国已经形成了由"先进技术"地带、"中间技术"地带和"传统技术"地带组成的一种技术梯度,因此,应该允许有条件的区域率先掌握先进技术,然后逐步向"中间技术"和"传统技术"地区转移,由此不断缩小各地区间的发展差距。娄晓黎(2004)认为,地区主导产业的更替以及地区间经济的非均衡发展是由地区经济发展规律所造成的,由此导致各地区间出现产业梯度转移和梯级分工(见图2-3)。

(二) 产业集群理论

产业集群的思想最早可追溯到马歇尔(Marshall)的外部经济理论,马歇尔(1890)在《经济学原理》中指出,为获得外部规模经济大量相似的中小企业会集聚在某一"特定地区",他将这一"特定地区"称为"产业区"。韦伯(Weber,1909)认为,产业集聚是工业布局的一种方式,并从技术设备、劳动力组织、市场化、经常性开支成本四个方面分析产业集聚原因。以克鲁格曼、藤田昌久等为代表的新经济地理学以 Dixit – Stiglitz 的分析框架为基础建立中心—外围模型，用于揭示工业活动空间集聚的内在机制，认为产业集聚的形成有路径依赖，一旦形成就有自我延续倾向。20 世纪 90 年代末，美国经济学家迈克尔·波特（Porter）将"钻石模型"引入产业集群的分析，对产业集群进行系统研究，将产业集群定义为"某一特定区域下的一个特别领域，存在着一群相互关联的公司、供应商，关联产业和专门化的制度和协会"，并认为产业集群是国家竞争优势的主要来源。与国外研究相比，国内对产业集群的研究起步较晚，以仇保兴（1999）、王缉慈（2001）、刘友金（2003）、梁琦（2009）等为代表的学者在借鉴西方学者研究成果的基础上，对我国产业集群进行相关研究。

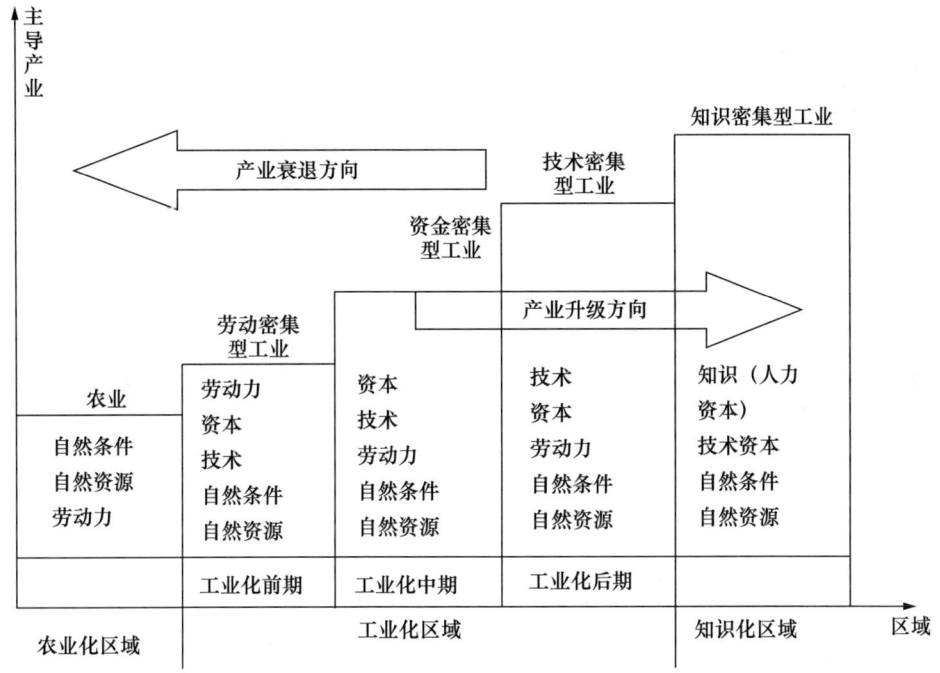

图 2 – 3 地域产业梯级分工模型

资料来源：娄晓黎：《地域梯级分工模型与区际产业转移的空间机制分析》，《当代经济研究》2004 年第 7 期。

与其他生命体一样，产业集群也存在生命周期。Tichy（1998）在借鉴"产品生命周期"理论的基础上，将产业集群的生命周期分为诞生、成长、成熟和衰退四个阶段，产业集群在不同时期呈现出不同特征。Puga 和 Venables（1996）研究发现，产业集群的形成往往会伴有大量的产业转移，因产业集群不断发展而产生的向心力会吸引更多企业转入,当产业集群发展到一定程度时产生的离心力会大于其向心力,此时集群内企业会向外扩散。换言之,产业集群暗含着产业转移因素,产业转移在产业集群的形成、发展和衰退过程中扮演着重要角色。

(三) 中心—外围理论

1949 年,阿根廷经济学家劳尔·普雷维什(Raul Prebisch)在向联合国拉美经委会提交的《拉美的经济发展及其主要问题》报告中提出了著名的"普雷维什命题",即"中心—外围"理论。他指出,在以一切服从"中心"(发达国家)利益而牺牲"外围"(发展中国家)利益为主要特征的旧国际经济秩序中,会导致中心国家与外围国家的差距不断扩大(朱钟棣,1987)。20 世纪 60 年代,弗里德曼(Friedmann)在《区域发展政策》中系统地提出了中心—外围(Core - periphery or Center - periphery)理论。他认为,在若干地区中个别地区可能会因某些原因率先发展起来并成为"中心"区,其他发展缓慢的地区则成为"外围"区,在此基础上他将区域经济发展划分为四个阶段(见表 2 - 1)。

表 2 - 1　不同发展阶段的要素流动与区域经济特征

指标＼阶段	前工业化阶段	工业化初级阶段	工业化成熟阶段	空间经济一体化阶段
资源要素	较少流动	"外围"区资源要素不断向"中心"区集聚	"中心"区要素高度集中,开始向"外围"区回流	资源要素在各区域全方位流动
区域经济	已存在若干不同等级中心,但彼此很少联系	"中心"区进入极化过程,迅速强大,"外围"区更趋于落后	"中心"区开始向外扩散,"外围"区出现较小中心	不同层级的区域间联系紧密,中心与外围界线逐渐消失,区域走向空间一体化

资料来源:陈鸿宇:《区域经济学新论》,广东经济出版社 1998 年版。

在新经济地理学中,克鲁格曼借鉴新贸易理论、新增长理论以及萨缪尔森的"冰山成本"(Iceberg Cost),在规模报酬递增和不完全竞争的 Dixit - Stiglitz 模型基础上建立了两区域模型,进一步发展了传统的中心—外围理论。该模型假设一国有两个地区、两类产品(农产品和制造品),在规模经济、运输成本、劳动力流动等因素的综合作用下,企业和个人根据利益最大化原则会不断进行空间区位调整(集聚或扩散),最终导致两地区形成以制造业为中心、农业为外围的中心—外围格局,这一过程反映在产业层面上就是产业的空间布局调整,即产业转移。

（四）推拉理论

推拉理论的起源可追溯到 19 世纪末，美国学者莱文斯坦（Raven Stein）在总结多国人口迁移规律时提出"人口迁移法则"（Laws of Migration）。他认为，引发人口迁移的因素有人口过剩、赋税较重、法制环境差、气候不好、生活环境恶劣等，但最主要的动机是为追求更好的生产生活条件，即经济因素是引发人口迁移最重要的动力。"推拉理论"的正式提出者是赫伯拉（Herberla，1938）和米切尔（Mitchell，1946），他们认为，人口迁移是迁出地的推力（失业、基础设施不完善、耕地少、自然环境恶劣等）与迁入地的拉力（就业岗位多、薪酬待遇高、服务设施好等）共同作用的结果。从空间角度上看，产业转移与人口迁移类似，都是从原生产地（原住地）转移到其他地区的一种现象，都会受到来自转出地和转入地"推力"与"拉力"的共同影响。奈科斯丁和泽莫（Nakosteen、Zimmer，1987）从产业转移的微观主体——企业的角度出发，认为企业迁移的影响因素包括推力（成长空间狭小、交通不便、劳动力市场不完善等）、拉力（区域位置）和阻力（获得原有雇员等）三个方面。国内学者魏后凯（2006）也从企业视角分析，指出影响企业迁移的因素除了现有区位的"推力"、目标区位的"拉力"外，还有一些阻碍企业迁出的"阻力"。可见，人口迁移的推拉理论对分析产业转移的影响因素具有重要的借鉴意义。

第三节 产业转移的动因与效应

产业为何转移？产业转移对转出地和转入地有何影响？本节在借鉴相关研究的基础上对此问题进行回答。

一、产业转移的动因

对于产业转移的动因，学术界从资源禀赋、生命周期、产业成长、比较优（劣）势、政府政策等多方面进行了探讨。总体而言，可将其分为三个方面：比较优势动因、产业集聚动因和政策动因，其中，比较优势和产业集聚是产业转移最基本动因，政策因素因地因时而异，较少被学者关注。因此，本节重点从比较优势、产业集聚两方面分析产业转移的动因。

（一）比较优势动因

从比较优势角度分析产业转移，国际上比较有代表性的理论有刘易斯的"劳动密集型产业转移理论"、赤松要的"雁行模式"、小岛清的"边际产业扩张论"、弗农的"产品生命周期理论"、邓宁的"国家生产折中理论"等。这些理论的相关内容前文已提及，本节不再赘述。国内学者在分析产业转移时也普遍认为，地区间比较优势差异是产业转移的根本动因（王中平、王怀宇，2007；王先庆，1998）。覃成林等（2004）指出，受基础条件、发展战略、政府政策等的影响，我国各地经济发展水平存在梯度差异，由此产生的势差为地区间产业转移创造了条件。蔡昉等（2009）通过实证检验得出，我国中西部全要素生产率增长的贡献高于东部沿海，且有劳动力成本优势，为其承接发展劳动密集型产业提供可能。

（二）产业集聚动因

从微观视角看，产业转移就是企业区位调整的过程。韦伯（Weber，1909）在《工业区位论》中指出，生产成本最小是工业区位选择原则，而集聚因素是影响生产成本的一个决定性因素。新经济地理学在 Dixit – Stiglitz 分析框架的基础上建立了两区域模型，基本思想是在规模经济、运输成本、劳动力流动等的综合因素作用下，企业及个人受利益最大原则的驱使会进行空间区位调整（集聚或扩散），导致最初相同的两个地区变化为一种中心—外围格局，从产业层面看也就是产业的空间布局调整，即产业转移。在新经济地理学理论中，产业集聚的演进过程中往往也伴有产业的空间转移，两者相互影响。Puga 和 Venables（1996）分析指出，产业集聚形成过程中伴有大量的产业转移，当产业集聚发展到一定阶段后，集聚区内企业会向外扩散，引发新一轮产业转移。Brakman 等（1996）提出产业集聚的"拥挤效应"，认为产业集聚存在一个度，在其快速成长阶段产业呈不断集中状态，当集聚到一定程度时就会出现"拥挤效应"，此时产业集聚与转移会同时存在。Yukichi Mano 和 Keijiro Otsuks（2000）、Klimenko（2004）、范剑勇（2004）、朱华友（2005）、Chen（2009）、丁建军（2011）的研究也发现产业集聚存在一个临界点，一旦超过这个临界点就可能出现"拥挤效应"，引发集聚区地价、房价、原材料价格及劳动力成本大幅上涨，环境污染日益严重等问题，同时"倒逼"产业由集聚区向外转移。张鑫（2009）、汪彩君和唐根年（2011）、安士伟等（2013）通过实证检验发现，转出地的集聚不经济与转入地的集聚经济是影响产业转移的重要因素。

可见，产业转移的比较优势动因和产业集聚动因在本质上是一致的，都是企业为了降低成本而进行的空间区位调整。

二、产业转移区位选择的影响因素

从区位选择的角度看，产业转移存在众多影响因素，且因时因地而异，本节从宏观和微观两个角度探讨产业转移区位选择的影响因素。

(一) 宏观视角

关于影响产业转移区位选择的宏观因素，国内外学者进行大量分析。例如，邓宁（Dunning，1973）在分析国际投资的区位选择时发现，市场、成本、贸易壁垒、投资环境是四个关键影响因素。Little（1978）在分析其他国家对美国的产业转移时指出，美国的工资和政府政策是两个重要的决定因素。Belderbos 和 Carree（2002）以日本电子制造业为例进行分析发现，集聚经济效应是影响产业区位选择的重要因素。随着我国产业转移现象的增多，国内学者对影响产业转移区位选择的因素也进行了深入分析。例如，李晓西（2009）、吴要武（2014）分析指出，西部大开发、中部崛起等区域发展战略的实施，促进了中西部经济的快速增长，使其基础设施建设不断完善，而东部劳动力、土地、能源等要素供应日趋紧张，企业生产成本急剧上升，这两方面力量共同推动了东部产业向中西部的转移。郭丽（2009）提出，制度环境是影响产业转移区位选择的重要因素，她认为，我国产业转移无法大规模进行的一个重要原因是中西部地区的制度基础薄弱、制度成本较高。

根据已有研究可将影响产业转移区位选择的宏观因素概括为以下几个方面：①要素成本。劳动力、土地、能源、原材料等要素成本是影响产业转移区位选择的重要因素，且劳动密集、技术密集、资源密集等不同类型产业在转移过程中对各类要素的重视程度存在差异。②市场需求。目标市场的需求潜力及高度成长性是引发产业转移的重要原因，巨大的市场需求也易形成产业集聚。③政府政策与经济环境。政府在财政、税收、公共设施等方面的政策是影响产业转移区位选择的重要原因，且地区经济的开放程度、发展潜力及活跃度等也会对产业转移的区位选择产生影响。

(二) 微观视角

从微观视角看，产业转移是企业将产品生产的部分或全部环节（工序）由原产地转移到其他地区的一种现象，企业是产业转移行为主体。因此，产业转移的区位选择也就是企业迁移的区位选择。McLaughlin 和 Robock（1949）对中世纪美国制造业企业由东北部向东南各州迁移的原因进行分析发现，东北部的劳动力成本较高且战争频发，而东南部具有丰富廉价的劳动力资源且贸易协会的干预较少。此后，随着企业迁移现象的逐渐增多，学术界从不同视角进行深入研究，形成了新古典区位理论、行为理论和制度理论三大学派（范作冰、杜磊磊，2009），主要观点如表2-2所示。

根据表2-2可知，新古典区位理论、行为理论和制度理论三大学派分别将区位因素、内部因素和外部因素作为影响企业迁移的关键因子。所谓区位因素，是指企业迁入地的交通、市场、劳动力、土地、基础设施等经济发展环境（李军政，2011）；内部因素，是指迁移企业自身的销售额、净利润、经营质量、决策者行为、企业发展战略等特征；外部因素，是指企业迁入地的发展环境、市场规模、要素资源、技术水平、政府政策等综合条件（Nakosteen、Zimmer，1987）。这三类因素相互作用，共同影响着企业迁移的区位选择。

表2-2　企业迁移的理论学派及决定因素

理论学派	主要理论	关键因子	影响因素	优点	缺点
新古典区位理论	成本最小化、利润最大化	区位因素——市场状况	距离、市场潜力、区位引力	强调企业区位选择的"最优行为"	理性和完全信息假设，缺乏企业内部成长研究
行为理论	决策者的行为过程	内部因素——信息和企业能力	企业规模、年龄等	考虑现实理性和信息，强调企业区位选择的"满意行为"	没建立解释性模型，未考量经济要素
制度理论	企业置身社会制度文化环境体系中	外部因素——社会制度	制度、路径依赖	强调动态网络环境	缺乏实证研究

资料来源：杨文兵：《企业迁移理论研究的主要流派及其述评》，《经济问题探索》2007年第2期．

三、产业转移的效应

产业转移不仅是各类企业、产业空间区位调整的过程，也是生产要素在地区间流动、整合的过程，而生产要素、企业及产业在地区间的调整必然会对地区经济社会发展产生影响。

传统的经济理论以跨国公司的国际投资与贸易为代表对国际产业转移进行研究，刘易斯、赤松要、小岛清、弗农、邓宁等众多学者对国际产业转移及其效应进行了深入探讨（相关内容前文已有分析，本节不再赘述）。对于我国产业转移的效应，国内学者主要是从转出地、转入地及包括转出地和转入地在内的全国三个视角进行研究。

一是对转入地的效应。陈刚和陈红儿（2001）将产业转移对欠发达地区（转入地）的作用归纳为"要素注入效应、技术溢出效应、关联带动效应、优势升级效应、结构优化效应、竞争引致效应和观念更新效应"七个方面。胡黎明等（2012）以新余承接光伏产业转移为例进行分析发现，产业转移可通过"生产率提升机制、就业创造机制和资本积累机制产生技术效应、就业效应和资本效应"

进而来推动承接地经济发展。在带来积极效应的同时，承接产业转移也可能产生一定的负面效应。谢丽霜（2009）、魏玮和毕超（2011）分析发现，随着东部产业环境规制水平不断提高、产业发展环境压力日益增大，在此背景下的产业转移会使承接地成为污染产业的避难所，导致承接地环境面临恶化风险。

二是对转出地的效应。国内对产业转移效应的探讨大多是针对转入地而言的，对转出地分析较少。从转出地角度看，产业转移的积极作用在于优化产业结构和内部空间联系（王先庆，1998）。龚雪（2009）提出，产业转移通过促进主导产业更迭和要素产业间流动而带动转出地产业结构的升级。同样，产业转移也会给转出地带来负面影响。魏后凯（2003）认为，产业转移会减少转出地的就业机会，而且"如果某一地区的产业出现大规模转移，而新兴产业又没有及时培育发展起来，那么这种产业转移可能导致整个地区经济的衰退，地区竞争力也将随之下降。"

三是全国总体效应。产业转移通过各种途径作用于产业转出地和转入地，进而会对全国整体发展产生影响。国内学者普遍认为，产业转移通过促进区际贸易、资源优化、区域协调、经济增长等多途径对全国发展产生积极效应。罗浩（2007）在新古典经济学框架下探讨了自然资源对经济增长的制约，指出"产业转移"是突破资源"瓶颈"的一个重要措施，产业转移之后，各区域在整体经济中所拥有的产出、资本及劳动份额将与其拥有的自然资源份额相等。陈栋生（2008）、张公嵬和梁琦（2010）、覃成林（2011）指出，产业转移可能诱发缩小区域发展差距、提高产业与资源空间配置效率等多种促进区域协调的关联效应，合理的产业转移是实现区域协调发展的一种重要途径。

本书立足于我国产业由东部向中西部的跨区域转移，认为产业转移是促进区域经济协调发展的一个重要外部力量。中西部等欠发达的内陆地区在市场化程度、政策体制、教育投入、技术创新等方面落后于东部发达地区，借助产业转移引入资本、技术、劳动力等要素资源，可在相对较短时间内实现产业结构的调整优化，并加快工业化、城镇化进程，扩充地区就业容量。同时，产业转移也为东部产业结构转型升级拓展了空间，推动其实现"腾笼换鸟"。

第四节　我国产业转移的动力——基于推拉模型

改革开放后，东部沿海利用其优势条件吸引大量产业和要素在此集聚。近年来，随着产业不断集聚和经济快速发展，东部沿海土地、劳动力、能源等要素供应日趋紧张,环境约束日益严厉,劳动密集型、资源密集型等传统产业优势逐渐弱化。而且,东部沿海经过多年发展已越过"初级工业化阶段",开始迈入"高级工业化阶段",亟须"腾笼换鸟"以实现产业结构转型升级(唐智敏、陈福生,2008)。中西部等发展相对落后地区,凭借资源、劳动力、市场潜力、政策等优势吸引了大量东部传统产业转入,产业由东部向中西部转移步伐加快。不难发现,我国产业转移影响因素众多,不仅有转出地因素,也有转入地因素。本节借鉴"推拉理论",分别从转出地和转入地两个方面分析影响我国产业转移"推拉力"。产业转移区际转移的推拉模型如图 2 – 4 所示。

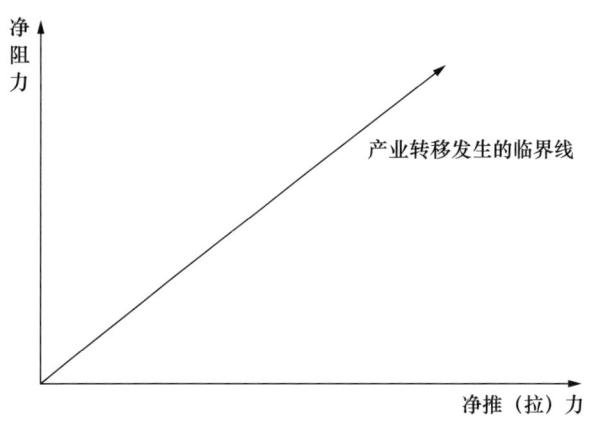

图 2 – 4　产业转移区际转移的推拉模型

资料来源:孙华平:《产业转移背景下产业集群升级问题研究》,浙江大学 2011 年博士学位论文。

一、转出地的推力

(一)要素供给紧张

东部经过多年快速发展已出现要素供给日趋紧张的问题,主要表现在以下几个方面:

一是土地紧张。由于可利用土地资源不多,加上最严格耕地保护制度的实行,东部非农用地的供需矛盾十分突出。如以广州为例,按照国家下达的用地规模,到 2020 年广州新增建设用地为 123 平方公里,每年平均仅 12.3 平方公里,但近几年实际批准新增建设用地高达 27.5 平方公里,每年用地缺口在 15 平方公里左右①。与此同时,近年来国家加大对建设用地的调减力度,据悉,2015 年新

---

① http://ido.3mt.com.cn/Article/201203/show2509428c35p1.html。

增建设用地计划会在2014年调减30亩的基础上，继续适度调减并提高用地价格①。土地空间问题已成为制约东部发展的核心"瓶颈"。

二是能源不足。东部经济发达，能源需求量大，但区内能源资源相对贫乏、自给率低，难以满足经济高速发展需要。如以广东为例，其能源自给率仅为12.4%，石油对外依存度达70.4%，同时煤炭的90%、油品的80%、电力的12%需要从省外引入或进口②。

三是劳动力缺乏。东部工资水平相对较高，但近年来东部物价、房价等生活成本持续升高，远高于工资增长速度，导致外来务工者的净收入大幅下降，再加上中西部地区经济发展较快，就业机会增加、就业环境好转及一系列惠农政策的实施，引发大量外出劳动力返乡就业，致使东部企业"用工荒"问题愈加严重。根据我国人力资源市场信息监测中心的数据显示，东部城市2013年第四季度的用人需求、求职人数与2012年同期相比分别减少15.7万人、22.4万人，中部用人需求和求职人数则分别增加2.3万人和3.6万人③。

可见，东部土地、能源、劳动力等要素资源供应紧张，价格急剧上升，这迫使部分对其具有高度依赖的传统产业开始向要素资源丰富、生产成本较低的中西部等内陆地区转移。

（二）产业结构升级

东部经济发展不仅受土地、能源、劳动力等要素资源制约，还受国内消费结构升级、环保新政等因素的交叉影响，亟须进行产业结构的战略性调整。对于一些没有能力转型升级的低端产业，产业转移成为一种有效方式，通过将低端产业转移到欠发达的中西部地区，不仅为东部发展高端产业腾出空间、推动产业结构转型升级，还可推动中西部经济发展，有利于促进区域经济协调发展。

近年来，东部很多地方通过各种方式进行"腾笼换鸟"，迫使一些劳动力密集型、"两高一低"型（高能耗、高污染、低效益）等产业向外转移，以集中优势要素资源发展技术、知识、服务密集型产业，推动产业结构高级化发展。以佛山为例，2007年佛山出台《关于加快推进我市陶瓷产业调整提升工作的通知》文件，提出"对污染重、能耗高、不符合环保要求的陶瓷企业进行治理、搬迁和关闭，大量推进陶瓷企业'佛山OEM'（贴牌生产），积极发展陶瓷服务业、会展经济和总部经济，不断推进陶瓷产业的转型升级"④。此后，佛山又出台《佛山市陶瓷产业结构调整评价指导方案》、《佛山市陶瓷产业扶优扶强若干政策措

---

① http：//www.chinairn.com/news/20150116/152955473.shtml.
② http：//www.bmlink.com/news/434690.html.
③ http：//www.chinajob.gov.cn/DataAnalysis/content/2014-01/22/content_879534.htm.
④ http：//www.foshan.gov.cn/xyfw/smkstd/zxqy/zxqy3/200809.

施》、《佛山市陶瓷产业发展规划（2008~2015）》等文件，以节能减排为切入口，规定达不到目标的企业必须在限期内转移，政府政策以及高成本压力迫使当地陶瓷产业进行改造升级，提高产品附加值。被称为"中国建陶第一镇"的佛山市南庄镇在2007~2010年关迁了4/5的建陶生产线，据统计，仅2007~2010年佛山的建陶企业在全国各地的投资就超过300亿元，占地4万多亩（颜蔚篮、梁健彬，2012）。在陶瓷企业大量外移的同时，佛山通过注重设计、技术研发、创意等途径实现产业进一步升级。

（三）集聚不经济

我国工业尤其是制造业在空间分布上过度集聚于东部沿海，这种"极度东倾"状态在促进东部经济发展的同时，也使东部地区间存在"产业同构—重复建设—过度竞争"问题，导致地区资源配置效率低下、生产要素拥挤、环境污染严重，产生集聚不经济，迫使企业外移等现象。据国务院发展研究中心主任侯云春提供的数据显示，"长三角、珠三角地区产业同构系数高达0.95"[1]。

此外，因产业集聚而引起的人口在东部高度聚集，对当地生态环境、生活配套、文化教育、社会治安等方面造成巨大压力，不断削弱产业集聚所形成的集聚效应。据统计局数据显示，2013年我国农民工总量达2.7亿人，跨省流动就业的农民工有7739万人，其中有6602万人流入东部地区，占到85.3%[2]。在东部某些地区，外来劳动力数量和本地人口数量基本持平，甚至已超过本地人口数量，例如，东莞的830万常住人口中外来务工人员约650万人，且存在大量随迁子女的教育问题，据统计，2013~2014学年，在东莞中小学（幼儿园）就读的随迁子女共有93.9万人，占全市74.3%，造成教育资源的极为紧缺[3]。

二、转出地的阻力

（一）产业集群的"极化效应"

产业集群内的"市场接近效应"和"生活成本效应"会引发更大规模的产业和要素集聚，产生"极化效应"。东部凭借区位优势及政策优惠，吸引众多产业在此集聚，形成诸多产业集群，并引发各类要素资源的进一步聚集。产业集群有利于形成专业化分工与协作，提高企业市场竞争力，集群内形成的本地化网络有利于加速企业技术创新步伐。因此，集群内企业可节约贸易成本，获得规模经济和范围经济，降低运营成本。东部产业集群的发展通过循环累积作用不断自我强化，产生"极化效应"，会对产业外移产生阻力。

---

[1] http://news.dichan.sina.com.cn/2012/11/19/601020.html.
[2] http://www.stats.gov.cn/tjsj/zxfb/201405/t20140512_551585.html.
[3] http://news.163.com/14/0915/06/A65O61EI00014AED.html.

(二) 产业发展的"路径依赖"

"路径依赖"是指"人们过去的选择决定了他们现在可能的选择"（Liebowits、Margolis，1995）。换言之，"路径依赖"是一种"锁定"。产业发展也存在"路径依赖"，一旦产业选择某一发展路径，就会被"锁定"在此路径上按照既有惯性自我发展，很难发生改变。经过长期发展，东部许多产业在原有发展路径上已发展壮大，产业链条逐步延伸，集聚效应日益增强，竞争优势不断提升。产业发展的这种"路径依赖"会进一步增强东部发展的"极化效应"，对产业外移产生阻碍。导致东部形成产业发展"路径依赖"的因素有以下几个方面：一是地缘关系。东部企业经过多年发展已拥有固定的合作伙伴、客户群体，与上下游企业建立稳定合作关系，形成了完整的产业链条。如果从东部迁移出去，势必会影响企业与现有合作伙伴、客户群的关系，可能会中断已有产业链条，增加企业运营成本。二是沉没成本。沉没成本，是指"企业退出某一产业发生一些无法转为它用的投入（包括厂房、设备和专有员工等）或一些成本与收益不对称的策略性投入行为"（李占国、孙久文，2011）。当企业资产专用性特别是地理、物理专用性较强时，沉没成本对产业转移的阻力尤为明显。三是制度环境。改革开放初，我国实施东部优先发展的非均衡发展战略，在财政、税收、土地等方面给东部发展提供诸多优惠政策，为东部企业发展提供了良好的制度和政策环境。如果产业向外转移，短期内可能导致东部出现资金外流、税源流失、财政收入减少、产业空心化、就业机会减少等问题，基于经济发展需要及自身政绩考虑，当地政府可能会极力限制产业外移。

(三) 劳动力跨区域流动

我国劳动力流动的一个显著特点是，大规模劳动力由中西部向东部流动。据统计局数据显示，2013年我国跨省流动就业的农民工有7739万人，其中有6602万人流入东部，占到85.3%。劳动力大规模向东部流动使东部劳动力供给不断增加，在一定程度上延缓了劳动力成本的上升速度，使东部部分产业仍具有低劳动力成本优势，阻碍产业向内陆地区转移。即劳动力由中西部向东部大量流动在一定程度上对东部产业转移产生替代作用。而且，劳动力向东部流动在增加东部劳动力供给的同时，也可能引起资本进一步向东部集聚，产生资本追逐劳动现象。

此外，东部地区内部各省市经济发展也存在不平衡性，这也可能阻碍产业向中西部的转移。由于我国地域广阔，即使同一区域内部也存在经济发展的巨大差距，甚至在同一省市内部经济发展也存在明显差异，如山东省的东部半岛与鲁西南，广东省的珠三角与粤北、粤东、粤西地区，江苏省的苏南与苏北。因此，东部地区的"内陆"可能是其产业转移首选，即优先选择就近转移，呈现"省内转移—区域内转移—区域间转移"顺序（张公嵬、梁琦，2010）。

三、转入地的拉力

(一)低廉丰富的要素资源

与东部相比,中西部地区具有丰富的土地、水力、电力等资源,农业现代化的快速发展释放出大量农村劳动力,这些要素资源的价格相对较低,为企业降低生产经营成本提供了可能。特别是目前"国内产业转移发生的主要诱导因素是劳动力",而近年来受经济发展、政府政策等因素的综合影响,中西部劳动力向东部流动的增速有所放缓,甚至出现劳动力回流迹象,这为吸引东部产业转移提供了有利条件。

(二)巨大的市场潜力

我国中西部地区人口数量庞大,据统计数据显示,2013年我国东部人口占全国总人口比重为38.2%,中西部地区人口占比为53.7%,人口近7.3亿人,具有巨大市场潜力。同时,随着西部大开发、中部崛起等区域发展战略的实施,中西部经济发展迅速,居民收入水平逐步提高,购买能力不断增强。以居民可支配收入①为例,2013年我国中部和西部城镇居民人均可支配收入分别为22736元和22710元,远低于东部的32472元;从农村人均纯收入看,2013年中部和西部分别为8377元和6834元,与东部的12052元差距更大。但从动态角度看,中部、西部的居民收入增速快于东部,与2005年相比,2013年东部城镇居民收入增长1.43倍,而中部、西部分别增长1.58倍和1.59倍;从农村人均纯收入看,与2005年相比,2013年中部、西部分别增长1.83倍和1.87倍,而东部仅增长1.56倍。党的十八大后,国家提出的"两带一路"战略也为中西部经济发展带来了难得的机遇,有利于释放当地市场潜力。因此,为寻求更广阔市场、更大利润空间,东部企业加大了在中西部地区的投资办厂力度。

(三)优惠的政策措施

东部转移产业以劳动、资源密集型产业为主,一些东南亚国家凭借劳动力和资源优势也竞相争夺东部转移产业。为更好地促进东部产业向中西部转移,以推动我国区域经济协调发展,中央政府出台一系列政策措施,引导产业合理有效转移:在商务部2006年实行"万商西进工程"后,我国将中部20个城市(开发区)确定为东部加工贸易梯度转移重点转入地;2010年出台《国务院关于中西部地区承接产业转移的指导意见》,并批准设立安徽皖江、广西桂东、重庆沿江、湖南湘南等多个国家级承接产业转移示范区;党的十八大后,中央提出建设"长江经济带"、"丝绸之路经济带"和"21世纪海上丝绸之路"发展战略,为中西

---

① 数据来源于国家统计局网站,经计算整理而得。

部承接产业转移带来新机遇。从省级层面看,为吸引东部产业转入,中西部地方政府在税收、财政、融资、人力等方面出台优惠政策,不断完善当地基础服务设施,为承接产业转移创造有利条件。如峨眉山为吸引产业转移,对鼓励类产业实行"减两年免三年"的财税优惠政策,对企业培训、水电费、吸纳当地就业等方面给予补助,创新管理机制,为企业提供"一站式"服务。

四、转入地的斥力

(一) 经济水平较低

改革开放初,我国实施非均衡的区域发展战略,希望通过在资金投入、体制改革、对外开放、政策优惠等方面率先推动东部发展,再通过东部将技术、资金等扩散到中西部进而带动其经济发展。然而,实际情况却是东部与中西部的经济发展差距越来越大,东部的技术、资金不仅没有扩散到中西部,反而进一步大量吸引中西部的资金、技术、劳动力等要素向东部流动,导致中西部经济增长缺乏动力。与东部相比,中西部地区的市场化水平较低、市场机制不健全,信息、技术、资本等要素市场发育不完全,行政干预较多,政府服务意识落后、服务效率较低,且中西部思想观念较为落后,尤其是地方政府的保护主义思想十分严重,开放合作意识不强,多方面因素导致企业运营成本较高。

(二) 产业配套能力较差

任何产业都不可能孤立地存在和发展,它不仅需要相关产业的支撑与协作,还需要与之配套的基础服务设施。中西部经济发展水平较低,在公路、铁路、机场等交通运输体系建设方面投入不足,在电力、信息、科技、教育等其他基础服务设施方面也与东部存在明显差距。而且,中西部地区的工业化水平较低,很多产业部门没有得到很好发展,尚未形成完整的产业链条,配套能力严重不足。虽然中西部地区也存在一些工业园区、产业集聚区,但与东部相比仍处于成长阶段,很难吸引东部产业转入,且存在许多问题:功能和定位模糊,缺乏具有竞争优势的主导产业;产业间关联程度不高,未形成上下游企业及相关支撑企业的关联、互补效应;基础设施建设落后,承载能力不强;管理和服务功能欠缺,竞争优势和集聚效应不明显。可见,基础设施不完善、产业配套能力弱会对产业转入产生抑制作用。

(三) 人力资本劣势

中西部地区虽然有丰富低廉的劳动力资源,但在劳动生产率上没有太大优势,劳动力素质较低,具备专业技能的劳动力严重不足。而且,中西部经济发展落后、工资待遇低、人力资本观点落后,吸纳人才的能力非常弱。随着一系列束缚劳动力流动的体制制度废除,劳动力流动相对自由,因中西部与东部经济发展差距日益扩大，造成大量劳动力由中西部向东部流动，特别是素质相对较高的劳动力流动性更强。"劳动力流动不仅是人力资源在区域间的转移，也是人力资本在地区间的转移"（严浩坤，2014）。劳动力跨区域流动一方面使东部获得大量廉价劳动力，延缓劳动力成本上升速度，弱化产业外移动力；另一方面大量熟练工人、专业技术人员、企业管理人员以及其他高学历人员的流出，导致中西部人才流失严重，使中西部原本稀薄人才资源更加紧缺，对当地人力资本产生消极影响。中西部的人力资本劣势在一定程度上也会对东部产业的转入产生抑制作用。

本章小结

产业转移内涵十分丰富，是紧随其实践而发展的，本章从宏观和微观两个层面探讨各学者对产业转移内涵的分析，并结合我国产业转移实践，将区际产业转移界定为由于资源供给、市场需求及政策环境等条件变化而导致的产业在区域间的相对变化过程。在此基础上，本章首先从国际产业转移视角梳理其理论基础，主要包括劳动密集型产业转移理论、雁行模式理论、生命周期理论、边际产业扩张理论和国际生产折中理论；其次梳理了区际产业转移的基础理论，主要包括梯度转移理论、产业集群理论、"中心—外围"理论和"推拉"理论。通过梳理产业转移的理论基础可知，影响产业转移的因素有要素禀赋、生命周期、企业成长、国家政策等多方面，可将其归纳为比较优势动因、产业集聚动因和政策动因，其中，比较优势和产业集聚是产业转移最基本动因。从微观角度看，产业转移是企业为寻求更好发展空间而对企业自身状况、劳动力市场、原材料供应、地区经济水平、制度环境等多方面因素综合权衡的结果。产业转移不仅是要素资源在各地区间的流动和整合，也是企业、产业的空间区位调整，这势必对各地经济社会发展产生重要影响。为此，本章梳理了传统经济理论对产业转移效应的探讨，并从转出地、转入地及全国三个层面概括我国产业转移效应的研究。最后，借鉴"推拉理论"分析我国产业由东部向中西部转移的影响因素，其中，转出地的"推力"主要包括要素供给紧张、产业结构升级、集聚不经济，转出地的"阻力"包括产业集群的"极化效应"、产业发展的"路径依赖"和劳动力跨区域流动等，转入地的"拉力"有低廉丰富的要素资源、巨大的市场潜力、优惠的政策措施等，转入地的"斥力"为经济水平较低、产业配套能力较差、人力资本劣势等。

第三章 我国产业转移与劳动力就业现状

在深入研究我国区际产业转移的就业效应前,需对我国产业转移与劳动力就业的现状有基本了解。为此,本章以我国工业空间格局演变为切入点,测度分析制造业转移特征和劳动力就业现状,并对各地产业转移与劳动力就业进行对比分析。

第一节 工业空间格局及演变

进入21世纪以来,随着一系列促进区域协调发展战略的深入实施,东部产业向中西部等内陆地区转移步伐加快,我国工业空间格局也随之发生深刻变化。

一、工业空间分布的变化趋势

(一)工业空间分布的总体特点

1. 分析方法

借鉴已有文献中的方法,本书选用空间基尼系数指标,并通过集中率指标做以辅助分析。

(1)空间基尼系数

基尼系数是衡量收入分配平等程度的一种重要指标,在产业发展中常被用来衡量产业地理集中程度,以此分析产业空间分布状况(Keeble 等,1986;克鲁格曼,2000;梁琦,2004)。空间基尼系数的计算公式如式(3-1)所示:

$$G = \frac{1}{2n^2\mu} \sum_i \sum_k \left| \frac{x_{ji}}{X_j} - \frac{x_{jk}}{X_j} \right| \tag{3-1}$$

其中,x_{ji} 和 x_{jk} 分别为产业 j 在 i 和 k 省的就业人数,X_j 为产业 j 在全国的总就业人数,μ 为产业 j 在各省比重的均值,n 为省份数量。根据实际状况,可以使用产值、增加值、销售收入等指标代替就业指标。

为计算方便,根据洛仑兹曲线将产业 j 在各省的份额从低到高进行排序后,使用近似计算公式如式(3-2)所示:

$$G = \frac{2}{n}\sum_{i=1}^{n}\left(i \times \frac{x_{ji}}{X_j}\right) - \frac{n+1}{n}, \left(\frac{x_{j1}}{X_j} < \frac{x_{j2}}{X_j} < \cdots < \frac{x_{jn}}{X_j}\right) \quad (3-2)$$

空间基尼系数的取值在 0~1,若取值为 0,说明产业在各省的分布是完全均等的;若取值为 1,表示产业的全部生产活动都集中在一个省份。换言之,空间基尼系数的取值越大,表明产业的空间集聚程度越高。

(2) 集中率

集中率指标通常用来反映某一产业规模最大的前几个地区占全国的比重,其公式如式(3-3)所示:

$$CR_{kn} = \sum_{i=1}^{n} S_{ki} / \sum_{i=1}^{N} S_{ki} \quad (3-3)$$

其中,S_{ki} 为 k 产业在第 i 地区的产值,N 为地区总数,n 为所选的地区数,数值取决于研究需要,通常计算 CR_4 或 CR_8。一般而言,CR_n 值越大,说明前 n 个地区的产业在全部地区中份额越大。根据实际需要,可使用销售收入、从业人数等代替产值指标。

2. 指标选取

学术界对于用增加值还是总产值来反映工业空间分布一直存在争议。文玫(2004)指出,总产值可更直观地反映生产规模,而增加值剔除总产值中所含中间品投入,更能说明问题,不同条件下两种方法各有其合理性。鉴于数据可得性,本节计算全国工业空间基尼系数和集中率时选用"工业增加值",分行业计算时采用"工业总产值"。

3. 分析结果

根据式(3-2)和式(3-3)计算得出我国工业空间基尼系数和前四名地区产业集中度(CR_4),两个指标从不同角度反映了工业布局的变动趋势。通过观察两个指标可以发现,1999~2013 年我国工业空间集聚水平呈明显的倒"U"型变化趋势,2005 年是拐点:1999~2005 年处于集聚态势,空间基尼系数从 1999 年的 0.476 上升至 2005 年的 0.493,CR_4 由 1999 年的 0.387 上升为 2005 年的 0.422;自 2005 年后工业空间基尼系数和 CR_4 均呈下降趋势,空间基尼系数到 2013 年下降为 0.428,CR_4 下降到 0.350(见图 3-1)。这表明,近年来我国工业部门的空间集聚水平逐渐下降,从侧面反映出产业空间转移趋势日益明显。

表 3-1 计算了 15 年来我国各地工业增加值占全国的份额,从中可以发现我国工业空间布局正在不断优化。总体而言,1999~2013 年,东部地区的工业增加

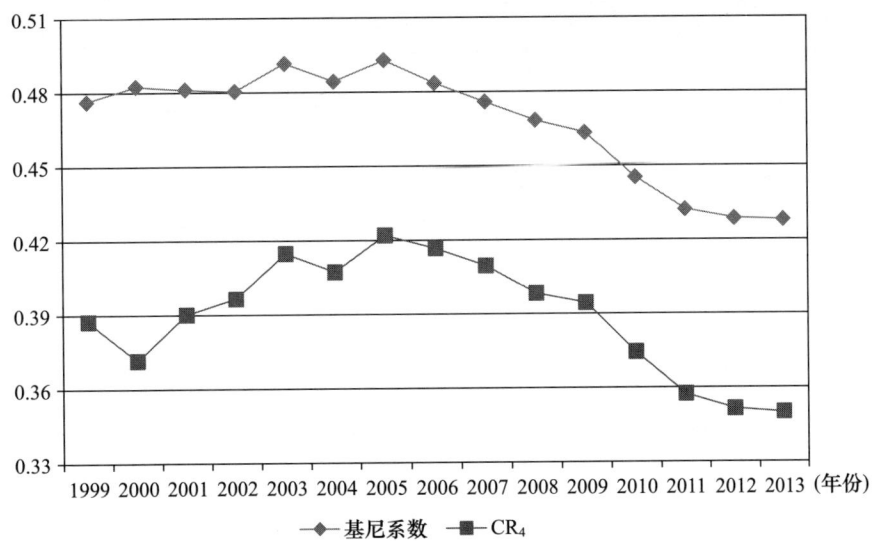

图 3-1　全国工业的空间基尼系数与 CR_4

值份额平均高达 56.29%，中部为 18.65%，西部为 15.68%，东北仅为 9.37%，可见，我国大部分工业产业集中在东部地区。从变化态势看，1999~2005 年，东部工业增加值份额从 57.39% 上升到 60.40%，增加 3.01 个百分点，中部有小幅度上升，西部和东北份额都有所下降，西部从 14.85% 下降为 13.77%，东北从 11.08% 下降为 8.16%；自 2005 年后，山东、上海、广东、江苏、浙江、北京、河北等省市份额出现明显下降，东部份额从 2005 年的 60.40% 下降到 2013 年的 50.20%，中部、西部及东北份额则均有所上升，中部从 17.67% 上升到 21.64%，西部从 13.77% 增加到 19.33%，东北从 8.16% 提高到 9.37%。从各地工业增加值份额的变化可以推断，1999~2005 年我国工业在向东部地区集聚，自 2005 年后则开始由东部向中部、西部及东北地区转移。

表 3-1　1999~2013 年各地区占全国工业增加值的比重　　　　单位：%

地区	1999 年	2005 年	2013 年	均值	变化1	变化2
北京	1.92	2.01	1.32	1.72	0.09	-0.69
天津	2.02	2.22	2.50	2.20	0.20	0.28
河北	5.61	5.54	4.93	5.42	-0.07	-0.61
上海	5.29	4.86	2.71	4.28	-0.43	-2.16
江苏	10.02	11.11	9.57	10.34	1.09	-1.54

续表

地区	1999年	2005年	2013年	均值	变化1	变化2
浙江	7.93	7.47	6.12	6.97	-0.45	-1.36
福建	3.64	3.38	3.53	3.51	-0.26	0.16
山东	9.46	11.26	9.05	10.21	1.81	-2.21
广东	11.33	12.35	10.25	11.44	1.01	-2.10
海南	0.19	0.20	0.21	0.20	0.01	0.01
山西	2.02	2.49	2.26	2.33	0.47	-0.24
安徽	1.46	2.16	3.34	2.48	0.70	1.17
江西	1.49	1.71	2.41	1.84	0.22	0.69
河南	5.33	5.80	5.97	5.83	0.46	0.17
湖北	3.37	2.92	3.94	3.18	-0.45	1.02
湖南	2.99	2.58	3.74	2.99	-0.40	1.15
内蒙古	1.27	1.74	2.97	2.09	0.47	1.23
广西	1.69	0.98	2.15	1.65	-0.71	1.17
重庆	1.74	1.52	1.96	1.62	-0.22	0.44
四川	3.25	2.97	4.33	3.42	-0.28	1.35
贵州	0.87	0.84	1.00	0.84	-0.03	0.16
云南	2.03	1.41	1.41	1.49	-0.62	0.00
西藏	0.03	0.02	0.02	0.02	-0.01	0.00
陕西	1.62	1.83	2.81	2.05	0.21	0.98
甘肃	0.97	0.81	0.83	0.84	-0.16	0.02
青海	0.20	0.24	0.36	0.27	0.04	0.12
宁夏	0.25	0.27	0.35	0.30	0.02	0.08
新疆	0.93	1.13	1.13	1.10	0.20	0.00
辽宁	5.31	4.00	4.68	4.59	-1.31	0.67
吉林	1.63	1.61	2.26	1.84	-0.03	0.65
黑龙江	4.14	2.55	1.90	2.95	-1.59	-0.65
东部	57.39	60.40	50.20	56.29	3.01	-10.21
中部	16.67	17.67	21.64	18.65	1.00	3.97
西部	14.85	13.77	19.33	15.68	-1.08	5.56
东北	11.08	8.16	8.83	9.37	-2.92	0.67

注：均值为各地1999~2013年工业增加值份额的算术平均值，变化1为2005年与1999年的差值，变化2为2013年与2005年的差值。

为进一步揭示我国工业空间分布格局的演变特征，本书分别计算了1999年、2005年和2012年各工业部门的空间基尼系数，如表3-2所示。依据各工业行业空间基尼系数均值大小，本书将工业部门划分为三类：空间基尼系数在0.60以上的为高度集中行业；空间基尼系数在0.50～0.60的为中度集中行业；空间基尼系数在0.50以下的为低度集中行业。根据以上分类可知，我国高度集中的工业行业有19个，中度集中行业有11个，低度集中有2个，说明我国大部分工业行业具有较高的空间集聚程度。从动态趋势看，与1999年相比，2005年有22个工业部门的空间基尼系数变大，10个部门的基尼系数变小，说明这一时期大部分行业的空间集聚水平是在不断提高的。然而，在2005～2012年，仅有5个部门的空间基尼系数变大，其余27个部门的空间基尼系数均变小，这表明，自2005年后大部分工业行业的空间集聚水平出现下降，产业转移趋势明显。

表3-2 我国各工业行业的空间基尼系数

行业类别	1999年	2005年	2012年	均值	集中度	变化1	变化2
煤炭开采和洗选业	0.632	0.673	0.633	0.646	高	0.041	-0.040
石油和天然气开采业	0.739	0.724	0.699	0.721	高	-0.015	-0.026
黑色金属矿采业	0.666	0.609	0.660	0.645	高	-0.057	0.051
有色金属矿采业	0.649	0.676	0.673	0.666	高	0.027	-0.002
非金属矿采业	0.555	0.601	0.546	0.567	中	0.046	-0.055
农副食品加工业	0.533	0.591	0.541	0.555	中	0.058	-0.049
食品制造业	0.568	0.553	0.480	0.534	中	-0.015	-0.072
饮料制造业	0.503	0.504	0.488	0.498	低	0.001	-0.016
烟草制品业	0.601	0.560	0.553	0.571	中	-0.041	-0.007
纺织业	0.700	0.753	0.731	0.728	高	0.054	-0.023
纺织服装、鞋、帽制造业	0.773	0.775	0.705	0.751	高	0.001	-0.070
皮革、毛皮、羽毛（绒）及其制品业	0.755	0.770	0.721	0.749	高	0.015	-0.049
木材加工及木、竹、藤、棕、草制品业	0.633	0.629	0.609	0.624	高	-0.005	-0.020
家具制造业	0.640	0.733	0.649	0.674	高	0.094	-0.084
造纸及纸制品业	0.593	0.676	0.621	0.630	高	0.083	-0.056
印刷业和记录媒介的复制	0.567	0.638	0.582	0.596	中	0.071	-0.056
文教体育用品制造业	0.838	0.827	0.763	0.809	高	-0.011	-0.065
石油加工、炼焦及核燃料加工业	0.561	0.541	0.503	0.535	中	-0.021	-0.038

续表

行业类别	1999年	2005年	2012年	均值	集中度	变化1	变化2
化学原料及化学制品制造业	0.531	0.586	0.580	0.566	中	0.055	-0.006
医药制造业	0.515	0.478	0.509	0.501	中	-0.037	0.031
化学纤维制造业	0.712	0.808	0.846	0.788	高	0.095	0.038
橡胶和塑料制品业	0.667	0.701	0.637	0.668	高	0.034	-0.064
非金属矿物制品业	0.539	0.585	0.526	0.550	中	0.046	-0.059
黑色金属冶炼及压延加工业	0.517	0.553	0.542	0.537	中	0.036	-0.011
有色金属冶炼及压延加工业	0.448	0.486	0.506	0.480	低	0.038	0.020
金属制品业	0.685	0.716	0.630	0.677	高	0.031	-0.086
通用设备制造业	0.652	0.675	0.652	0.660	高	0.024	-0.023
专用设备制造业	0.615	0.601	0.595	0.604	高	-0.014	-0.007
交通运输设备制造业	0.598	0.538	0.544	0.560	中	-0.060	0.006
电气机械及器材制造业	0.675	0.729	0.672	0.692	高	0.054	-0.057
通信设备、计算机及其他电子设备制造	0.762	0.816	0.765	0.781	高	0.055	-0.052
仪器仪表及文化、办公用机械制造业	0.753	0.766	0.727	0.749	高	0.013	-0.039

注：①均值为各行业1999年、2005年和2012年空间基尼系数的算术平均值，变化1为各行业2005年空间基尼系数值减1999年空间基尼系数的差，变化2为各行业2012年空间基尼系数减2005年空间基尼系数的差。

②考虑到数据的连续性，本表中将"开采辅助业"、"其他采矿业"、"其他制造业"、"废弃资源综合利用业"以及"金属制品、机械和设备修理业"剔除。由于"电力、热力生产和供应业"、"燃气生产和供应业"以及"水的生产和供应业"属地方性基础设施，空间分布具有地方垄断特色，也不包括在本表中。

（二）不同工业行业的空间分布特征

为更全面细致地了解我国工业空间集聚的演变轨迹，本节进一步计算1999~2012年上述32个工业行业的空间基尼系数，结果表明，各行业的空间集聚程度呈现出不同的变化特征，具体见附录。

1. 倒"U"型变化

1999~2012年，共有18个行业的空间基尼系数呈倒"U"型变化态势，且这些行业大多集中程度较高。如表3-3所示，有14个属于高度集中部门，4个是中度集中行业，且这些行业的空间基尼系数大多是在2005年前后达到最大值的。

表 3-3 倒 "U" 型变化的工业行业

行业类别	2012 年	集中度	最大值	1999 年
煤炭开采和洗选业	0.633	高	0.678 (2006)	0.632
非金属矿采业	0.546	中	0.601 (2005)	0.555
农副食品加工业	0.541	中	0.591 (2005)	0.533
纺织业	0.731	高	0.757 (2006)	0.700
纺织服装、鞋、帽制造业	0.705	高	0.794 (2003)	0.773
皮革、毛皮、羽毛（绒）及其制品业	0.721	高	0.780 (2003)	0.755
木材加工及木、竹、藤、棕、草制品业	0.609	高	0.643 (2002)	0.633
家具制造业	0.649	高	0.733 (2005)	0.640
造纸及纸制品业	0.621	高	0.683 (2004)	0.593
印刷业和记录媒介的复制	0.582	中	0.638 (2005)	0.567
橡胶和塑料制品业	0.637	高	0.701 (2005)	0.667
非金属矿物制品业	0.526	中	0.590 (2007)	0.539
黑色金属冶炼及压延加工业	0.542	中	0.555 (2006)	0.517
金属制品业	0.630	高	0.723 (2003)	0.685
通用设备制造业	0.652	高	0.684 (2003)	0.652
电气机械及器材制造业	0.672	高	0.731 (2004)	0.675
通信设备、计算机及其他电子设备制造	0.765	高	0.816 (2005)	0.762
仪器仪表及文化、办公用机械制造业	0.727	高	0.766 (2005)	0.753

注：最大值一栏中括号内的数字为各行业空间基尼系数达到最大值的年份。

2. 波动下降型变化

1999~2012 年，有 6 个行业的空间基尼系数是波动下降的，其中，食品制造业和文体教育用品制造业的下降幅度比较大。在这 6 个行业中，石油和天然气开采业以及文体教育用品制造业属于高度集中行业；烟草制品业、交通运输设备制造业和石油加工、炼焦及核燃料加工业是中度集中行业；食品制造业属于低度集中行业（见表 3-4）。值得注意的是，交通运输设备制造业、石油和天然气开采业以及石油加工、炼焦及核燃料加工业对自然资源禀赋有较高要求，属于利润率较高、规模经济效应明显、产业带动作用强的行业，所以各地政府都争相扶持，并将其作为地区经济的战略性支柱产业，地方政府间的竞争在一定程度上降低了此产业的集中程度。

表3-4　波动下降型变化的行业

行业类别	2012年	集中度	1999年	下降幅度
石油和天然气开采业	0.699	高	0.739	-0.040
食品制造业	0.480	低	0.568	-0.088
烟草制品业	0.553	中	0.601	-0.048
文教体育用品制造业	0.763	高	0.838	-0.075
石油加工、炼焦及核燃料加工业	0.503	中	0.561	-0.059
交通运输设备制造业	0.544	中	0.598	-0.054

3. 波动上升型变化

有4个行业的空间基尼系数在1999~2012年是波动上升的,其中,有色金属矿采业和化学纤维制造业属于高度集中行业,化学原料及化学制品制造业和有色金属冶炼及压延加工业属于中度集中行业(见表3-5)。除有色金属矿采业外,其他三个行业空间基尼系数的上升幅度都比较明显,尤其是化学纤维制造业的增幅最为显著。

表3-5　波动上升型变化的行业

行业类别	2012年	集中度	1999年	上升幅度
有色金属矿采业	0.673	高	0.649	0.025
化学原料及化学制品制造业	0.580	中	0.531	0.050
化学纤维制造业	0.846	高	0.712	0.134
有色金属冶炼及压延加工业	0.506	中	0.448	0.058

4. 小幅波动型变化

1999~2012年,黑色金属矿采业、饮料制造业、医药制造业和专用设备制造业空间基尼系数的升降趋势并不特别明显,呈频繁的小幅波动态势,如图3-2所示。其中,黑色金属矿采业属于高度集中行业,饮料制造业属于低度集中行业,其他两个部门属于中度集中行业。

二、制造业重心的空间变动

根据我国国民经济行业分类标准,工业包括采掘业、制造业以及电力、煤气及水的生产和供应业,其中,制造业流动性最强,而且是工业中最重要的一部分。因此,在分析我国工业空间分布时,学者们更多的是以制造业为研究对象,并得出大致相同的结论:我国制造业空间分布在20世纪80年代中后期之前呈分散状态,自 90 年代后呈向东部集聚趋势(梁琦,2004;贺灿飞、谢秀珍,2006)。为进一步揭示近年来我国制造业的空间分布变化,本部分利用重心方法进行分析。

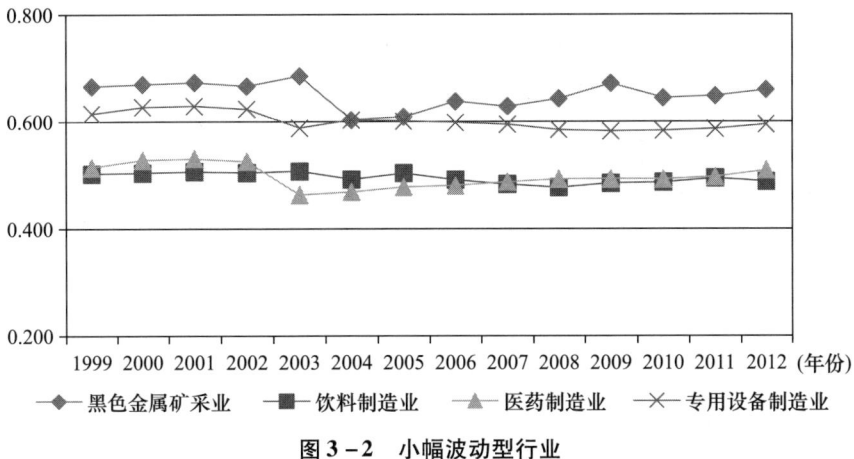

图 3-2 小幅波动型行业

(一)重心及分析方法

重心的概念源于力学研究,它代表一个均衡点。美国学者 Hilgard(1872)首次将"重心"用于分析美国人口分布的变化,自此之后,很多学者将"重心"用于研究与空间分布相关的问题(Lefever,1926;Jones,1980)。经过早期的研究,重心概念现已被广泛应用到经济发展的各个领域,如,人口分布(徐建华、岳文泽,2001;Aboufadel、Austin,2006)、食物供应(Wang 等,2012)、土地利用(Chen、Zhou,2011)、消费品(Fu 等,2011)及环境污染(彭远新、林振山,2010)等。冯宗宪、黄建山(2005)指出,若将重心运用到经济活动中,是指"在区域空间上存在某一点,在该点前后左右各个方向力量的对比保持相对均衡"。所以,如同 CPI 指数、工业产值等指标一样,"重心"是某一国家或地区的宏观分析指标,可用来分析产业、人口等的空间变动轨迹。

1. 重心计算公式①

在力学中,重心是一个力矩最小的点。总力矩公式 $S = \sum_{i=1}^{n} M_i R_i$,若要使 S 最小,需要满足条件:$\frac{\partial S}{\partial x_i} = 0, \frac{\partial S}{\partial y_i} = 0$。因此式无解,可用迭代公式(3-4)进行求解:

---

① 本部分内容主要借鉴冯宗宪、黄建山(2006)的相关内容。

$$\begin{cases} X^{(k+1)} = \dfrac{\sum\limits_{1}^{n} \dfrac{m_i^0 x_i}{\sqrt{(x_i - x^k)^2 + (y_i - y^k)^2}}}{\sum\limits_{i=1}^{n} \dfrac{m_i}{\sqrt{(x_i - x^k)^2 + (y_i - y^k)^2}}} \\ Y^{(k+1)} = \dfrac{\sum\limits_{1}^{n} \dfrac{m_i^0 y_i}{\sqrt{(x_i - x^k)^2 + (y_i - y^k)^2}}}{\sum\limits_{i=1}^{n} \dfrac{m_i}{\sqrt{(x_i - x^k)^2 + (y_i - y^k)^2}}} \end{cases} \quad (3-4)$$

令 $R_i' = \sqrt{(x_i - x^k)^2 + (y_i - y^k)^2}$，公式（3-4）可以写成如式（3-5）所示：

$$\begin{cases} X^{(k+1)} = \dfrac{\sum\limits_{1}^{n} \dfrac{m_i^0 x_i}{R_i}}{\sum\limits_{i=1}^{n} \dfrac{m_i}{R_i}} \\ Y^{(k+1)} = \dfrac{\sum\limits_{1}^{n} \dfrac{m_i^0 x_i}{R_i}}{\sum\limits_{i=1}^{n} \dfrac{m_i}{R_i}} \end{cases} \quad (3-5)$$

当 $R_i' \to \infty$ 时，表示第 i 个次区域距离全国某一属性重心的距离越远。"当某种属性的重心随时间变化出现移动时，移动的方向就指示空间现象的'高密度'区域，偏离的距离代表了非均衡程度"（冯宗宪、黄建山，2006）。为揭示某一属性次区域与其重心的变化，假定 R_i 为次区域中心城市 $P(x_i, y_i)$ 到重心 $Q(\bar{x}, \bar{y})$ 的距离，据欧氏距离公式计算可得式（3-6）：

$$R_i = \sqrt{(x - x_i)^2 + (y - y_i)^2}, \ (0 \leq R_i \leq \infty) \quad (3-6)$$

若 $R_i \to 0$，说明某一属性的第 i 个次区域与全国此属性的重心距离越近；若 $R_i = 0$，则说明第 i 个次区域就是全国某种属性的重心位置。如果一个国家或者地区存在着众多次一级的行政区域，那么某一属性重心的计算就需要通过次级区域的地理坐标和属性值表示。假设一个由 n 个次级区域组成的地区，那么该地区某一属性重心的地理坐标可表示为如式（3-7）所示：

$$\begin{cases} X = \dfrac{\sum V_i x_i}{\sum V_i} \\ Y = \dfrac{\sum V_i y_i}{\sum V_i} \end{cases} \quad (3-7)$$

其中，X、Y为该地区某一属性"重心"的经度、纬度，x_i、y_i分别表示第i个次级区域的中心城市的经度和纬度，V_i代表第i个次级区域的某一属性值。

2. 重心移动距离

重心空间移动距离的计算通常采用如式（3-8）所示：

$$D_{T,t} = C \times \sqrt{(X_T - X_t)^2 + (Y_T - Y_t)^2} \qquad (3-8)$$

其中，$D_{T,t}$是某一属性重心从第t年到第T年移动的距离，(X_t, Y_t)、(X_T, Y_T)分别为第t年和第T年某一属性重心所在地的地理坐标，C为将地球表面坐标单位（度）转化成平面距离（km）的系数，其取值为111.111。

3. 重心移动方向

由上述分析可知，$X_T - X_t$和$Y_T - Y_t$代表从第t年到第T年某一属性重心在经度和纬度上的变动。即$X_T - X_t / Y_T - Y_t$ = 经度上的变化/纬度上的变化，可衡量重心从第t年到第T年在经纬度上的相对变化，据此判断区域属性重心的空间移动方向（见表3-6）。

表3-6 重心移动方向判断

经度变化	纬度变化	经纬度相对变化	移动方向
$X_T - X_t > 0$	$Y_T - Y_t > 0$	$0 < (X_T - X_t)/(Y_T - Y_t) \leq 1$	向东偏北
$X_T - X_t > 0$	$Y_T - Y_t > 0$	$(X_T - X_t)/(Y_T - Y_t) > 1$	向北偏东
$X_T - X_t > 0$	$Y_T - Y_t < 0$	$(X_T - X_t)/(Y_T - Y_t) \leq -1$	向南偏东
$X_T - X_t > 0$	$Y_T - Y_t < 0$	$-1 < (X_T - X_t)/(Y_T - Y_t) < 0$	向东偏南
$X_T - X_t < 0$	$Y_T - Y_t > 0$	$(X_T - X_t)/(Y_T - Y_t) \leq -1$	向北偏西
$X_T - X_t < 0$	$Y_T - Y_t > 0$	$-1 < (X_T - X_t)/(Y_T - Y_t) < 0$	向西偏北
$X_T - X_t < 0$	$Y_T - Y_t < 0$	$0 < (X_T - X_t)/(Y_T - Y_t) \leq 1$	向西偏南
$X_T - X_t < 0$	$Y_T - Y_t < 0$	$(X_T - X_t)/(Y_T - Y_t) > 1$	向南偏西
$X_T - X_t = 0$	$Y_T - Y_t > 0$ 或 $Y_T - Y_t < 0$	0	正北或正南
$X_T - X_t > 0$ 或 $X_T - X_t < 0$	$Y_T - Y_t = 0$	—	正东或正西

（二）数据说明

首先，对我国制造业重心变化轨迹的分析主要立足于省级层面，假定各省所在区域是同质的，各省制造业重心均位于其省会城市所在地的地理坐标（研究期间保持不变）。结合我国实际可知，许多省份除省会外还存在一个与之类似的城市，如山东的济南、青岛，广东的广州、深圳，但大多省份的制造业重心都位于其省会城市或靠近省会城市。因此，本书将各省制造业重心用其省会城市的地理坐标来表示有一定的可行性。此外，樊杰、W. 陶普曼（1996），周民良（2000）

等通过这种代用方法所得的结果也从侧面说明此方法的合理性。

其次,自改革开放后我国国民经济行业分类标准进行过三次调整(1993年、2002年和2011年),每次调整前后行业分类都有较大变化。本节主要依据国民经济行业分类标准GBT4574-2011,选取其中28个2位码制造业行业。鉴于数据连续性及行业一致性,本节在研究中将"其他制造业"、"废弃资源综合利用业"及"金属制品、机械和设备修理业"剔除,将"汽车制造业"和"铁路、船舶、航空航天和其他运输设备制造业"合并为"交通运输设备制造业",即本研究的对象共包括27个2位码制造业行业。

最后,在分析指标的选取上,本节采用工业总产值指标测算。各省制造业总产值由各省27个制造业产值汇总而得,全国制造业总产值是各省制造业总产值之和。所用数据主要来源于历年的《中国工业经济统计年鉴》和各省《统计年鉴》。

(三)所用公式

根据重心计算公式可知,我国制造业重心位置是通过31个省份的地理坐标与其制造业产值占全国比重计算而得,具体公式如式(3-9)所示:

$$\begin{cases} X_t = \dfrac{\sum_{i=1}^{n} V_{ti} x_i}{\sum_{i=1}^{n} V_{ti}} \\ Y_t = \dfrac{\sum_{i=1}^{n} V_{ti} y_i}{\sum_{i=1}^{n} V_{ti}} \end{cases} \quad (3-9)$$

其中,X_t和Y_t分别表示第t年重心的经度和纬度坐标,V_{ti}代表第t年第i个省制造业产值,x_i和y_i为第i个省省会城市的经度和纬度坐标。可见,制造业重心主要受各地地理位置及制造业产值变化的影响。由于假定研究期间各省省会城市的地理坐标保持固定,那么制造业重心的变动就意味着各省制造业产值的变化。我国地域辽阔,经济发展水平的地区差异明显,受各类因素影响不同年份经济发展状况也具有较大差别,制造业发展也存在明显差异,任何一个省制造业的发展变化均会对制造业重心的变化产生重要影响。因此,我国制造业重心的动态变化在一定程度上反映了各地区经济发展的变化轨迹。

(四)结果分析

1. 制造业整体重心的变化趋势

根据表3-7和图3-3所示,自1999年以来我国制造业重心呈以下特点:

就移动方向而言,我国制造业重心呈向北偏西移动趋势,且以向北为主。

1999年我国制造业重心位于东经116.03°、北纬32.17°的安徽省霍邱县龙潭镇，2012年已向北偏西移动到东经115.72°、北纬32.51°的安徽省阜南县老观乡，向西移动0.31°，向北移动0.34°，北移幅度略大于西移幅度。这表明，进入21世纪以来，制造业分布总体开始由南向北、由东向西移动。从各省制造业产值份额变化看，可更明显地发现1999年后制造业分布呈向北偏西移动的态势：1999年制造业产值份额主要集中在广东（14.0%）、江苏（13.3%）、山东（9.3%）、上海（8.4%）和浙江（7.8%）等省市，到2012年制造业产值份额则主要分布在江苏（20.4%）、山东（12.0%）、广东（9.9%）、浙江（6.2%）和河北（5.9%）等省市；与1999年相比，2012年广东制造业产值比重下降4.1个百分点，浙江下降1.6个百分点，而江苏上升7.1个百分点，山东上升2.7个百分点。这进一步说明，自1999年以来，随着一系列推动区域协调发展战略的实施，我国制造业空间分布发生较大变化。

表3-7 1999~2012年我国制造业重心空间位置、移动方向与距离

指标 年份	空间位置		经度变化 （°）	纬度变化 （°）	经纬度的 相对变化	重心移动 方向	移动距离 （km）
	经度（°）	纬度（°）					
1999	116.03	32.17					
2000	116.11	32.26	0.08	0.09	0.88	向东偏北	13.10
2001	116.14	32.21	0.03	-0.05	-0.58	向东偏南	6.24
2002	116.15	32.14	0.01	-0.07	-0.18	向东偏南	8.19
2003	116.20	31.95	0.05	-0.19	-0.27	向东偏南	21.58
2004	116.23	32.03	0.03	0.08	0.36	向东偏北	9.83
2005	116.16	32.11	-0.07	0.07	-0.98	向西偏北	11.58
2006	116.13	32.12	-0.03	0.01	-4.22	向北偏西	3.67
2007	116.04	32.15	-0.08	0.04	-2.25	向北偏西	9.89
2008	115.98	32.28	-0.07	0.13	-0.52	向西偏北	16.11
2009	115.93	32.38		0.10	-0.44	向西偏北	12.20
2010	115.89	32.31	-0.04	-0.07	0.62	向西偏北	8.98
2011	115.74	32.38	-0.15	0.06	-2.39	向北偏西	18.51
2012	115.72	32.51	-0.02	0.13	-0.13	向北偏西	14.83
1999~2012			-0.31	0.34	-0.92	向北偏西	51.12
1999~2005			0.13	-0.06	-2.02	向东偏南	15.66
2005~2012			-0.44	0.40	-1.09	向西偏北	65.97

资料来源：《中国工业经济统计年鉴》和各省市《统计年鉴》，经作者计算整理。

从动态视角看，1999～2012 年我国制造业重心的移动方向呈现出阶段性的变化特征。在 1999～2005 年，制造业重心呈向东偏南方向移动，1999 年位于东经 116.03°、北纬 32.17°的安徽省霍邱县龙潭镇，到 2005 年移动到东经 116.16°、北纬 32.11°的安徽省霍邱县长集镇，移动距离为 15.66 公里，其中，向东移动了 0.13°，向南移动了 0.06°，东移幅度大于南移幅度。结合我国区域发展实际可知，1999～2005 年制造业重心之所以呈现向东偏南的移动态势，主要是因为在此时期长三角地区制造业发展迅速，成为整个国家制造业发展的重要引擎。例如，上海、江苏和浙江三省市的制造业产值由 1999 年的 16564.64 亿元增长到 2005 年的 66473.30 亿元，增长率为 4.01 倍（现价），三省市制造业产值占比由 29.52% 上升为 30.85%。而且，上海、江苏和浙江也位于 1999 年制造业重心的以东偏南方向，因此导致我国制造业整体呈向东偏南方向移动的态势。

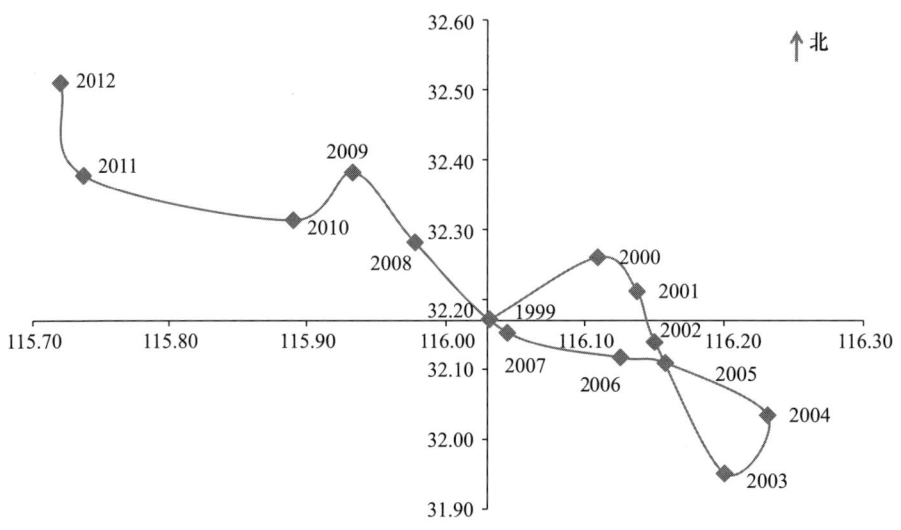

图 3-3　1999～2012 年我国制造业重心的变动轨迹

自 2005 年以来，我国制造业重心开始向西偏北方向移动，且以向西移动为主。2012 年，制造业重心位于东经 115.72°、北纬 32.51°的安徽省阜南县老观乡，与 2005 年相比出现明显向西北方向移动迹象，移动距离为 65.97 公里。这背后的原因可能是，近年来河北、辽宁、河南、湖北等省制造业发展快速，如河北、辽宁的制造业产值比重分别由 2005 年的 4.20% 和 4.26% 上升到 2012 年的 5.89% 和 4.97%，中部的河南、湖北也由 2005 年的 3.68% 和 2.41% 提高到 2012 年的 4.22% 和 3.43%，而广东、上海、浙江则出现大幅度下降（见表 3-8）。

这从侧面反映出,此阶段我国东部制造业的集聚态势开始弱化,出现向中西部等内陆地区转移的趋势。图3-3显示的我国制造业重心移动轨迹也展现了不同时期制造业的空间集聚和转移方向。

表3-8 1999~2012年我国各省制造业产值比重 单位:%

地区	1999年	2005年	2012年	变化1	变化2
北京	3.07	2.84	1.26	-0.23	-1.59
天津	3.26	2.73	2.23	-0.53	-0.50
河北	4.10	4.20	5.89	0.09	1.70
山西	1.15	1.36	0.90	0.20	-0.46
内蒙古	0.76	0.96	1.21	0.20	0.26
辽宁	4.77	4.26	4.97	-0.50	0.71
吉林	1.95	1.48	2.01	-0.47	0.53
黑龙江	1.47	1.20	0.88	-0.27	-0.32
上海	8.42	6.98	3.41	-1.44	-3.56
江苏	13.31	14.22	20.37	0.91	6.15
浙江	7.79	9.65	6.15	1.86	-3.50
安徽	2.15	1.75	2.85	-0.39	1.09
福建	2.95	3.33	3.09	0.38	-0.24
江西	1.07	1.15	2.15	0.08	0.99
山东	9.35	12.31	12.04	2.96	-0.27
河南	3.91	3.68	4.22	-0.23	0.54
湖北	4.25	2.41	3.43	-1.84	1.02
湖南	1.96	1.87	2.87	-0.09	1.00
广东	13.98	14.93	9.93	0.95	-5.00
广西	1.26	1.00	1.60	-0.26	0.60
海南	0.27	0.17	0.17	-0.10	0.00
重庆	1.09	1.04	1.35	-0.05	0.31
四川	2.63	2.39	2.94	-0.25	0.55
贵州	0.69	0.53	0.46	-0.15	-0.08
云南	1.45	0.98	0.82	-0.47	-0.17
西藏	0.02	0.01	0.01	-0.01	0.00
陕西	1.15	1.01	1.28	-0.14	0.27
甘肃	0.81	0.72	0.60	-0.09	-0.13
青海	0.17	0.11	0.16	-0.06	0.05
宁夏	0.23	0.22	0.23	-0.01	0.01
新疆	0.57	0.53	0.55	-0.05	0.03

资料来源:《中国工业经济统计年鉴》和各省市《统计年鉴》,经作者计算整理。

2. 各类制造业重心的变动

为揭示不同制造业行业的空间分布状况，本部分利用重心计算公式对各个制造业行业的重心及其变化特征进行测度，结果见图 3－4 和表 3－9。

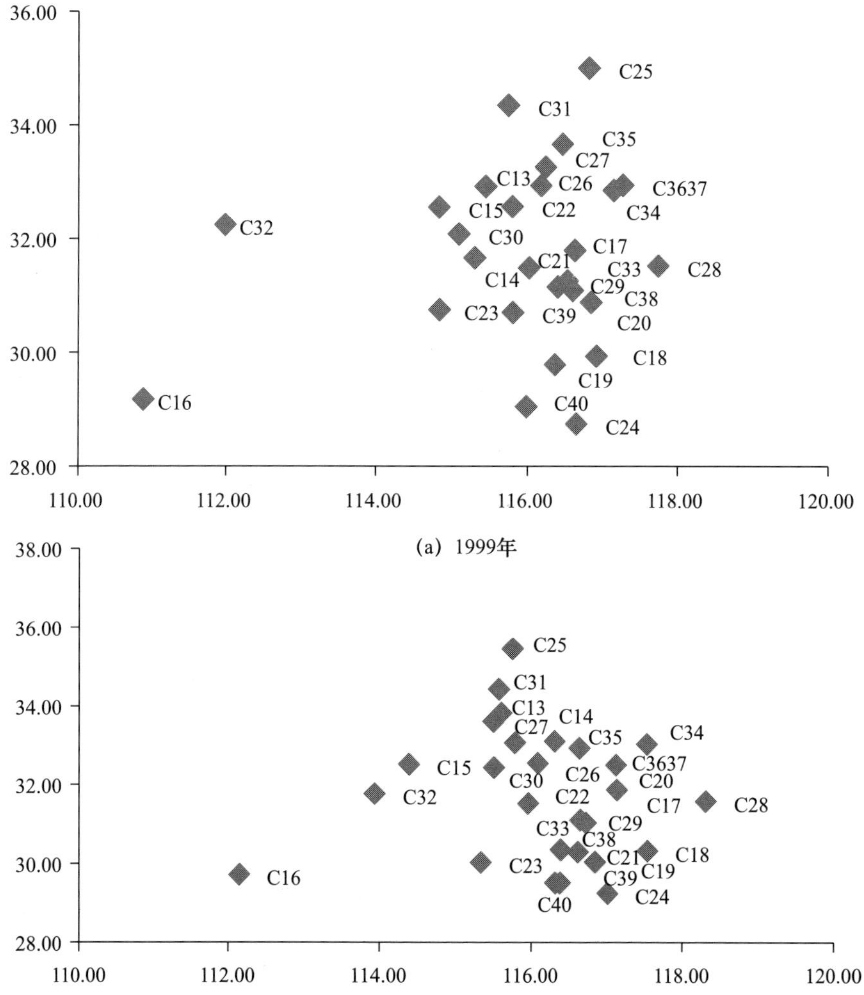

(b) 2005年

图 3－4　各类制造业重心的空间分布

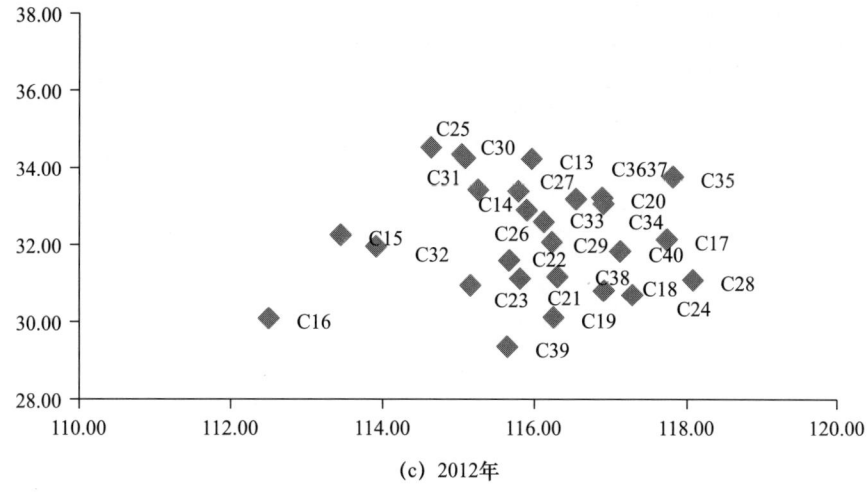

(c) 2012年

图 3-4　各类制造业重心的空间分布（续图）

注：行业代码代表的行业为：C13——农副食品加工业；C14——食品制造业；C15——饮料制造业；C16——烟草制品业；C17——纺织业；C18——纺织服装、鞋、帽制造业；C19——皮革、毛皮、羽毛（绒）及其制品业；C20——木材加工及木、竹、藤、棕、草制品业；C21——家具制造业；C22——造纸及纸制品业；C23——印刷业和记录媒介的复制；C24——文教体育用品制造业；C25——石油加工、炼焦及核燃料加工业；C26——化学原料及化学制品制造业；C27——医药制造业；C28——化学纤维制造业；C29——橡胶和塑料制品业；C30——非金属矿物制品业；C31——黑色金属冶炼及压延加工业；C32——有色金属冶炼及压延加工业；C33——金属制品业；C34——通用设备制造业；C35——专用设备制造业；C3637 交通运输设备制造业；C38——电气机械及器材制造业；C39——通信设备、计算机及其他电子设备制造业；C40——仪器仪表及文化、办公用机械制造业。

表 3-9　1999～2012 年我国各类制造业重心的移动方向与距离

年份 指标 行业	1999～2005				2005～2012			
	经度变化（°）	纬度变化（°）	移动方向	移动距离（km）	经度变化（°）	纬度变化（°）	移动方向	移动距离（km）
农副食品加工业	0.16	0.90	向东偏北	101.73	0.36	0.40	向东偏北	59.96
食品制造业	0.19	1.94	向东偏北	216.94	-0.24	-0.20	向南偏西	34.03
饮料制造业	-0.44	-0.04	向南偏西	49.40	-0.95	-0.27	向南偏西	109.43
烟草制品业	1.26	0.54	向北偏东	152.83	0.35	0.37	向东偏北	56.37
纺织业	0.50	0.07	向北偏东	56.24	0.60	0.26	向北偏东	72.41
纺织服装、鞋、帽制造业	0.62	0.37	向北偏东	80.22	-0.62	0.50	向南偏西	88.66
皮革、毛皮、羽毛（绒）及其制品业	0.47	0.25	向北偏东	59.13	-0.58	0.07	向北偏西	65.42

续表

年份\指标\行业	1999~2005 经度变化(°)	纬度变化(°)	移动方向	移动距离(km)	2005~2012 经度变化(°)	纬度变化(°)	移动方向	移动距离(km)
木材加工及木、竹、藤、棕、草制品业	0.27	1.61	向东偏北	181.89	-0.23	0.71	向西偏北	83.32
家具制造业	0.60	-1.20	向东偏南	148.59	-0.81	0.83	向西偏北	128.49
造纸及纸制品业	0.16	-1.05	向东偏南	118.42	-0.29	0.08	向北偏西	32.80
印刷业和记录媒介的复制	0.49	-0.73	向东偏南	97.56	-0.17	0.92	向西偏北	103.65
文教体育用品制造业	0.35	0.50	向东偏北	68.26	0.28	1.46	向东偏北	164.73
石油加工、炼焦及核燃料加工业	-1.07	0.44	向北偏西	128.94	-1.12	-0.93	向南偏西	161.28
化学原料及化学制品制造业	-0.09	-0.39	向西偏南	44.84	-0.18	0.34	向西偏北	43.13
医药制造业	-0.45	-0.19	向南偏西	54.93	0.01	0.31	向东偏北	34.94
化学纤维制造业	0.57	0.05	向北偏东	63.79	-0.24	-0.49	向西偏南	60.19
橡胶和塑料制品业	0.25	-0.05	向南偏东	28.22	-0.42	0.96	向西偏北	116.29
非金属矿物制品业	0.41	0.36	向北偏东	60.34	-0.46	1.89	向西偏北	216.51
黑色金属冶炼及压延加工业	-0.18	0.08	向南偏西	21.62	-0.48	-0.18	向南偏西	57.31
有色金属冶炼及压延加工业	1.95	-0.48	向南偏东	223.76	-0.03	0.19	向西偏北	21.43
金属制品业	0.19	-0.23	向东偏南	33.46	-0.60	1.56	向西偏北	186.07
通用设备制造业	0.38	0.18	向北偏东	46.98	-0.62	0.02	向北偏西	69.48
专用设备制造业	-0.16	-0.56	向西偏南	65.04	1.50	0.66	向北偏东	181.85
交通运输设备制造业	-0.63	-0.02	向南偏西	70.23	-0.09	0.25	向西偏北	29.73
电气机械及器材制造业	-0.21	-0.75	向西偏南	86.39	-0.08	0.82	向西偏北	92.04
通信设备、计算机及其他电子设备制造	0.58	-1.20	向东偏南	147.64	-0.73	-0.16	向南偏西	83.31
仪器仪表及文化、办公用机械制造业	0.34	0.47	向东偏北	64.00	0.81	2.32	向东偏北	272.71
重心由西往东移动的产业数目	19				7			
重心由东往西移动的产业数目	8				20			

如图 3-4 所示，大多制造业行业的重心分布在相对东南地区，且呈向西、向北移动趋势。1999 年，大部分行业的重心分布在经度 115°～117°、纬度 30.5°～33.6°的区域，即大致位于以湖北黄州区、安徽大观区、河南淮阳县、安徽省埇桥区四个地点构成的区域内。到 2005 年，大部分制造业重心位于经度 116°～118°、纬度 29.25°～33°的区域，与 1999 年相比呈向东、向南移动态势。2012 年，大多数行业重心集中在经度 115°～117.8°、纬度 31°～33.4°的区域，即大致在由湖北麻城市、安徽铜陵县、河南项城市、安徽泗县四个地点围成的区域内；与 2005 年相比出现向西、向北移动趋势。总体而言，我国大多制造业行业的重心分布在相对东南地区，但近年来有向西、向北移动的趋势。

具体而言，1999～2005 年，在 27 个制造业部门中有 19 个部门的重心位置向东移动（有 12 个向东北移动，7 个向东南移动），仅有 8 个部门的重心向西移动，说明这一时期绝大多数制造业部门在向东部集聚。自 2005 年以后，制造业部门的重心移动出现新变化，表现为大部分部门呈现向西移动趋势。在 2005～2012 年，有 20 个部门的重心发生了向西移动（有 13 个向西北移动，7 个向西南移动），仅有 7 个部门发生向东移动，表明 2005～2012 年大部分制造业部门出现向中西部等内陆地区转移趋势。可见，各个制造业部门重心的移动轨迹与制造业整体重心的移动方向基本一致，这进一步印证了我国制造业由东部集聚开始再向中部、西部等内陆地区转移的趋势。

第二节 制造业转移特征

通过对我国工业空间分布格局的分析可知，近年来我国工业分布的空间集聚水平有所下降，特别是制造业空间分布有明显的"北上西进"趋势，产业空间转移步伐加快。本节选取三个代表性（技术密集型、资本密集型和劳动密集型）的制造业行业，通过计算空间基尼系数、区位商及地区产业份额，对 1999～2012 年这三个行业的区际转移进行测度，并分析不同时期的转移状态。

一、测度方法

（一）产业转移的测度

本书将产业转移定义为：由于资源供给、市场需求及政策环境等条件的变化而导致的区域间产业在空间区位上的相对变化过程。例如，若某一类型产业主要集中在 A 地，但随着经济发展及外部环境的变化，现在 B 地这一类型产业比重开始提高，而 A 地产业份额降低。A 地此产业份额降低可能是因为产业外移造成的，也可能是企业减产、倒闭或产业衰落的结果；B 地产业份额的上升既可能是新增投资、产能扩大的结果，也可能是承接了 A 地产业转移。不管怎样，对于此类产业而言均可称为产业区位的调整，即产业发生空间转移。因此，为全面分析我国各个制造业行业转移的时空特征，揭示制造业空间分布状况，本节选用产业空间基尼系数、区位商和地区产业份额三个指标进行测度。

1. 产业的空间基尼系数

计算方法与上文相同，具体公式如式（3-10）所示：

$$G = \frac{2}{n} \sum_{i=1}^{n} \left(i \times \frac{x_{ji}}{X_j} \right) - \frac{n+1}{n}, \left(\frac{x_{j1}}{X_j} < \frac{x_{j2}}{X_j} < \cdots < \frac{x_{jn}}{X_j} \right) \quad (3-10)$$

其中，x_{ji} 为产业 j 在 i 省的工业总产值，X_j 为产业 j 的全国工业总产值，n 为省区数量。计算时，需将产业 j 在各省份额 $\frac{x_{ji}}{X_j}$ 从低到高进行排序。空间基尼系数在 0~1 取值，数值越大，说明产业空间集聚程度越高，产业空间分布相对就越不均衡；反之，数值越小，表示产业空间集聚水平越低。因此，通过观察产业空间基尼系数在不同时期的变化可反映出产业空间集聚程度的动态变化：若空间基尼系数随时间推移而增大，说明处于空间集聚阶段，增幅越大，说明集聚趋势越强；反之，表明产业处于空间转移阶段。

2. 区位商

区位商也称专业化率，是衡量地区专业化的一个重要指标，具体计算公式如式（3-11）所示：

$$LQ_{ij} = \frac{L_{ij}/L_j}{L_i/L} \quad (3-11)$$

其中，L_{ij} 是地区 j 产业 i 的产值，L_j 为地区 j 产业总产值，L_i 为全国产业 i 的总产值，L 为全国产业总产值。区位商越高，说明产业专业化程度越高；反之，说明产业专业化程度越低。一个地区产业专业化程度的变化也可在一定程度上反映产业转移状况。

3. 地区产业份额

具体计算公式如式（3-12）所示：

$$F_{ij} = \frac{Q_{ij}}{Q_i} \quad (3-12)$$

其中，Q_{ij} 为 j 地区 i 产业的产值，Q_i 是全国 i 产业总产值。由于空间基尼系数和区位商都是相对指标，测度产业空间分布的相对水平，因此，我们通过产业的绝对份额进行辅助说明。

(二) 马尔可夫状态转移概率

状态转移概率是马尔可夫链中的一个概念，指系统从某一状态转变为其他状态的可能性。产业转移是产业从某一地区向其他地区转移的动态过程，不同地区在不同时期会呈现产业转入或转出的状态。因此，假设某一时期内产业的转移状态符合某种概率分布，随时间变化会从一种状态变为另一种状态，若将产业转移状态分为 M 个类型，那么可用马尔可夫状态转移概率来分析产业转移状态的变化。本书采用一步转移概率分析我国产业转移在 1999~2005 年和 2005~2012 年两个阶段的状态变化。假设产业转移的初始状态为 K_i，经过一步后变为 K_j，转移概率为 P_{ij}，则转移概率的计算公式如式（3-13）所示：

$$P_{ij}(K_i \rightarrow K_j) = s_{ij}/m_i \qquad (3-13)$$

其中，s_{ij} 表示由 K_i 经过一步变化为 K_j 时，转移到 j 类型中属于 i 类型的省份个数之和；m_i 表示状态 K_i 属于 i 类型的省份个数之和，马尔可夫状态转移概率矩阵为 $P = \{P_{ij}\}$。

二、产业分类

已有产业转移研究的文献主要以单个行业（如纺织或电子等）、某一要素密集型产业或整个工业行业为分析对象，由于样本过于单一或宽泛，易导致研究结果的片面性。本节主要以制造业为研究对象，根据要素密集度将其分为技术密集型、资本密集型和劳动密集型三类，并从中各选 1 个代表性的细分行业进行深入分析。

(一) 分类方法

要素密集度分类方法，是根据产业生产过程中对不同生产要素的需求和依赖程度而进行的分类。此方法的理论基础是亚当·斯密、李嘉图、赫克歇尔和俄林等关于国际分工和自由贸易的比较优势理论和要素禀赋理论。亚当·斯密的绝对优势理论和李嘉图的比较优势理论都建立在只有"劳动力"这一种生产要素的基础上，赫克歇尔和俄林在比较优势理论的基础上进行扩展并提出要素禀赋理论。在要素禀赋理论中，赫克歇尔和俄林首次提出"要素密集度"（FactorIntensity）的概念，用于衡量生产某一产品所投入的各种生产要素的组合比例。若仅有资本（K）和劳动（L）投入要素时，要素密集度即指生产一单位产品投入的资本与劳动比。假设生产 X、Y 两类产品，投入要素为资本（K）和劳动（L），则生产过程中 X、Y 产品的要素投入比分别为 K_x/L_x、K_y/L_y。若 K_x/L_x 小于 K_y/L_y，说明 X 的生产主要依赖劳动要素投入，Y 的生产则主要依赖资本要素投入，称 X 为劳动密集型产品，Y 为资本密集型产品；若 K_x/L_x 大于 K_y/L_y，则称 X 为资本密集型产品，Y 为劳动密集型产品。

在现代经济条件下，资本、劳动和技术既是最基本的生产要素，也是产业发展过程中的主要要素投入。因此，按照不同产业在生产过程中对主要生产要素（资本、劳动、技术）的需求和依赖程度，一般将产业划分为劳动密集型、资本密集型和技术密集型三类。

（二）分类标准

按照要素密集度的分类方法，结合我国制造业实际，本节通过人均固定资产净值年平均余额①和研究与实验发展经费投入强度②（以下简称研发强度）指标来衡量产业要素密集程度。若某产业人均固定资产净值年平均余额越高，说明资本密集度越高；若研发强度越高，说明产业生产对技术的依赖程度就越高。在此基础上，本书将我国制造业分为技术密集型、资本密集型和劳动密集型三类，具体标准如表3-10所示。

表3-10 制造业行业按要素密集度进行划分的标准

行业分类	分类标准
技术密集型	研发强度大于1倍平均
资本密集型	人均固定资产净值年平均余额大于1倍平均
劳动密集型	研发强度和人均固定资产净值年平均余额均低于1倍平均

（三）分类结果

鉴于数据可得性及分析一致性，本节的分类对象为前文所选的27个制造业行业，本书根据2006年和2012年的《中国统计年鉴》、《中国工业经济统计年鉴》和《中国科技统计年鉴》，计算2005年和2011年③的人均固定资产净值年平均余额和研发强度，取各指标两个年份的平均值作为划分标准，分类结果见表3-11。

三、对象选取

根据制造业分类结果，本节从劳动、资本和技术密集型产业中各选1个代表

---

① 人均固定资产净值年平均余额为某一行业的固定资产净值年平均余额与行业平均从业员数的比值，主要反映了生产过程中的资本—劳动比。
② 研发强度为某一行业研究与试验发展经费支出与主营业务收入之比，主要表示行业对技术的依赖程度。
③ 从2011年开始，规模以上工业企业的标准调整为年主营业务收入2000万元及以上，为使数据口径一致、具有可比性，本书根据第二次经济普查各行业规模以上工业企业的数据进行了相应调整。

表 3-11 制造业行业按要素密集度分类情况

行业分类	分布行业
技术密集型产业	化学原料及化学制品制造业、医药制造业、化学纤维制造业、黑色金属冶炼及压延加工业、通用设备制造业、专用设备制造业、交通运输设备制造业、电气机械及器材制造业、计算机、通信和其他电子设备制造业、仪器仪表及文化、办公用机械制造业
资本密集型产业	烟草制品业、造纸及纸制品业、石油加工、炼焦及核燃料加工业、有色金属冶炼及压延加工业
劳动密集型产业	农副食品加工业、食品制造业、饮料制造业、纺织业、纺织服装、鞋、帽制造业、皮革、毛皮、羽毛（绒）及其制品业、木材加工及木、竹、藤、棕、草制品业、家具制造业、印刷业和记录媒介的复制、文教体育用品制造业、橡胶和塑料制品业、非金属矿物制品业、金属制品业

性行业进行分析：以纺织业代表劳动密集型产业，以石油加工、炼焦及核燃料加工业代表资本密集型产业，以计算机、通信和其他电子设备制造业代表技术密集型产业。同时，为更清晰地描述我国30个省份（西藏除外）产业转移的特征，本节主要从两个层面进行分析：一是区域层面，将我国30个省份划分为东部、中部、西部和东北四大板块①，对各区域间的产业转移进行分析；二是省际层面，重点分析产业在个别省份之间的布局变化。

四、结果分析

（一）纺织业

以纺织业为代表的劳动密集型产业具有以下特征：生产需要依赖大量劳动力投入，资本构成和技术装备水平比较低，单位劳动占用的资金较少（单位资本占用的劳动力较多）等。我国劳动密集型产业主要包括农副食品加工业、食品制造业、饮料制造业、纺织业、家具制造业以及纺织服装、鞋、帽制造业等。此类产业需要投入大量劳动力，对劳动力成本有较强的敏感性，当地区劳动力成本出现大幅上涨时，为降低其投入成本，这类产业向外转移趋势会增强。

1. 产业转移特征

纺织业包括棉纺织及印染精加工、毛纺织及染整精加工、麻纺织及染整精加

---

① 四大板块为：东部包括北京、天津、河北、江苏、浙江、上海、福建、山东、广东和海南；中部包括山西、河南、安徽、江西、湖南和湖北；西部包括内蒙古、广西、重庆、四川、贵州、云南、陕西、甘肃、青海、宁夏和新疆；东北包括辽宁、吉林和黑龙江。

工、丝绸纺织及印染精加工、化纤织造及印染精加工、针织或钩针编织物及其制品制造、家用纺织制成品制造及非家用纺织制成品制造等细分部门,在劳动密集型产业中具有典型的代表性。如图3-5所示,1999~2012年纺织业的空间基尼系数平均达0.735(算术平均值),2006年最高达到0.757,2000年最低为0.697,说明纺织业的空间集聚程度比较高。从动态角度看,1999~2012年,纺织业的空间基尼系数呈现倒"U"型变化:2006年是临界点,1999~2006年空间基尼系数从0.700上升到0.757,说明纺织业的空间集聚水平在不断提高;自2006年后空间基尼系数不断下降,由2006年的0.757下降到2012年的0.731,说明纺织业的空间集聚水平出现下降,开始由集聚地向其他地区转移。

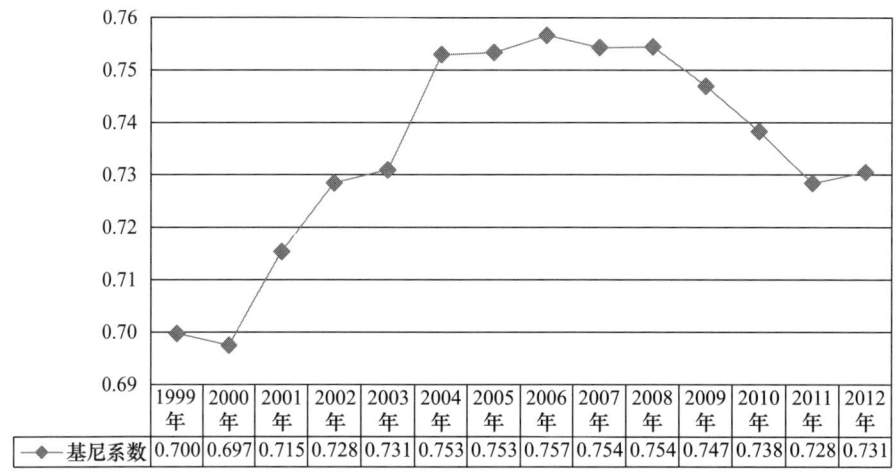

图3-5 纺织业的空间基尼系数

从各区域区位商(见图3-6)看,东部纺织业具有明显的专业化优势,其区位商在1999~2012年一直处于0.9~1.1,中部、西部和东北地区与东部相比都存在较大差距。各地绝对份额(见图3-7)也显示,纺织业产出主要集中在东部,考察期内东部纺织业产值份额均值高达80.8%,东北只有2%,中部、西部也仅为11.6%和5.6%,与东部差距显著。从动态变化看,东部和东北纺织业的区位商呈波动下降趋势,中部和西部区位商呈"U"型变化,中部变化幅度大于西部。就产业绝对份额而言,东部呈倒"U"型变化,2004年前处于不断上升状态,自2005年起逐渐下降;中部、西部变动轨迹呈"U"型,特别是中部自2005年后呈快速上升态势,由2005年的9.01%增加到2012年的16.92%,西部变动幅度较小;东北地区一直处于下降状态,但由于其份额本身很小,影响不大。据此可判断:近年来我国纺织业已显现出较强的转移态势,东部纺织业向中部、西部地区转移步伐加快，向东北转移迹象并不明显。

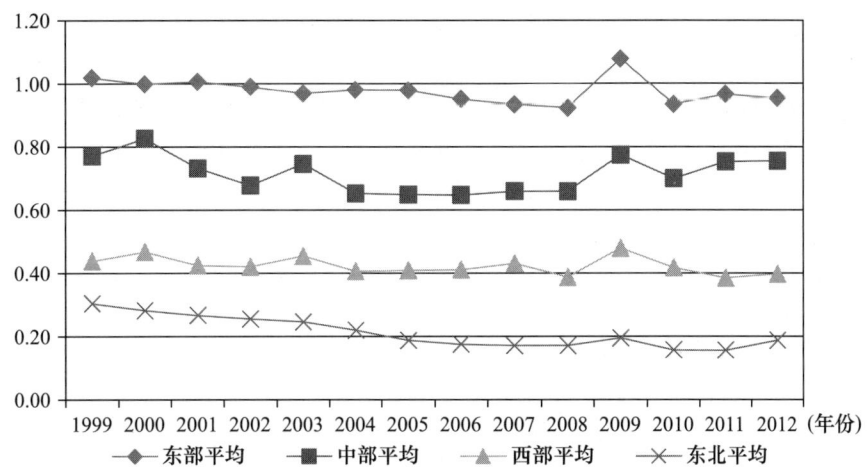

图3-6　1999~2012年各区域纺织业区位商

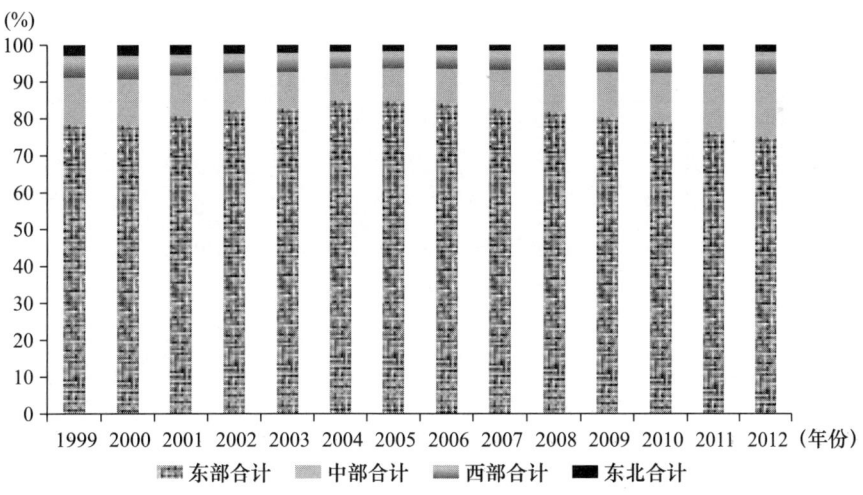

图3-7　1999~2012年各区域纺织业产出份额

为进一步揭示纺织业的时空转移状况，本节从四大板块出发对纺织业的区域和省域分布进行具体分析。

(1) 东部地区

在东部，纺织业主要集中在山东、江苏、浙江、广东、福建和河北6个省份，2012年这6省份纺织业产值占全国纺织业产值的比重高达73.83%；从专业化程度看，除河北（0.975）、广东（0.65）外，其他省份纺织业的区位商均大于1，浙江的区位商最高为2.673，这说明东部纺织业的集聚程度较高，且具备较高的专业化水平。

如表3-12所示，1999~2012年，山东、福建的区位商和产值份额均呈上升态势，山东上升幅度较大，区位商从1999年的1.198上升到2012年的1.865，提高了0.667，产值份额由11.22%提高到22.75%，上升11.52个百分点。河北的区位商呈较为平坦的"U"型变动轨迹，自2008年达到最小值（0.696）后就处于小幅波动上升状态，其产值份额也呈类似"U"型变化轨迹。江苏区位商总体呈下降趋势，从1999年的2.042下降到2012年的1.457，产值份额也呈现明显下降。浙江的区位商总体是波动上升的，但升幅较小，其产值份额则呈明显的倒"U"型变化轨迹，2004年为拐点，2004~2012年产值份额从24%下降到16.8%。广东区位商呈小幅波动下降状态，从1999年的0.826下降到2012年的0.651，其产值份额下降比较明显，由11.74%下降到6.62%，降低5.13个百分点。可见，除山东、福建和河北以外，东部纺织业的主要集中地均出现了较为明显的产业转出迹象。

表3-12 东部地区纺织业的区位商和绝对份额

年份	1999	2000	2001	2002	2003	2004	2005	2006	2007	2008	2009	2010	2011	2012
区位商														
北京	0.288	0.261	0.259	0.224	0.247	0.202	0.199	0.165	0.159	0.146	0.156	0.129	0.153	0.070
天津	0.542	0.520	0.435	0.406	0.350	0.244	0.242	0.172	0.168	0.139	0.129	0.120	0.107	0.104
河北	0.945	0.965	0.923	0.974	0.927	0.781	0.773	0.790	0.743	0.696	0.871	0.767	0.828	0.975
上海	0.670	0.617	0.605	0.574	0.503	0.401	0.449	0.401	0.356	0.327	0.355	0.337	0.316	0.228
江苏	2.042	2.030	2.023	2.002	1.888	2.022	1.847	1.838	1.756	1.705	1.864	1.589	1.463	1.457
浙江	2.431	2.303	2.393	2.430	2.450	2.571	2.538	2.476	2.521	2.601	3.180	2.661	2.653	2.673
福建	0.818	0.928	0.971	0.972	0.999	1.083	1.163	1.223	1.230	1.240	1.475	1.255	1.574	1.457
山东	1.198	1.252	1.297	1.252	1.349	1.357	1.453	1.531	1.602	1.659	1.885	1.673	1.762	1.865
广东	0.826	0.761	0.762	0.746	0.679	0.629	0.617	0.592	0.583	0.633	0.786	0.753	0.759	0.651
海南	0.420	0.346	0.397	0.317	0.294	0.505	0.503	0.317	0.217	0.080	0.089	0.061	0.048	0.051
平均值	1.018	0.998	1.006	0.990	0.969	0.980	0.978	0.950	0.934	0.923	1.079	0.935	0.966	0.953
产业的绝对份额（产值,%）														
北京	0.85	0.85	0.87	0.72	0.76	0.58	0.55	0.43	0.38	0.30	0.27	0.25	0.26	0.12
天津	1.65	1.47	1.32	1.20	0.99	0.71	0.65	0.46	0.42	0.34	0.26	0.29	0.26	0.26

续表

年份	1999	2000	2001	2002	2003	2004	2005	2006	2007	2008	2009	2010	2011	2012
河北	3.82	3.79	3.58	3.72	3.68	3.38	3.36	3.35	3.12	3.16	3.28	3.42	3.89	4.46
上海	5.12	4.67	4.52	3.95	3.62	2.79	2.80	2.34	1.95	1.62	1.34	1.45	1.19	0.77
江苏	24.55	24.33	24.44	24.71	23.68	25.03	23.89	23.93	23.03	22.81	21.36	20.92	18.64	18.60
浙江	17.02	17.44	19.41	21.15	21.91	24.00	23.19	22.68	22.37	20.95	20.42	19.56	17.70	16.80
福建	2.44	2.78	2.94	3.18	3.44	3.66	3.74	3.85	3.79	3.72	3.87	3.93	5.11	4.60
山东	11.22	11.94	12.51	12.81	14.43	15.23	17.54	18.67	19.65	20.61	21.01	20.06	20.73	22.75
广东	11.74	10.89	11.00	10.88	10.16	9.26	8.77	8.31	7.93	8.17	8.40	9.24	8.51	6.62
海南	0.10	0.08	0.09	0.07	0.07	0.10	0.07	0.07	0.05	0.02	0.01	0.01	0.01	0.01
合计	78.51	78.26	80.68	82.41	82.73	84.74	84.58	84.09	82.67	81.70	80.23	79.12	76.31	74.99

（2）中部地区

中部各省纺织业的专业化程度整体较低，以 2012 年为例，除湖北（1.459）外，其他各省的区位商均小于 1，江西、河南略高分别为 0.867 和 0.861。同时，各省的产值份额也普遍较低，2012 年只有河南、湖北的产值份额超过 5%，其他省份均在 1% 左右。从区位商的动态趋势看，1999～2012 年，江西、河南和湖南的区位商均呈波动上升趋势，其中，江西升幅最为明显，从 0.673 上升到 0.867；湖北经历了一个波动式的"U"型变化轨迹，自 2009 年以来处于波动上升状态；山西和安徽两省表现出明显下降态势，与 1999 年相比，2012 年分别降低了 0.312 和 0.296。与区位商的变化类似，考察期内江西、河南和湖南的产值份额呈上升趋势，河南上升幅度最大；湖北呈明显的"U"型变化轨迹；山西则处于不断下降状态；安徽产值份额并未如其区位商一样不断下降，而是表现出较为平坦的"U"型趋势，自 2005 年后开始不断上升（见表 3 – 13）。根据以上分析可知，虽然中部各省纺织业专业化程度较低，但近年来除山西外各省纺织业均有不同程度的份额转入。

表 3 – 13　中部地区纺织业的区位商和绝对份额

年份	1999	2000	2001	2002	2003	2004	2005	2006	2007	2008	2009	2010	2011	2012
区位商														
山西	0.369	0.431	0.321	0.253	0.198	0.144	0.122	0.109	0.073	0.044	0.058	0.060	0.057	0.057
安徽	1.042	1.083	0.995	0.914	0.942	0.806	0.713	0.656	0.657	0.610	0.752	0.645	0.702	0.747
江西	0.673	0.762	0.656	0.625	0.722	0.676	0.724	0.713	0.796	0.849	0.900	0.951	0.950	0.867

续表

年份	1999	2000	2001	2002	2003	2004	2005	2006	2007	2008	2009	2010	2011	2012
河南	0.829	0.821	0.805	0.751	0.776	0.779	0.766	0.798	0.833	0.906	1.044	0.926	1.049	0.861
湖北	1.232	1.323	1.186	1.062	1.283	0.982	0.996	1.038	1.045	0.980	1.247	1.074	1.219	1.459
湖南	0.479	0.534	0.430	0.461	0.554	0.530	0.572	0.571	0.551	0.564	0.645	0.543	0.538	0.540
平均值	0.771	0.826	0.732	0.678	0.746	0.653	0.649	0.647	0.659	0.659	0.774	0.700	0.753	0.755
产业的绝对份额（产值,%）														
山西	0.55	0.60	0.46	0.39	0.34	0.27	0.23	0.20	0.14	0.09	0.08	0.11	0.11	0.10
安徽	2.16	2.06	1.87	1.73	1.71	1.47	1.29	1.22	1.28	1.34	1.57	1.73	2.15	2.32
江西	0.78	0.81	0.69	0.66	0.74	0.75	0.85	0.95	1.21	1.42	1.66	1.89	2.02	1.92
河南	3.47	3.29	3.18	2.88	2.90	2.94	3.17	3.48	4.19	4.65	4.53	4.63	5.81	5.74
湖北	4.70	4.65	3.95	3.39	3.24	2.43	2.39	2.43	2.47	2.60	3.04	3.32	4.05	5.19
湖南	0.91	1.00	0.80	0.86	1.01	0.96	1.08	1.10	1.15	1.29	1.36	1.47	1.68	1.64
合计	12.57	12.42	10.95	9.91	9.93	8.82	9.01	9.39	10.44	11.39	12.24	13.15	15.82	16.92

（3）西部地区

西部各省纺织业专业化水平较低，如2012年，除宁夏（1.073）、四川（0.714）和内蒙古（0.633）外，其他各省区位商均低于0.5。从动态角度看，1999~2012年，宁夏、四川和青海的区位商呈波动上升状态，宁夏上升势头最明显；内蒙古、新疆和陕西呈明显下降趋势；其他省份的区位商呈小幅波动状态。宁夏由于自身优越的资源条件，近年来纺织业专业化水平有大幅提升，而其他各省纺织业的区位商本身数值就非常小，上述变化并不能完全说明这些地区纺织业专业化水平有明显提高或下降。就产值份额而言，西部各省的产值份额也非常低，2012年仅有四川（2.35%）和内蒙古（1.22%）的份额超过1%，其他各省均在0.5%左右；1999~2012年，四川、宁夏的份额呈明显上升势头，其他各省均呈小幅波动状态。据此可判断，除宁夏、四川等个别省份外，纺织业并未出现向西部地区明显转移的情况（见表3-14）。

（4）东北地区

东北三省纺织业的专业化程度和产值份额均处于较低水平，且考察期内，三省区位商均呈波动下降趋势，产值份额也表现出类似趋势。但三省之间还存在一定差异，尤其是辽宁与其他两省之间：2012年辽宁纺织业的区位商为0.261，明

表3-14 西部地区纺织业的区位商和绝对份额

年份	1999	2000	2001	2002	2003	2004	2005	2006	2007	2008	2009	2010	2011	2012
区位商														
内蒙古	1.242	1.591	1.549	1.508	1.409	1.011	0.979	0.943	0.947	0.794	0.892	0.777	0.685	0.633
广西	0.369	0.407	0.412	0.352	0.308	0.302	0.318	0.348	0.304	0.299	0.329	0.305	0.355	0.348
重庆	0.380	0.447	0.406	0.364	0.374	0.357	0.366	0.395	0.383	0.418	0.554	0.452	0.378	0.378
四川	0.504	0.597	0.565	0.515	0.515	0.521	0.556	0.601	0.612	0.640	0.751	0.661	0.693	0.714
贵州	0.106	0.115	0.075	0.065	0.065	0.050	0.045	0.042	0.041	0.033	0.030	0.030	0.036	0.022
云南	0.108	0.110	0.096	0.071	0.054	0.058	0.062	0.055	0.050	0.057	0.050	0.048	0.049	0.062
陕西	0.519	0.511	0.421	0.384	0.356	0.341	0.327	0.305	0.257	0.242	0.267	0.247	0.244	0.275
甘肃	0.183	0.189	0.218	0.214	0.179	0.125	0.092	0.090	0.074	0.073	0.113	0.091	0.081	0.098
青海	0.178	0.146	0.066	0.120	0.215	0.159	0.146	0.136	0.096	0.168	0.345	0.329	0.199	0.282
宁夏	0.111	0.033	0.027	0.297	0.809	0.881	1.060	1.077	1.127	1.091	1.418	1.133	1.062	1.073
新疆	1.115	0.995	0.828	0.729	0.709	0.661	0.541	0.522	0.840	0.442	0.516	0.513	0.448	0.483
平均值	0.438	0.467	0.424	0.420	0.454	0.406	0.409	0.410	0.430	0.387	0.479	0.417	0.384	0.397
产业的绝对份额(产值,%)														
内蒙古	1.07	1.37	1.32	1.34	1.33	1.06	1.16	1.23	1.35	1.34	1.49	1.49	1.40	1.22
广西	0.45	0.47	0.45	0.37	0.31	0.30	0.32	0.37	0.34	0.36	0.35	0.42	0.54	0.58
重庆	0.44	0.49	0.45	0.40	0.41	0.38	0.37	0.40	0.41	0.47	0.59	0.59	0.53	0.53
四川	1.29	1.42	1.34	1.26	1.22	1.22	1.36	1.50	1.66	1.86	2.13	2.19	2.50	2.35
贵州	0.08	0.08	0.05	0.05	0.04	0.03	0.03	0.03	0.03	0.02	0.02	0.02	0.02	0.02
云南	0.15	0.13	0.11	0.08	0.06	0.06	0.06	0.06	0.05	0.06	0.04	0.04	0.04	0.06
陕西	1.05	1.01	0.84	0.75	0.67	0.58	0.53	0.50	0.42	0.40	0.40	0.44	0.46	0.54
甘肃	0.26	0.24	0.26	0.23	0.17	0.11	0.08	0.08	0.07	0.06	0.05	0.05	0.06	0.07
青海	0.04	0.03	0.02	0.02	0.03	0.02	0.02	0.02	0.01	0.02	0.07	0.07	0.05	0.07
宁夏	0.04	0.01	0.01	0.10	0.27	0.24	0.28	0.29	0.30	0.29	0.33	0.31	0.31	0.34
新疆	1.21	1.21	0.92	0.74	0.66	0.58	0.50	0.47	0.72	0.34	0.42	0.42	0.38	0.41
合计	6.07	6.46	5.78	5.32	5.16	4.60	4.73	4.96	5.36	5.31	5.80	6.05	6.29	6.20

显高于吉林和黑龙江,且下降幅度较其他两省较小;辽宁的产值份额与其他两省相比较大,2012年辽宁份额为1.36%,吉林和黑龙江仅为0.35%和0.18%(见表3-15)。上述分析说明,纺织业向东北地区的转移也不明显。

表 3-15 东北地区纺织业的区位商和绝对份额

年份	1999	2000	2001	2002	2003	2004	2005	2006	2007	2008	2009	2010	2011	2012
区位商														
辽宁	0.366	0.352	0.352	0.343	0.327	0.280	0.280	0.251	0.246	0.268	0.304	0.255	0.243	0.261
吉林	0.286	0.283	0.242	0.239	0.212	0.180	0.142	0.152	0.143	0.144	0.170	0.134	0.132	0.165
黑龙江	0.262	0.211	0.205	0.183	0.199	0.199	0.140	0.123	0.124	0.100	0.111	0.081	0.094	0.137
平均值	0.304	0.282	0.267	0.255	0.246	0.219	0.188	0.175	0.171	0.171	0.195	0.157	0.156	0.188
产业的绝对份额（产值,%）														
辽宁	1.67	1.72	1.62	1.49	1.39	1.20	1.20	1.12	1.11	1.20	1.34	1.32	1.20	1.36
吉林	0.53	0.54	0.47	0.46	0.39	0.30	0.21	0.23	0.23	0.24	0.27	0.25	0.26	0.35
黑龙江	0.66	0.60	0.51	0.41	0.40	0.34	0.26	0.21	0.19	0.15	0.13	0.11	0.13	0.18
合计	2.85	2.86	2.60	2.36	2.19	1.84	1.67	1.56	1.52	1.59	1.73	1.68	1.59	1.89

2. 产业转移状态

根据我国工业空间布局的演变特征，可将其分为 1999~2005 年和 2005~2012 年两个阶段。为进一步分析我国产业转移特征，本节对 1999~2005 年和 2005~2012 年全国 30 个省份纺织业的产值份额变化幅度进行测算，并根据其变化幅度将产业转移分为四类（下同）：大规模转出（$\triangle IR \leqslant -1$）、小规模转出（$-1 < \triangle IR < 0$）、大规模转入（$\triangle IR \geqslant 1$）、小规模转入（$0 < \triangle IR < 1$），其中 $\triangle IR = IR_t - IR_{t-1}$，IR 为产值份额。

从表 3-16 可以看出，在 1999~2005 年和 2005~2012 年两阶段各省纺织业的转移状态存在很大差异：1999~2005 年，浙江、福建和山东为大规模转入地，到 2005~2012 年，浙江变为大规模转出地，福建变为小规模转入地，而山东一直是大规模转入地。天津、上海、湖北和广东在 1999~2005 年为大规模转出地，到 2005~2012 年，湖北转变为大规模转入地，天津变为小规模转出地，上海和广东一直处于大规模转出状态。1999~2005 年小规模转入地有内蒙古、江西、湖南、四川和宁夏，到 2005~2012 年江西和四川成为大规模转入地，其他省份没有变化。1999~2005 年有 18 个省份属于纺织业的小规模转出地，到 2005~2012 年，安徽和河南变为大规模转入状态，河北和江苏则变为大规模转出地，辽宁、吉林、广西、云南、重庆、陕西和青海也变为小规模转入地，只有北京、山西、黑龙江、海南、贵州、甘肃和新疆仍处于小规模转出地。由此可见，在 1999~2012 年纺织业表现出先向东部沿海集中、而后向中部、西部及东北地区转移的趋势。值得注意的是，山东由于优越的地理位置及具备较好的产业基础而一直处于大规模转入状态，上海和广东由于城市定位及要素成本上升压力使其在两阶段均为大规模转出地。

表 3-16 各省 1999~2005 年、2005~2012 年两阶段纺织业转移状态

类型\年份	1999~2005	2005~2012
大规模转入	浙江、福建、山东	安徽、江西、山东、河南、湖北、四川
小规模转入	内蒙古、江西、湖南、四川、宁夏	内蒙古、辽宁、吉林、福建、湖南、广西、云南、陕西、青海、宁夏、重庆
大规模转出	天津、上海、湖北、广东	河北、上海、江苏、浙江、广东
小规模转出	北京、河北、山西、辽宁、吉林、黑龙江、江苏、安徽、河南、广西、海南、重庆、贵州、云南、陕西、甘肃、青海、新疆	北京、天津、山西、黑龙江、海南、贵州、甘肃、新疆

通过马尔可夫转移概率矩阵可更好地描述纺织业转移状态的变化状况，如表 3-17 所示，纺织业的不同转移状态向其自身转移概率最大（包括相等状况），大规模转入、小规模转入、大规模转出和小规模转出向各自状态转移的概率分别为 0.333、0.600、0.500 和 0.389，说明各地纺织业转移状态具有维持自身原来状态的趋势。同时，除小规模转入和小规模转出外，大规模转出和大规模转入向大规模转出状态变化的概率最大，依次为 0.500 和 0.333，说明我国纺织业已进入大规模转出阶段；除大规模转出状态外，其他转移状态向小规模转入状态变化的概率最大，这表明纺织业主要是以较为分散的小规模转入为主。

表 3-17 1999~2005 年、2005~2012 年两阶段纺织业转移状态变化的概率矩阵

	大规模转入	小规模转入	大规模转出	小规模转出
大规模转入	0.333	0.333	0.333	0.000
小规模转入	0.400	0.600	0.000	0.000
大规模转出	0.250	0.000	0.500	0.250
小规模转出	0.111	0.389	0.111	0.389

注：表中数据为对应行状态（1999~2005 年）转变为对应列状态（2005~2012 年）的概率（下同）。

综上可知，近年来我国纺织业已进入大规模转出阶段，但其承接主要以分散化小规模为主。具体而言，江苏、广东、浙江、上海和河北纺织业出现明显产业转出，山东、安徽、江西、河南、湖南和四川是主要转入地。

（二）石油加工、炼焦及核燃料加工业

以石油加工、炼焦及核燃料加工业为代表的资本密集型产业的特征为：生产需要资本投入较多、物化劳动耗费比重大于活劳动比重、单位劳动占用资本高等。资本密集型产业主要包括烟草制品业、造纸及纸制品业、有色金属冶炼及压延加工业和石油加工、炼焦及核燃料加工业。由于资本密集型产业投资规模大、生产周期长，具有规模经济效应，所以地区间转移存在一定难度，通常只有出现大规模投资带动或重要资源吸引的情况才可能发生空间转移。

1. 产业转移特征

石油加工、炼焦及核燃料加工业包括精炼石油产品制造、炼焦和核燃料加工，在资本密集型产业中具有一定代表性。图3-8显示了石油加工、炼焦及核燃料加工业（以下简称石油炼焦行业）空间基尼系数的变化情况，1999～2012年石油炼焦行业的空间基尼系数较小，均在0.6以下，说明此行业的空间集中程度较低。从动态视角看，石油炼焦行业的空间基尼系数处于下降状态，由1999年的0.561下降到2012年的0.503，这表明石油炼焦行业的空间集聚水平整体呈下降态势。

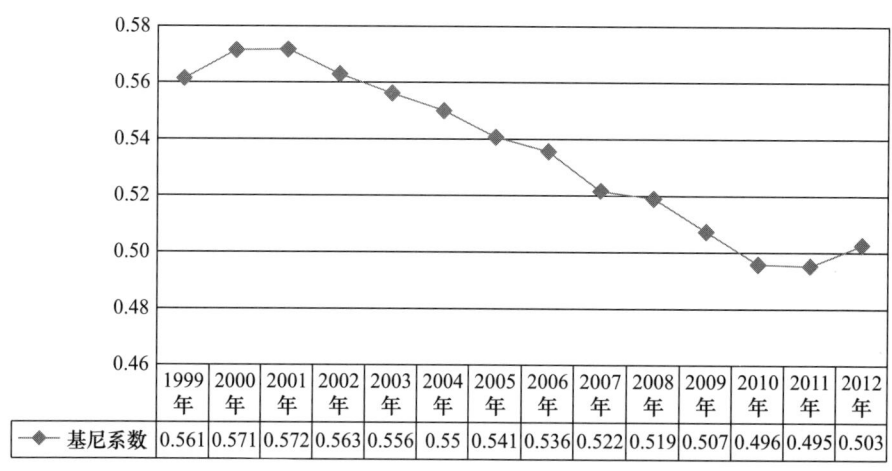

图3-8 石油加工、炼焦及核燃料加工业的空间基尼系数

从各区域石油炼焦行业的专业化程度看（见图3-9），东北地区石油炼焦行业上的专业化程度最高，1999～2012年区位商均值高达2.173，具有明显专业化优势；西部、东部和中部的专业化水平分别居第二、第三、第四位，区位商均值为1.330、1.195和1.161，与东北存在较大差距。从专业化变动趋势看，东北和中部地区的专业化水平呈下降趋势，与1999年相比，2012年分别下降0.528和

0.630，降幅较大；西部和东部的区位商在2009年前处于大幅波动上升状态，1999~2009年分别上升了1.438和1.177，自2009年后呈下降态势。就产值份额而言（见图3-10），东部地区在全国占有绝对优势，1999~2012年产值份额均值达50.58%；东北居第二位，产值份额均值为20.06%；中部、西部相对较低，均值分别为15.2%和14.17%。从产值份额的动态变化看，1999~2012年，东部地区呈小幅波动上升态势，14年间仅提高1.91%；西部则呈大幅上升状态，由1999年的8.55%跃升为2012年的19.39%，提高了10.84个百分点；东北地区出现明显下降，中部地区虽然处于波动下降状态，但降幅较小。综上所述，石油炼焦行业在东北和中部地区特别是东北地区发生了明显的转出，在东部和西部地区特别是西部地区则显现出一定的转入，即石油炼焦行业的空间转移主要是发生在具有一定产业基础的区域。

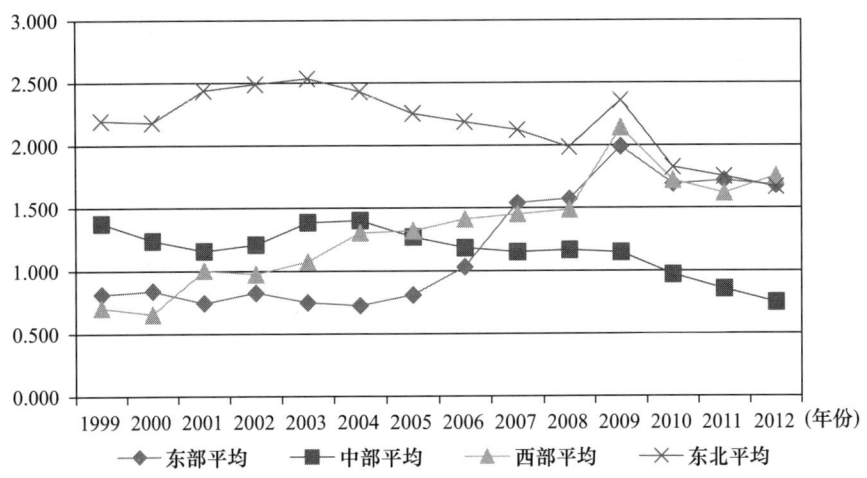

图3-9　1999~2012年各区域石油炼焦行业区位商

从不同区域看，石油炼焦行业的空间转移特征为：

（1）东部地区

从东部各省情况看，海南石油炼焦行业的专业化优势明显，自2006年后其区位商一直呈显著上升态势，2009年最高达到10.554，但由于海南工业发展水平较低，石油炼焦行业的产值份额非常小（1999~2012年均值不到1%），因此，其专业化水平和产值份额的变动对整个石油炼焦行业的空间布局影响不大。如表3-18所示，1999~2012年河北、上海、山东、广东和天津的区位商呈波动上升状态，说明这些省市的专业化水平有所提高，其中，河北上升趋势比较明显，其他各省的升幅不大；从产值份额看，山东的份额较大，且呈现大幅增长态势，而天津、上海和广东三省市份额呈波动下降趋势，特别是上海从 2003 年开始呈现直线下降态势，反映出其产业转移步伐加快。福建的区位商呈先下降后上升的"U"型趋势，2008 年达到最低值 0.308，其产值份额呈平坦的"U"型变化轨迹，2008 年为最低点 0.93%；浙江、江苏两省区位商均呈现小幅波动下降态势，产值份额也表现出相似的变动趋势。北京区位商呈大幅波动下降状态，由 1999 年的 1.802 下降到 2012 年的 1.359，下降了 0.444，其产值份额也出现较大幅度下降，从 1999 年的 5.31% 下降到 2012 年的 2.25%，降低了 3.1 个百分点。可见，近年来，东部石油炼焦行业在个别省市（如上海、北京等）出现明显的产业转出现象，在山东、福建等省市则出现产业转入现象。

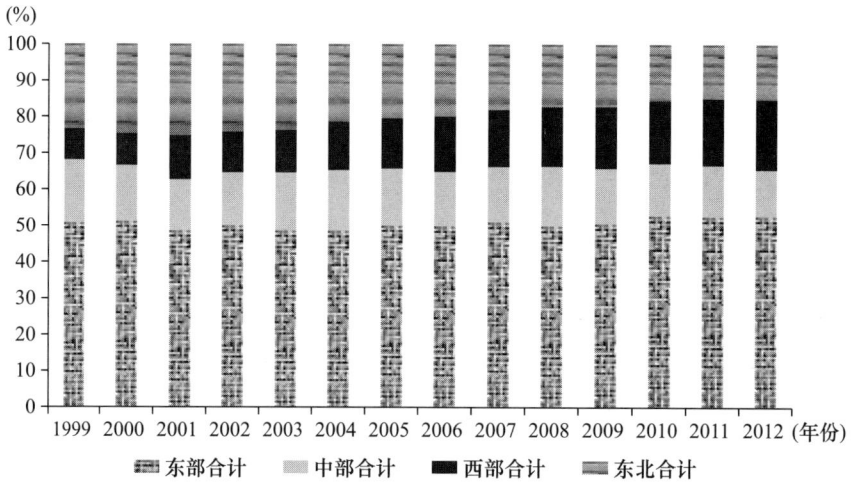

图 3-10　1999~2012 年各区域石油炼焦行业产出份额

表 3-18　东部地区石油炼焦行业的区位商和绝对份额

年份	1999	2000	2001	2002	2003	2004	2005	2006	2007	2008	2009	2010	2011	2012
区位商														
北京	1.802	1.808	1.555	1.808	1.093	1.078	1.798	1.382	1.421	1.620	1.837	1.441	1.425	1.359
天津	1.106	1.074	0.500	1.055	1.148	0.992	1.163	1.117	1.174	0.891	1.058	1.348	1.382	1.206
河北	0.629	0.938	0.822	0.890	0.892	0.945	0.959	1.002	1.040	1.137	1.445	1.177	1.196	1.289
上海	0.695	0.600	1.042	1.154	1.165	1.066	1.106	1.039	0.997	1.073	1.207	1.080	1.181	1.204

续表

年份	1999	2000	2001	2002	2003	2004	2005	2006	2007	2008	2009	2010	2011	2012
江苏	0.567	0.471	0.479	0.394	0.429	0.389	0.399	0.391	0.385	0.349	0.420	0.389	0.402	0.406
浙江	0.736	0.752	0.620	0.589	0.563	0.605	0.640	0.604	0.559	0.606	0.699	0.630	0.718	0.673
福建	0.650	0.672	0.551	0.439	0.417	0.367	0.322	0.352	0.318	0.308	0.603	0.701	0.556	0.629
山东	1.132	1.111	0.851	0.905	0.876	0.933	0.905	0.981	1.055	1.075	1.247	1.157	1.243	1.311
广东	0.688	0.705	0.704	0.622	0.593	0.602	0.562	0.624	0.668	0.650	0.827	0.769	0.787	0.852
海南	0.121	0.265	0.312	0.417	0.309	0.266	0.238	2.816	7.781	8.037	10.554	8.238	8.327	7.873
平均值	0.813	0.839	0.744	0.827	0.748	0.724	0.809	1.031	1.540	1.575	1.990	1.693	1.722	1.680
产业的绝对份额（产值,%）														
北京	5.31	5.89	5.23	5.83	3.35	3.08	4.94	3.57	3.37	3.33	3.17	2.82	2.45	2.25
天津	3.37	3.04	1.51	3.12	3.23	2.89	3.12	3.00	2.91	2.20	2.17	3.23	3.41	3.00
河北	2.54	3.69	3.18	3.40	3.54	4.09	4.18	4.25	4.36	5.16	5.44	5.24	5.61	5.90
上海	5.31	4.55	7.79	7.95	8.38	7.42	6.89	6.07	5.45	5.32	4.55	4.65	4.47	4.08
江苏	6.81	5.64	5.79	4.87	5.38	4.81	5.10	5.05	4.67	4.81	5.12	5.11	5.04	5.19
浙江	5.15	5.69	5.03	5.12	5.03	5.64	5.84	5.54	4.96	4.88	4.49	4.63	4.79	4.23
福建	1.94	2.02	1.67	1.44	1.44	1.24	1.03	1.11	0.98	0.93	1.58	2.19	1.81	1.99
山东	10.60	10.59	8.21	9.26	9.37	10.47	10.92	11.96	12.94	13.35	13.90	13.87	14.62	15.99
广东	9.78	10.09	10.17	9.07	8.87	8.86	7.99	8.76	9.08	8.39	8.84	9.44	8.83	8.66
海南	0.03	0.06	0.07	0.10	0.05	0.05	0.04	0.59	1.92	1.75	1.75	1.63	1.58	1.46
合计	50.84	51.25	48.65	50.15	48.65	48.56	50.11	49.94	51.03	49.97	50.70	52.81	52.67	52.75

（2）中部地区

在中部地区，山西石油炼焦行业的专业化优势相对明显，1999~2012年其区位商均值高达2.466，其产业份额也相对较大，1999~2012年均值为4.3%。中部其余各省的专业化水平普遍较低，区位商均小于1，产业份额也较小，如2012年除河南外其他各省的份额均低于2.2%。从动态趋势看，1999~2012年，山西区位商呈先波动上升、后直线下降的倒"U"型轨迹，2009年最大为3.714，其份额也呈倒"U"型变化趋势。江西、湖南、安徽、湖北和河南的区位商是波动下降的，江西、湖南降幅最为明显，分别下降1.187和1.360；从产业份额看，江西、湖南、安徽和湖北的份额有所下降，河南则呈波动上升状态。据此可判断，中部的石油炼焦行业除山西发生了大规模转出外，其他各省的转入或转出现象并不明显（见表3-19）。

表3-19　中部地区石油炼焦行业的区位商和绝对份额

年份	1999	2000	2001	2002	2003	2004	2005	2006	2007	2008	2009	2010	2011	2012
区位商														
山西	1.823	1.265	1.373	1.832	2.657	2.957	2.720	2.593	2.904	3.488	3.714	2.805	2.426	1.969
安徽	1.001	1.015	0.797	0.784	0.813	0.808	0.728	0.660	0.611	0.509	0.552	0.422	0.355	0.281
江西	1.722	1.605	1.466	1.378	1.375	1.295	1.110	0.967	0.773	0.721	0.080	0.627	0.544	0.535
河南	0.674	0.761	0.751	0.718	0.786	0.756	0.669	0.665	0.540	0.606	0.792	0.651	0.594	0.488
湖北	0.994	1.054	0.951	0.973	1.113	1.121	1.096	1.041	0.935	0.750	0.890	0.674	0.613	0.517
湖南	2.058	1.739	1.609	1.569	1.574	1.470	1.295	1.173	1.135	0.921	0.853	0.642	0.600	0.698
平均值	1.379	1.240	1.158	1.209	1.386	1.401	1.270	1.183	1.150	1.166	1.147	0.970	0.855	0.748
产业的绝对份额（产值,%）														
山西	2.70	1.77	1.97	2.80	4.51	5.56	5.22	4.81	5.56	6.90	5.38	5.00	4.59	3.47
安徽	2.07	1.93	1.50	1.48	1.48	1.47	1.31	1.23	1.19	1.12	1.15	1.13	1.09	0.87
江西	1.98	1.72	1.53	1.46	1.41	1.43	1.31	1.29	1.18	1.21	1.24	1.24	1.15	1.18
河南	2.82	3.05	2.97	2.75	2.93	2.85	2.78	2.90	2.71	3.11	3.43	3.25	3.29	3.26
湖北	3.79	3.70	3.17	3.11	2.81	2.77	2.63	2.44	2.21	1.99	2.17	2.08	2.03	1.84
湖南	3.92	3.25	3.00	2.93	2.86	2.68	2.43	2.26	2.36	2.10	1.80	1.75	1.87	2.12
合计	17.29	15.41	14.14	14.53	15.99	16.76	15.68	14.94	15.22	16.43	15.17	14.46	14.03	12.75

（3）西部地区

在西部的石油炼焦行业中，新疆、甘肃的专业化水平较高，1999～2012年其区位商均值分别达4.447和4.219，其份额也相对较高，考察期内均值分别为4.02%和3.54%。宁夏、陕西也有一定专业化优势，区位商均值都大于1，但宁夏的份额非常低，陕西份额相对较高，其余各省的区位商和产业份额都普遍较低。从变化态势看，新疆、甘肃的区位商在2009年前都处于波动上升状态，之后不断下降；其产业份额也有相似变动趋势，但份额变化的拐点在2001年，2001年后两省份额呈现波动下降态势，其中甘肃降幅较大。宁夏、陕西和广西的区位商呈明显波动上升状态，陕西、广西的产业份额也出现较大幅度增长，宁夏的份额增长缓慢。其余各省，如青海、云南、四川等省的区位商呈波动上升趋势，但其份额非常小，平均在1%左右，且变动幅度较小。由此可见，西部的广西、陕西石油炼焦行业出现较大规模的产业转入，甘肃出现明显的产业转出情况，其余省份的转入或转出现象并不明显（见表3-20）。

表 3-20 西部地区石油炼焦行业的区位商和绝对份额

年份	1999	2000	2001	2002	2003	2004	2005	2006	2007	2008	2009	2010	2011	2012
区位商														
内蒙古	0.779	0.681	0.665	0.539	0.622	0.711	0.624	0.581	0.549	0.636	0.779	0.677	0.710	0.594
广西	0.311	0.295	0.310	0.317	0.339	0.290	0.301	0.344	0.393	0.304	0.368	0.640	1.200	1.512
重庆	0.060	0.052	0.050	0.052	0.041	0.077	0.089	0.102	0.116	0.142	0.170	0.106	0.098	0.101
四川	0.057	0.045	0.060	0.089	0.209	0.227	0.273	0.306	0.354	0.494	0.466	0.441	0.367	0.384
贵州	0.000	0.005	0.006	0.010	0.068	0.154	0.178	0.227	0.288	0.447	0.554	0.382	0.301	0.387
云南	0.029	0.023	0.031	0.033	0.068	0.169	0.298	0.282	0.517	0.789	0.893	0.783	0.744	0.654
陕西	0.692	0.737	0.822	0.851	1.138	1.545	1.720	2.463	2.420	2.445	2.896	2.441	2.411	2.477
甘肃	2.133	2.074	3.514	3.285	3.648	4.847	4.541	4.540	4.726	4.589	7.416	5.287	4.480	3.979
青海	0.055	0.008	0.000	0.008	0.015	0.013	0.000	0.018	0.027	0.181	0.510	0.315	0.656	0.757
宁夏	1.490	0.444	1.373	1.141	1.161	1.761	2.033	2.033	1.816	1.965	3.413	2.709	1.782	3.410
新疆	2.147	2.842	4.205	4.395	4.495	4.544	4.452	4.637	4.755	4.367	6.109	5.166	5.071	5.073
平均值	0.705	0.655	1.003	0.975	1.073	1.303	1.319	1.412	1.451	1.487	2.143	1.722	1.620	1.757
产业的绝对份额（产值,%）														
内蒙古	0.67	0.58	0.57	0.48	0.59	0.74	0.74	0.76	0.78	1.08	1.30	1.30	1.45	1.15
广西	0.38	0.34	0.34	0.33	0.34	0.29	0.30	0.36	0.44	0.36	0.40	0.88	1.82	2.52
重庆	0.07	0.06	0.06	0.06	0.05	0.08	0.09	0.10	0.12	0.16	0.18	0.14	0.14	0.14
四川	0.14	0.11	0.14	0.22	0.53	0.53	0.67	0.76	0.96	1.44	1.32	1.46	1.32	1.27
贵州	0.00	0.00	0.00	0.01	0.05	0.11	0.12	0.15	0.18	0.27	0.30	0.23	0.21	0.27
云南	0.04	0.03	0.04	0.04	0.07	0.18	0.31	0.30	0.55	0.80	0.72	0.72	0.68	0.64
陕西	1.40	1.45	1.65	1.67	2.14	2.61	2.79	4.07	3.92	4.03	4.33	4.34	4.51	4.90
甘肃	3.00	2.59	4.14	3.53	3.43	4.21	4.05	3.98	4.15	3.65	3.54	3.07	3.25	2.98
青海	0.01	0.00	0.00	0.00	0.00	0.00	0.00	0.01	0.04	0.09	0.07	0.15	0.18	
宁夏	0.51	0.12	0.46	0.38	0.39	0.49	0.54	0.57	0.48	0.53	0.78	0.75	0.53	1.10
新疆	2.32	3.46	4.69	4.43	4.16	3.98	4.15	4.22	4.06	4.00	4.00	4.26	4.26	4.25
合计	8.55	8.74	12.08	11.14	11.70	13.22	13.76	15.25	15.65	16.37	16.97	17.22	18.32	19.39

（4）东北地区

黑龙江、辽宁石油炼焦行业专业化程度较高，1999~2012年区位商均值分别为 3.148 和 3.01；从产业份额看，辽宁份额相对较高，1999~2012 年均值为 13.69%，黑龙江和吉林仅为 5.71% 和 0.65%。从动态趋势看，东北三省的区位商均呈现波动下降态势，辽宁降幅最为明显，其次是黑龙江；三省的产业份额也呈下降趋势，各省下降幅度与区位商的变化一致。可见，近年来东北的石油炼焦行业呈现较为明显的产业转出趋势，尤其是辽宁和黑龙江（见表 3-21）。

表 3-21　东北地区石油炼焦行业的区位商和绝对份额

年份	1999	2000	2001	2002	2003	2004	2005	2006	2007	2008	2009	2010	2011	2012
区位商														
辽宁	3.453	3.179	3.449	3.649	3.740	3.477	3.307	3.177	2.836	2.761	2.737	2.076	2.140	2.125
吉林	0.454	0.440	0.573	0.510	0.422	0.311	0.371	0.340	0.305	0.329	0.316	0.250	0.239	0.238
黑龙江	2.680	2.925	3.292	3.307	3.439	3.501	3.088	3.045	3.232	2.869	4.025	3.153	2.878	2.641
平均值	2.196	2.181	2.438	2.489	2.534	2.430	2.255	2.188	2.124	1.986	2.360	1.826	1.753	1.668
产业的绝对份额（产值,%）														
辽宁	15.78	15.49	15.89	15.87	15.92	14.91	14.14	14.16	12.73	12.38	12.06	10.75	10.58	11.08
吉林	0.84	0.85	1.11	0.99	0.78	0.52	0.56	0.51	0.49	0.54	0.50	0.47	0.48	0.51
黑龙江	6.70	8.25	8.14	7.32	6.96	6.04	5.76	5.21	4.88	4.60	4.60	4.30	3.92	3.53
合计	23.32	24.60	25.14	24.18	23.66	21.47	20.45	19.87	18.10	17.23	17.16	15.51	14.97	15.11

2. 产业转移状态

与对纺织业转移分类的处理相同，下面根据石油炼焦行业份额的变化将其为四类：大规模转入、小规模转入、大规模转出、小规模转出，如表 3-22 所示，具有石油等矿产资源优势和一定产业基础的地区更易发生产业转入、转出。1999~2005 年石油炼焦行业的大规模转入地有河北、山西、上海、陕西、甘肃和新疆，河北和陕西在 2005~2012 年也处于大规模转入状态，山西、上海和甘肃在 2005~2012 年变为大规模转出地，新疆仍处于转入状态，只是由大规模转入地变为小规模转入地。在 1999~2005 年处于小规模转入状态的山东和海南，到 2005~2012 年变为大规模转入地；1999~2005 年为小规模转出地的广西，到 2005~2012 年也变为大规模转入地。在 1999~2005 年和 2005~2012 年两个阶段，浙江由小规模转入地变为大规模转出地，北京、黑龙江由小规模转出地变为大规模转出地，辽宁则一直处于大规模转出状态。在 1999~2005 年江苏、湖北、湖南和广东属于大规模转出地，到 2005~2012 年江苏和广东成为小规模转入地，湖北和湖南则成为小规模转出地。

第三章 我国产业转移与劳动力就业现状

表3-22 各省1999~2005年、2005~2012年两阶段石油炼焦行业转移状态

类型 \ 年份	1999~2005	2005~2012
大规模转入	河北、山西、上海、陕西、甘肃、新疆	河北、山东、广西、海南、陕西
小规模转入	内蒙古、浙江、山东、海南、重庆、四川、贵州、云南、宁夏	内蒙古、江苏、福建、河南、广东、重庆、四川、贵州、云南、青海、宁夏、新疆
大规模转出	辽宁、江苏、湖北、湖南、广东	北京、山西、辽宁、黑龙江、上海、浙江、甘肃
小规模转出	北京、天津、吉林、黑龙江、安徽、福建、江西、河南、广西、青海	天津、吉林、安徽、江西、湖北、湖南

从石油炼焦行业两阶段转移状态的变化看，各种状态向大规模转入状态变化的概率相对较小，在向大规模转出状态变化的概率中，除大规模转入外，其他状态的概率都较小，这说明现阶段我国石油炼焦行业并没有出现大规模产业转移。而小规模转入和小规模转出向自身状态变化的概率均为最大，分别达0.667和0.400，表明各地石油炼焦行业的转移有维持原来变化状态的特征（见表3-23）。同时，结合各状态向小规模转入、小规模转出状态变化的概率发现，现阶段石油炼焦行业的转移尚处于小规模转入、转出状态的初级阶段。

表3-23 1999~2005年、2005~2012年两阶段石油炼焦行业转移状态变化的概率矩阵

	大规模转入	小规模转入	大规模转出	小规模转出
大规模转入	0.333	0.167	0.500	0.000
小规模转入	0.222	0.667	0.111	0.000
大规模转出	0.000	0.400	0.200	0.400
小规模转出	0.100	0.300	0.200	0.400

综上分析可以发现：近年来我国石油炼焦行业尚未出现大规模产业转移现象，主要是在个别具备一定资源或产业基础的省份发生空间转移，如在北京、上海、浙江、辽宁、黑龙江、山西和甘肃发生了较为明显的产业转出现象，而在河北、山东、广西、海南和陕西则发生了明显的产业转入现象。

(三) 计算机、通信和其他电子设备制造业

技术密集型产业是以先进和尖端科学技术为主要工作手段的生产及服务部门。此类产业具有规模经济性,生产投入的资本—劳动比较高,对劳动力素质有较高要求。同时,此类企业通常形成了发达的纵向专业化分工,对周边基础配套设施要求高,本地中间产品价格及产业配套环境对企业生产经营有极其重要的影响,各企业往往选择地理位置相互靠近的区位进行生产,有较高的集群倾向,易形成企业"扎堆"现象。因此,此类企业的区位一旦形成就很难发生改变,具有较强的"路径依赖"。如果企业集聚区的成本上升,此类企业的转移倾向相对较低,劳动密集型的生产环节会先向外转移,以降低生产成本;或者产业转入地具备一定条件,技术密集型企业才会发生较大规模转移。

1. 产业转移特征

计算机、通信和其他电子设备制造业包括计算机制造、通信设备制造、广播电视设备制造、雷达及配套设备制造、视听设备制造、电子器件制造、电子元件制造和其他电子设备制造等细分部门,在技术密集型产业中具有很好的代表性。图3-11显示了1999~2012年计算机、通信和其他电子设备制造业空间基尼系数的变动轨迹,历年均值为0.792,2005年最高达到0.816说明此行业空间集中程度较高。从动态角度看,考察期内该行业的空间基尼系数呈倒"U"型变化,2005年是临界点,1999~2005年从0.762上升到0.816,2005~2012年从0.816下降为0.765,据此可以判断,此行业自2005年后出现较为明显的产业空间转移现象。

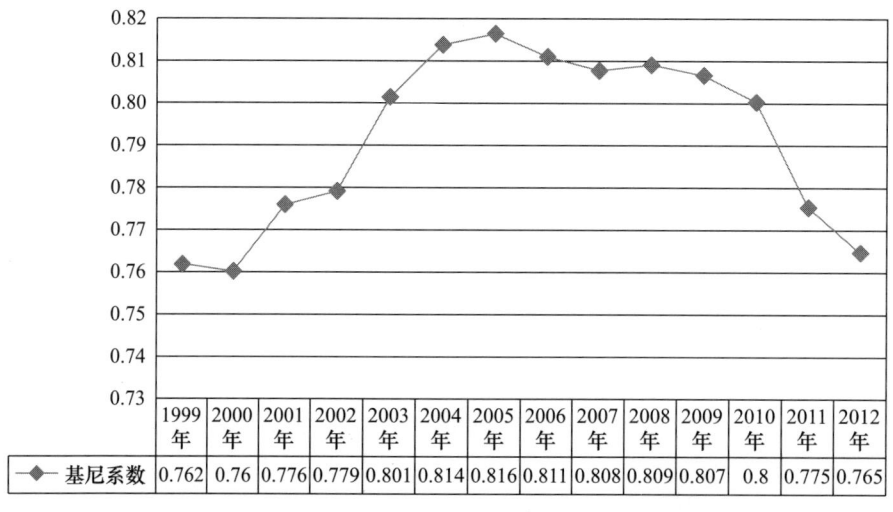

图3-11 计算机、通信和其他电子设备制造业的空间基尼系数

从计算机、通信和其他电子设备制造业的专业化水平看（见图3-12），东部具有绝对优势，中部、西部及东北地区的专业化水平都非常低。例如，2012年东部地区此行业的区位商为1.340，中部、西部及东北地区仅为0.373、0.335和0.110。从动态视角看，东部区位商呈小幅波动下降状态，东北出现大幅下降（从1999年的0.404下降到2012年的0.110），中部、西部的区位商基本都呈先下降、后上升的"U"型变化，且近几年上升势头有所加快。就产业份额而言（见图3-13），东部的优势地位更为明显，全国计算机、通信和其他电子设备制造业90%以上的产值集中在东部，中部、西部和东北地区的产值份额在1999~2012年的均值仅为3.17%、5.26%和2.28%。从产业份额的变化趋势看，1999~2012年，东部份额呈倒"U"型变动轨迹，2005年最大为94.20%，自此之后不断下降；中部、西部份额与其区位商的变化一致，呈"U"型变化趋势，分别在2004年和2006年达到最小值；东北的份额总体呈下降趋势，只是2005年前处于直线下降，2005年后呈小幅波动下降状态。由此可见，近年来我国计算机、通信和其他电子设备制造业呈现出由东部向中部、西部转移的趋势，但转移规模较为有限。

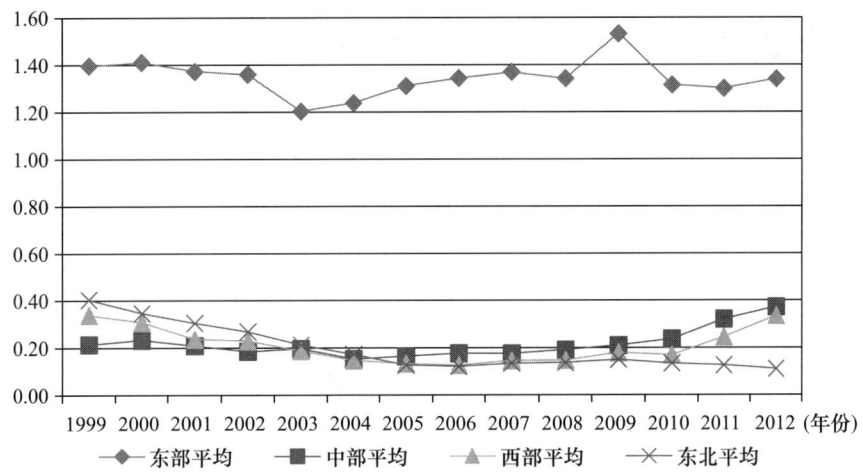

图3-12　1999~2012年各区域计算机、通信和其他电子设备制造业区位商

从计算机、通信和其他电子设备制造业的区域和省份分布看，具有以下特征：

（1）东部地区

如表3-24所示，在东部地区内部，北京、广东、天津、上海、江苏和福建

表3-24 东部地区计算机、通信和其他电子设备制造业的区位商和绝对份额

年份	1999	2000	2001	2002	2003	2004	2005	2006	2007	2008	2009	2010	2011	2012
区位商														
北京	4.100	4.049	3.849	3.025	1.937	1.946	2.395	2.616	2.861	2.645	2.722	2.071	1.850	1.783
天津	2.717	3.189	2.736	2.846	1.984	2.110	2.236	2.306	2.038	1.555	1.628	1.308	1.299	1.478
河北	0.148	0.148	0.141	0.126	0.080	0.059	0.049	0.052	0.057	0.076	0.109	0.113	0.103	0.112
上海	1.504	1.561	1.738	1.638	1.719	1.815	2.041	2.029	2.322	2.420	2.884	2.547	2.522	2.438
江苏	0.865	0.968	0.931	0.880	1.305	1.585	1.512	1.484	1.593	1.690	2.048	1.788	1.829	1.822
浙江	0.257	0.334	0.337	0.423	0.443	0.438	0.423	0.523	0.521	0.482	0.523	0.487	0.513	0.518
福建	1.665	1.297	1.287	1.689	1.650	1.569	1.485	1.415	1.309	1.304	1.465	1.343	1.296	1.273
山东	0.333	0.371	0.432	0.430	0.361	0.321	0.337	0.371	0.406	0.460	0.559	0.470	0.481	0.472
广东	2.276	2.123	2.231	2.443	2.521	2.475	2.563	2.559	2.509	2.713	3.302	2.851	3.003	3.237
海南	0.098	0.065	0.051	0.089	0.043	0.068	0.075	0.086	0.073	0.074	0.081	0.179	0.109	0.268
平均值	1.396	1.411	1.373	1.359	1.204	1.239	1.312	1.344	1.369	1.342	1.532	1.315	1.301	1.340
产业的绝对份额（产值,%）														
北京	12.07	13.20	12.95	9.74	5.94	5.56	6.58	6.75	6.79	5.43	4.70	4.06	3.18	2.96
天津	8.29	9.03	8.27	8.42	5.59	6.16	5.99	6.18	5.05	3.84	3.33	3.13	3.21	3.68
河北	0.60	0.58	0.55	0.48	0.32	0.26	0.21	0.22	0.24	0.35	0.41	0.50	0.49	0.51
上海	11.49	11.82	13.00	11.28	12.36	12.63	12.72	11.85	12.71	11.99	10.87	10.96	9.54	8.27
江苏	10.39	11.61	11.25	10.86	16.36	19.61	19.56	19.32	20.89	22.61	23.47	23.53	23.30	23.28
浙江	1.80	2.53	2.73	3.68	3.96	4.09	3.87	4.79	4.62	3.88	3.36	3.57	3.42	3.26
福建	4.96	3.89	3.90	5.53	5.68	5.30	4.78	4.45	4.03	3.91	3.84	4.20	4.21	4.02
山东	3.12	3.53	4.17	4.40	3.86	3.60	4.07	4.52	4.97	5.71	6.23	5.63	5.66	5.76
广东	32.34	30.39	32.20	35.62	37.71	36.45	36.42	35.95	34.09	35.01	35.28	34.98	33.70	32.90
海南	0.02	0.02	0.01	0.02	0.01	0.00	0.01	0.02	0.02	0.02	0.01	0.04	0.02	0.05
合计	85.07	86.60	89.01	90.03	91.79	93.68	94.20	94.05	93.41	92.75	91.52	90.60	86.70	84.68

在计算机、通信和其他电子设备制造业上的专业化优势较为明显，1999~2012年其区位商均值分别为2.703、2.629、2.102、2.084、1.450和1.432；而浙江、山东、海南和河北的专业化水平较低，历年区位商均小于1。从行业份额看，广东所占份额最大，2012年其份额达32.90%，其次是江苏（23.28%）和上海（8.27%），三省市合计占全国的64.44%。主要因为20世纪90年代以来在世界

电子产业第二次转移过程中,东部沿海承接了大量来自中国台湾、中国香港及东南亚国家的电子产业,并形成"集聚效应",带动了电子信息产业在沿海地区的大规模集聚。从变动趋势看,1999~2012年,北京、天津、河北和福建的区位商在波动中下降,北京和天津降幅较大,分别下降了2.317和1.239;其余各省区位商均有所上升,广东、江苏和上海升幅较大,山东、浙江和海南有小幅上升。从各地份额变化看,在考察期内,北京、天津、河北和福建的份额与其区位商一样出现波动下降,北京和天津降幅较大,分别下降了9.11个百分点和4.61个百分点;上海的份额呈现波动下降态势,广东、山东、海南、浙江和江苏的份额均呈上升趋势,江苏的上升势头最强,从1999年的10.39%上升至2012年的23.28%。由此可见,东部计算机、通信和其他电子设备制造业只在北京、天津、江苏等个别省份发生产业转移现象。

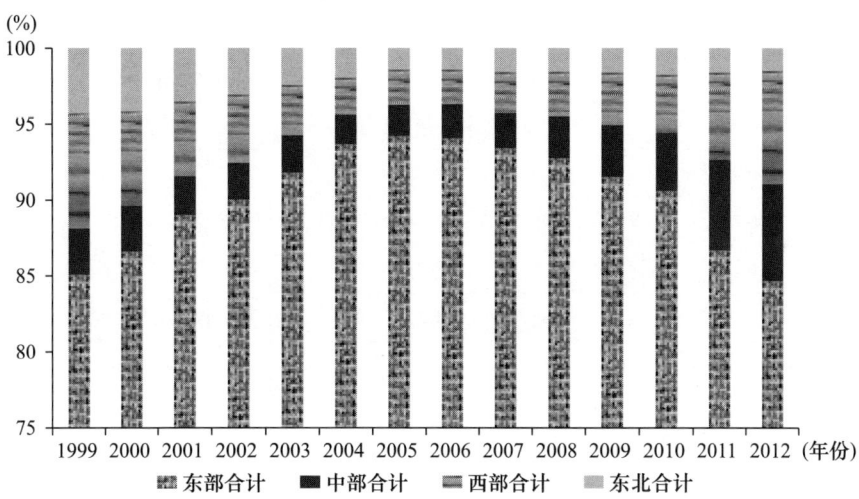

图3-13　1999~2012年各区域计算机、通信和其他电子设备制造业产值份额

(2) 中部地区

如表3-25所示,中部各省计算机、通信和其他电子设备制造业的区位商和产业份额均较低,不具有专业化水平和生产优势。从动态变化来看,考察期内,安徽、湖南的区位商呈先下降、后上升的"U"型变化趋势,山西、江西和湖北的区位商呈小幅波动上升状态,河南则是处于波动下降状态。就产业份额角度而言,安徽、湖南表现出"U"型变化趋势,山西、江西和湖北呈小幅波动上升趋势,河南呈波动下降状态。由于中部各省产业份额非常低,1999~2012年各省份额均值都在1%以下。为此可以推断:计算机、通信和其他电子设备制造业并没有大规模向中部各省转移，只有安徽、湖南、江西等个别省份出现了小规模的产业转入现象。

表3-25 中部地区计算机、通信和其他电子设备制造业的区位商和绝对份额

年份	1999	2000	2001	2002	2003	2004	2005	2006	2007	2008	2009	2010	2011	2012
区位商														
山西	0.010	0.025	0.032	0.041	0.036	0.026	0.029	0.070	0.097	0.117	0.156	0.127	0.150	0.357
安徽	0.237	0.378	0.328	0.298	0.221	0.193	0.174	0.184	0.172	0.168	0.210	0.202	0.301	0.371
江西	0.262	0.282	0.288	0.136	0.197	0.131	0.182	0.176	0.189	0.229	0.037	0.348	0.425	0.488
河南	0.153	0.181	0.117	0.123	0.119	0.098	0.077	0.061	0.054	0.062	0.070	0.073	0.198	0.048
湖北	0.225	0.156	0.145	0.164	0.345	0.259	0.354	0.428	0.410	0.422	0.573	0.458	0.489	0.473
湖南	0.397	0.377	0.343	0.347	0.257	0.208	0.168	0.139	0.129	0.149	0.212	0.212	0.362	0.498
平均值	0.214	0.233	0.209	0.185	0.196	0.153	0.164	0.176	0.175	0.191	0.210	0.237	0.321	0.373
产业的绝对份额（产值,%）														
山西	0.01	0.03	0.05	0.06	0.06	0.05	0.06	0.13	0.19	0.23	0.23	0.23	0.28	0.63
安徽	0.49	0.72	0.62	0.56	0.40	0.35	0.31	0.34	0.34	0.37	0.44	0.54	0.92	1.15
江西	0.30	0.30	0.30	0.14	0.20	0.14	0.21	0.24	0.29	0.38	0.58	0.69	0.90	1.08
河南	0.64	0.73	0.46	0.47	0.45	0.37	0.32	0.27	0.27	0.32	0.30	0.36	1.10	0.32
湖北	0.86	0.55	0.48	0.52	0.87	0.64	0.85	1.00	0.97	1.12	1.40	1.42	1.62	1.68
湖南	0.76	0.70	0.64	0.65	0.47	0.38	0.32	0.27	0.27	0.34	0.45	0.58	1.13	1.51
合计	3.06	3.04	2.55	2.41	2.45	1.93	2.07	2.25	2.32	2.76	3.40	3.81	5.95	6.38

(3) 西部地区

四川、陕西曾是我国电子信息产业的重要生产研发基地，由于20世纪90年代中后期电子产业向东部沿海快速集聚，导致两省专业化水平和产业份额都大幅下降。如表3-26所示在考察期内，陕西区位商由1.119下降到0.203，产业份额从2.26%下降为0.4%；四川的区位商和产业份额则呈"U"型变动轨迹，1999~2004年分别从1.758和4.49%下降到0.464和1.09%，自2004年后有不同程度的提高，2012年区位商和产业份额增加到1.156和3.81%。重庆和广西的区位商和份额在考察期内呈现不断上升态势，其中，重庆上升势头明显，区位商和产业份额分别从1999年的0.232和0.27%上升到2012年的1.537和1.28%。其余各省区位商和产业份额均处于非常低的状态，且变化幅度很小。这

说明在考察期内,西部计算机、通信和其他电子设备制造业只有重庆、四川、广西、陕西等个别省份出现了明显的产业转入或转出现象。

表3-26 西部地区计算机、通信和其他电子设备制造业的区位商和绝对份额

年份	1999	2000	2001	2002	2003	2004	2005	2006	2007	2008	2009	2010	2011	2012
区位商														
内蒙古	0.132	0.207	0.270	0.486	0.280	0.214	0.206	0.186	0.170	0.126	0.136	0.050	0.040	0.059
广西	0.099	0.083	0.065	0.050	0.089	0.087	0.122	0.143	0.147	0.224	0.244	0.298	0.360	0.452
重庆	0.232	0.245	0.105	0.056	0.113	0.158	0.107	0.111	0.129	0.156	0.225	0.313	0.911	1.537
四川	1.758	1.442	1.217	1.128	0.718	0.464	0.477	0.471	0.559	0.565	0.769	0.705	0.882	1.156
贵州	0.287	0.269	0.092	0.192	0.254	0.184	0.154	0.115	0.107	0.112	0.161	0.130	0.109	0.132
云南	0.017	0.004	0.007	0.010	0.027	0.037	0.030	0.029	0.028	0.033	0.036	0.025	0.027	0.036
陕西	1.119	0.846	0.669	0.443	0.442	0.370	0.289	0.262	0.262	0.267	0.256	0.230	0.253	0.203
甘肃	0.050	0.285	0.173	0.156	0.113	0.051	0.038	0.044	0.041	0.037	0.072	0.069	0.054	0.061
青海	0.010	0.008	0.001	0.002	0.004	0.000	0.000	0.000	0.000	0.005	0.013	0.000	0.000	0.008
宁夏	0.014	0.000	0.000	0.000	0.012	0.016	0.013	0.004	0.122	0.066	0.015	0.000	0.018	0.000
新疆	0.009	0.001	0.005	0.002	0.000	0.032	0.026	0.028	0.037	0.030	0.044	0.035	0.036	0.038
平均值	0.339	0.308	0.237	0.230	0.187	0.147	0.133	0.127	0.146	0.147	0.179	0.170	0.245	0.335
产业的绝对份额(产值,%)														
内蒙古	0.11	0.18	0.23	0.43	0.26	0.22	0.24	0.24	0.24	0.21	0.23	0.10	0.08	0.11
广西	0.12	0.10	0.07	0.05	0.09	0.09	0.12	0.15	0.17	0.27	0.26	0.41	0.55	0.75
重庆	0.27	0.27	0.12	0.06	0.12	0.17	0.11	0.11	0.14	0.18	0.24	0.41	1.28	2.14
四川	4.49	3.43	2.88	2.75	1.70	1.09	1.17	1.18	1.52	1.65	2.18	2.33	3.18	3.81
贵州	0.21	0.19	0.07	0.14	0.17	0.13	0.10	0.07	0.07	0.07	0.10	0.07	0.07	0.09
云南	0.02	0.00	0.01	0.01	0.03	0.04	0.03	0.03	0.03	0.03	0.03	0.02	0.02	0.04
陕西	2.26	1.66	1.34	0.87	0.83	0.63	0.47	0.43	0.42	0.44	0.38	0.41	0.47	0.40
甘肃	0.07	0.36	0.20	0.17	0.11	0.04	0.04	0.04	0.03	0.03	0.04	0.04	0.04	0.05
青海	0.00	0.00	0.00	0.00	0.00	0.00	0.00	0.00	0.00	0.00	0.00	0.00	0.00	0.00
宁夏	0.00	0.00	0.00	0.00	0.00	0.00	0.00	0.03	0.02	0.00	0.00	0.00	0.01	0.00
新疆	0.01	0.00	0.00	0.01	0.00	0.03	0.02	0.02	0.03	0.03	0.03	0.03	0.03	0.03
合计	7.58	6.20	4.92	4.48	3.32	2.44	2.30	2.28	2.69	2.92	3.47	3.83	5.74	7.43

(4) 东北地区

如表 3-27 所示,东北三省计算机、通信和其他电子设备制造业的专业化水平和产业份额都处于较低水平状态,只有辽宁的专业化水平和产业份额略高。在考察期内,三省区位商均呈现波动下降态势,辽宁降幅最大,三省产业份额也表现出与区位商类似的变化趋势。由此推断,近年来,东北地区没有出现承接计算机、通信和其他电子设备制造业的转入现象,而是出现了一定程度的转出现象。

表 3-27 东北地区计算机、通信和其他电子设备制造业的区位商和绝对份额

年份	1999	2000	2001	2002	2003	2004	2005	2006	2007	2008	2009	2010	2011	2012
区位商														
辽宁	0.724	0.714	0.636	0.624	0.518	0.416	0.304	0.294	0.327	0.313	0.326	0.306	0.295	0.267
吉林	0.371	0.258	0.204	0.125	0.058	0.059	0.046	0.040	0.052	0.071	0.083	0.072	0.062	0.045
黑龙江	0.116	0.067	0.076	0.055	0.061	0.042	0.030	0.028	0.023	0.027	0.041	0.024	0.021	0.017
平均值	0.404	0.346	0.305	0.268	0.212	0.172	0.127	0.121	0.134	0.137	0.150	0.134	0.126	0.110
产业的绝对份额(产值,%)														
辽宁	3.31	3.48	2.93	2.72	2.21	1.78	1.30	1.31	1.47	1.40	1.43	1.59	1.46	1.39
吉林	0.68	0.50	0.39	0.24	0.11	0.10	0.07	0.06	0.08	0.12	0.13	0.13	0.12	0.09
黑龙江	0.29	0.19	0.19	0.12	0.12	0.07	0.06	0.05	0.04	0.05	0.03	0.03	0.02	
合计	4.28	4.17	3.51	3.08	2.44	1.95	1.43	1.42	1.58	1.56	1.61	1.75	1.61	1.51

2. 转移状态

参照前文分析方法,根据计算机、通信和其他电子设备制造业产值份额的变化将其分为大规模转入、小规模转入、大规模转出和小规模转出四类。从表 3-28 可以发现,1999~2005 年属于大规模转入地的是上海、江苏、浙江和广东,到 2005~2012 年只有江苏一直为大规模转入地,其他省份都变为转出地,其中,上海和广东变为大规模转出地。1999~2005 年北京、天津、辽宁、四川和陕西均属于大规模转出地,到 2005~2012 年只有北京和天津仍是大规模转出地,陕西变为小规模转出地,四川则成为大规模转入地。1999~2005 年属于小规模转出地的湖南和重庆以及属于小规模转入地的山东,到 2005~2012 年都转变为大规模转入地。

表 3-28　各省 1999~2005 年、2005~2012 年两阶段计算机、通信和其他电子设备制造业转移状态

类型＼年份	1999~2005	2005~2012
大规模转入	上海、江苏、浙江、广东	江苏、山东、湖南、重庆、四川
小规模转入	山西、内蒙古、山东、广西、云南、青海、宁夏、新疆	河北、山西、辽宁、吉林、安徽、江西、河南、湖北、广西、海南、云南、甘肃、青海、宁夏、新疆
大规模转出	北京、天津、辽宁、四川、陕西	北京、天津、上海、广东
小规模转出	河北、吉林、黑龙江、安徽、福建、江西、河南、湖北、湖南、海南、重庆、贵州、甘肃	内蒙古、黑龙江、浙江、福建、贵州、陕西

由表 3-29 可知，计算机、通信和其他设备制造业转移状态的变化不稳定，除小规模转入和大规模转出外，其他状态向自身状态变化的概率都不是最大值。由第二列和第四列可知，各状态向小规模转入和小规模转出状态变化的概率相对较大，其中，小规模转入和小规模转出向小规模转入状态变化的概率依次为 0.750 和 0.615。由此表明，现阶段我国计算机、通信和其他电子设备制造业行业的转移主要是以小规模转入、转出为主。

表 3-29　1999~2005 年、2005~2012 年两阶段计算机、通信和其他电子设备制造业转移状态变化的概率矩阵

	大规模转入	小规模转入	大规模转出	小规模转出
大规模转入	0.250	0.000	0.500	0.250
小规模转入	0.125	0.750	0.000	0.125
大规模转出	0.200	0.200	0.400	0.200
小规模转出	0.154	0.615	0.000	0.231

综上所述，现阶段我国计算机、通信和其他电子设备制造业尚处于产业转移的初级阶段，主要在东部地区内部及中部、西部个别省份发生了产业转移现象，如北京、天津、上海和广东出现明显的产业转出现象，江苏、山东、湖南、重庆和四川则出现明显的产业转入现象。

第三节 劳动力就业

改革开放后,随着经济迅猛发展,我国劳动力就业总体呈现稳步增长态势。1978年全国就业人数为40151万,首次超过4亿,在1986年、1990年、1998年分别首次超过5亿、6亿、7亿,2012年全国就业人数达76704万,年均增长为1.92%(见表3-30)。从就业人数的增长看,1978~2012年劳动力就业人数一直是正增长,但增长率呈下降趋势。根据改革开放后就业增长率的变化可将其分为三个阶段:第一阶段是1978~1984年,波动上升,就业增长率由2.0%上升至3.8%;第二阶段是1984~1990年,大幅度下降,就业增长率从3.8%下降至1.4%;第三阶段是1990~2012年,缓慢下降,就业增长率从1.4%下降至0.4%(见图3-14)。

表3-30 1978~2012年全国就业人数及其变化

年份	就业人数（万人）	增长率（%）	年份	就业人数（万人）	增长率（%）	年份	就业人数（万人）	增长率（%）
1978	40152	2.0	1990	64749	1.4	2002	73280	0.7
1979	41024	2.2	1991	65491	1.1	2003	73736	0.6
1980	42361	3.3	1992	66152	1.0	2004	74264	0.7
1981	43725	3.2	1993	66808	1.0	2005	74647	0.5
1982	45295	3.6	1994	67455	1.0	2006	74978	0.4
1983	46436	2.5	1995	68065	0.9	2007	75321	0.5
1984	48197	3.8	1996	68950	1.3	2008	75564	0.3
1985	49873	3.5	1997	69820	1.3	2009	75828	0.3
1986	51282	2.8	1998	70637	1.2	2010	76105	0.4
1987	52783	2.9	1999	71394	1.1	2011	76420	0.4
1988	54334	2.9	2000	72085	1.0	2012	76704	0.4
1989	55329	1.8	2001	72797	1.0			

注：1990年数据为五普数据,由于统计口径不一致,导致该年数据失真,对其增长率进行调整。

资料来源：根据《中国统计年鉴(2013)》数据整理而得。

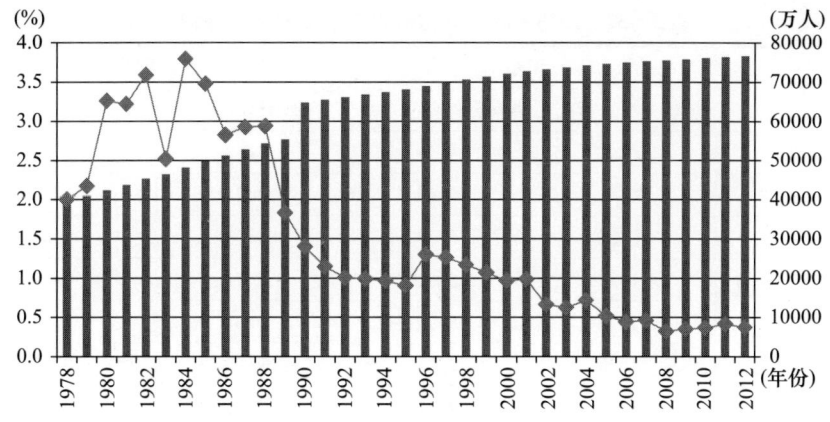

图 3-14 1978~2012 年全国就业人数及其增长率

一、就业结构

(一) 就业的城乡结构

改革开放后,我国城镇就业人口增长较快,自 1978~2012 年城镇新增就业人口达 25261 万人,每年约增长 742 万人。1978 年我国城乡就业结构为 0.24 : 0.76,农村就业人口的比重较大,到 2012 年变为 0.48 : 0.52,城镇就业人口比重增加 24 个百分点,与农村就业人口的差距逐渐缩小。从动态角度看,我国城镇就业的平均增长率在 1978~1990 年为 3.87%,1990~2012 年降为 3.51%,总体处于较高增长态势;农村就业人数在 1998 年前呈不断增长状态,1998 年后呈负增长趋势,1998~2012 年以年均 -1.41% 的速度递减,结合我国实际可知,这一阶段农村劳动力正大规模流向城镇(见表 3-31)。值得注意的是,近几年农村就业人数降幅开始缩小,2010~2012 年农村就业人数的降幅分别为 1088 万人、912 万人、904 万人,这与 1998~2009 年其降幅一直在扩大形成明显对比;与此同时,城镇新增农民工数量在逐年减少,2010~2012 年城镇新增农民工数量分别为 1245 万人、1055 万人、983 万人(范建军,2014)(见图 3-15)。可见,虽然我国农村劳动力在大规模向城镇流动,但近年来向城镇流动的数量有下降趋势,这可能与农村经济发展迅速、城镇吸收就业能力下降等多方面因素有关。

从就业率(就业人口与总人口之比)看,城镇就业率总体呈现下降态势,农村就业率呈不断上升状态。改革开放初期,我国农村就业率严重滞后于城镇,1978 年城镇就业率为 55.2%,农村仅为 38.8%,比城镇低 16.4 个百分点。随着改革开放的深入,农村就业率与城镇就业率差距逐渐缩小,并逐渐超过城镇就业率。20 世纪 1990 年,农村就业率高出城镇 0.3 个百分点,2000 年达到 10.1 个

表 3-31　1978~2012 年我国城镇和农村的就业情况

年份	城镇		农村	
	就业人数（万人）	增长率（%）	就业人数（万人）	增长率（%）
1978	9514	4.24	30638	1.28
1979	9999	5.10	31025	1.26
1980	10525	5.26	31836	2.61
1981	11053	5.02	32672	2.63
1982	11428	3.39	33867	3.66
1983	11746	2.78	34690	2.43
1984	12229	4.11	35968	3.68
1985	12808	4.73	37065	3.05
1986	13292	3.78	37990	2.50
1987	13783	3.69	39000	2.66
1988	14267	3.51	40067	2.74
1989	14390	0.86	40939	2.18
1990	17041	1.54	47708	1.14
1991	17465	2.49	48026	0.67
1992	17861	2.27	48291	0.55
1993	18262	2.25	48546	0.53
1994	18653	2.14	48802	0.53
1995	19040	2.07	49025	0.46
1996	19922	4.63	49028	0.01
1997	20781	4.31	49039	0.02
1998	21616	4.02	49021	-0.04
1999	22412	3.68	48982	-0.08
2000	23151	3.30	48934	-0.10
2001	24123	4.20	48674	-0.53
2002	25159	4.29	48121	-1.14
2003	26230	4.26	47506	-1.28
2004	27293	4.05	46971	-1.13
2005	28389	4.02	46258	-1.52
2006	29630	4.37	45348	-1.97
2007	30953	4.47	44368	-2.16
2008	32103	3.72	43461	-2.04

续表

年份	城镇		农村	
	就业人数（万人）	增长率（%）	就业人数（万人）	增长率（%）
2009	33322	3.80	42506	-2.20
2010	34687	4.10	41418	-2.56
2011	35914	3.54	40506	-2.20
2012	37102	3.31	39602	-2.23

资料来源：《中国统计年鉴（2013）》。1990年数据为五普数据，对其进行调整。

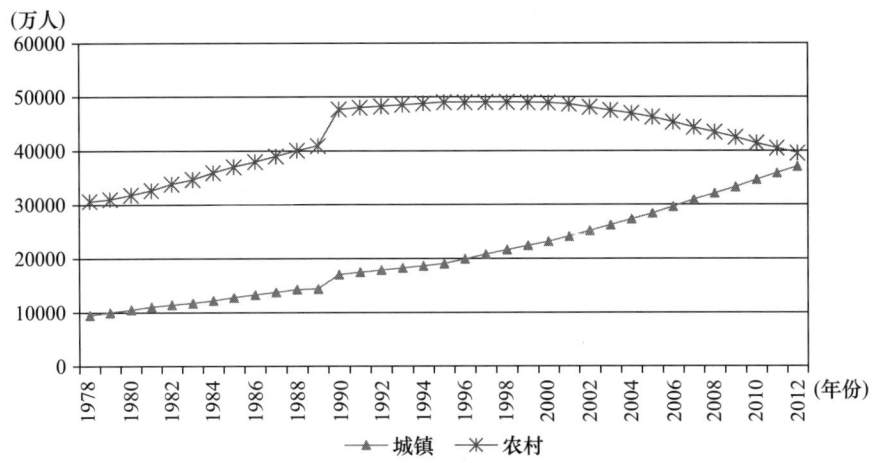

图3-15 1978~2012年我国城镇和农村的就业人口状况

百分点，2004年最高达11.8个百分点，受金融危机影响，2008年城镇与农村就业率差距持续扩大的趋势有所减缓（见图3-16）。

城镇和农村就业率的变动趋势在一定程度上是我国市场化改革进程和经济增长模式演变的一种反映（黎贵才，2011）。改革开放前，受政策体制影响大量劳动力被束缚在第一产业，我国存在众多农村剩余劳动力，又因实施重工业优先发展战略，对劳动力吸纳能力非常有限。改革开放后，我国采取了一系列城乡就业政策与制度的改革措施，且各类劳动密集型①的企业发展非常迅速，吸引大量农村劳动力向城镇流动，进一步提高城镇就业率。20世纪90年代后，为适应市场经济发展需要，我国进一步进行体制和政策改革，如加大国有企业改革力度，实

---

① 改革开放初期，外商直接投资的大量引入缓解了工业发展资金极度短缺的状况，但受我国发展阶段、资源禀赋等因素的影响，以发展劳动密集型产业为主。

施"下岗分流,减员增效"措施;工业生产采取资本替代劳动的资本密集型生产方式;淘汰大量落后的乡镇企业等,从而导致工业吸纳劳动力就业的能力减弱,城镇就业率下降。城镇就业率的下降在一定程度上抑制了农村劳动力的流入,导致大量农村劳动力回流,提高了农村的就业率。需要注意的是,劳动力回流增加了农村就业率的基数,虽然在统计上提高了农村就业率,但实际上农村仍处于不充分就业状态。

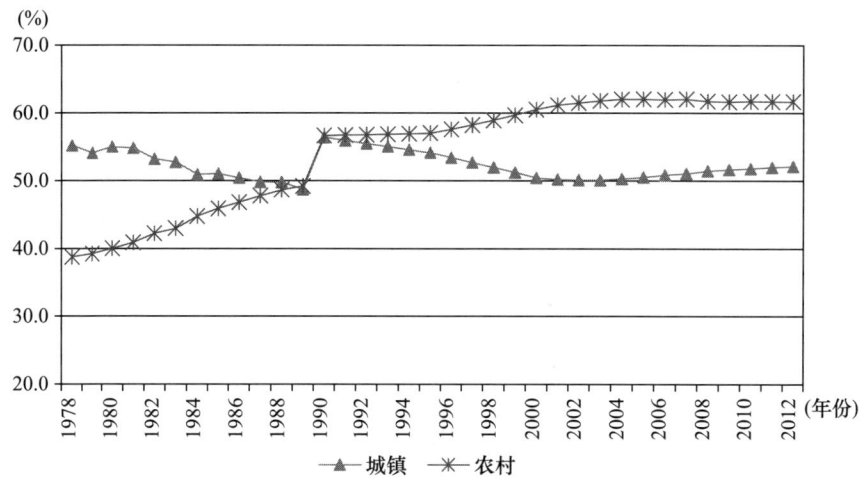

图3-16 1978~2012年我国城镇和农村就业率的变动状况

(二)就业的产业结构

改革开放后,我国经济体制和运行机制发生深刻变化,市场机制成为资源配置的基础手段,生产者在追求利润最大化目标下将各类稀缺性资源投向利润率较高的产业,推动了产业结构调整优化。随之而来的是越来越多的劳动力由生产效率和利润率较低的第一产业逐步向生产效率和利润率较高的第二、第三产业转移。1978年,我国三次产业的就业结构为70.5:17.3:12.2,是传统的"一二三"格局,第一产业就业是第二产业、第三产业就业人数总和的2.39倍。1994年,第三产业的就业数首次超过第二产业,产业就业结构变为54.3:22.7:23,由传统的"一二三"转变为"一三二"。2011年,我国第三产业的就业数首次超过第一产业,就业结构由"一三二"转变为"三一二",到2012年我国三次产业就业结构为33.6:30.3:36.1,与1978年相比有明显改善,就业结构日趋合理(见表3-32)。

表 3-32　1978~2012 年我国三次产业就业人数和比重

年份	第一产业			第二产业			第三产业		
	就业人数（万人）	比重（%）	增长率（%）	就业人数（万人）	比重（%）	增长率（%）	就业人数（万人）	比重（%）	增长率（%）
1978	28318	70.5	-3.9	6945	17.3	19.1	4890	12.2	16.3
1979	28634	69.8	1.1	7214	17.6	3.9	5177	12.6	5.9
1980	29122	68.7	1.7	7707	18.2	6.8	5532	13.1	6.9
1981	29777	68.1	2.2	8003	18.3	3.8	5945	13.6	7.5
1982	30859	68.1	3.6	8346	18.4	4.3	6090	13.5	2.4
1983	31151	67.1	0.9	8679	18.7	4.0	6606	14.2	8.5
1984	30868	64	-0.9	9590	19.9	10.5	7739	16.1	17.2
1985	31130	62.4	0.8	10384	20.8	8.3	8359	16.8	8.0
1986	31254	60.9	0.4	11216	21.9	8.0	8811	17.2	5.4
1987	31663	60	1.3	11726	22.2	4.5	9395	17.8	6.6
1988	32249	59.3	1.9	12152	22.4	3.6	9933	18.3	5.7
1989	33225	60.1	3.0	11976	21.6	-1.4	10129	18.3	2.0
1990	38914	60.1	1.7	13856	21.4	-0.3	11979	18.5	2.8
1991	39098	59.7	0.5	14015	21.4	1.1	12378	18.9	3.3
1992	38699	58.5	-1.0	14355	21.7	2.4	13098	19.8	5.8
1993	37680	56.4	-2.6	14965	22.4	4.2	14163	21.2	8.1
1994	36628	54.3	-2.8	15312	22.7	2.3	15515	23	9.5
1995	35530	52.2	-3.0	15655	23	2.2	16880	24.8	8.8
1996	34820	50.5	-2.0	16203	23.5	3.5	17927	26	6.2
1997	34840	49.9	0.1	16547	23.7	2.1	18432	26.4	2.8
1998	35177	49.8	1.0	16600	23.5	0.3	18860	26.7	2.3
1999	35768	50.1	1.7	16421	23	-1.1	19205	26.9	1.8
2000	36043	50	0.8	16219	22.5	-1.2	19823	27.5	3.2
2001	36399	50	1.0	16234	22.5	0.1	20165	27.7	1.7
2002	36640	50	0.7	15682	21.4	-3.4	20958	28.6	3.9
2003	36204	49.1	-1.2	15927	21.6	1.6	21605	29.3	3.1
2004	34830	46.9	-3.8	16709	22.5	4.9	22725	30.6	5.2
2005	33442	44.8	-4.0	17766	23.8	6.3	23439	31.4	3.1
2006	31941	42.6	-4.5	18894	25.2	6.4	24143	32.2	3.0
2007	30731	40.8	-3.8	20186	26.8	6.8	24404	32.4	1.1

续表

年份	第一产业			第二产业			第三产业		
	就业人数（万人）	比重（%）	增长率（%）	就业人数（万人）	比重（%）	增长率（%）	就业人数（万人）	比重（%）	增长率（%）
2008	29923	39.6	-2.6	20553	27.2	1.8	25087	33.2	2.8
2009	28890	38.1	-3.5	21080	27.8	2.6	25857	34.1	3.1
2010	27931	36.7	-3.3	21842	28.7	3.6	26332	34.6	1.8
2011	26594	34.8	-4.8	22544	29.5	3.2	27282	35.7	3.6
2012	25773	33.6	-3.1	23241	30.3	3.1	27690	36.1	1.5

资料来源：《中国统计年鉴（2013）》。1990年数据为五普数据，对其进行调整。

从动态视角看，1978~2012年，我国第一产业的就业比重不断下降，从1978年的70.5%下降至2012年的33.6%，下降了36.9个百分点；第二、第三产业的就业比重则不断上升，从1978年的17.3%、12.2%上升至2012年的30.3%、36.1%，分别提高了13个百分点和23.9个百分点。就就业增长率而言，第一产业呈现波动下降态势，自2003年后处于负增长状态；第二产业就业在1989~1990年和1999~2002年两个阶段出现负增长，2003年后呈不断增长状态，2008年受金融危机影响增长率有所下降，之后开始缓慢上升；第三产业就业一直处于上升状态，增长率在1997年后略有下降（见图3-17）。这表明，自改革开放以来，我国第一产业就业的劳动力数量在不断下降，第二、第三产业就业的劳动力数量则日趋增加，就业结构不断优化。

二、空间分布

由于各地人口数量、经济发展水平、产业结构等多方面存在较大差异，进而导致我国劳动力就业在空间上的不均衡分布。

（一）总就业的区域分布

从各个区域的人口和就业总数看，以2012年为例，东部总人口为51461万，占全国人口总数的38.18%，其中，就业总人数为31136万，占全国就业总数的38.86%；中部总人口为35927万，占全国人口总数的26.65%，就业总人数为22547万，占全国就业总数的26.65%；西部总人口为36428万，就业总人数为20633万，分别占全国人口总数和就业总数的27.03%和25.75%；东北地区总人口为10973万，就业总人数为5808万。可见，东部地区的人口和就业人数均占有较大比重。就城镇就业人口分布而言（见图3-18），2012年广东的城镇就业人员数最多，占全国城镇就业总数的9.82%，其余排名前十位的省份依次为江苏（8.08%）、浙江（6.91%）、山东（6.48%）、河南（4.86%）、湖北（4.33%）、辽宁（4.24%）、福建（4.03%）、四川（4.02%）、湖南（3.89%）（见图3-19）。在这前十位中，东部共有5个省市，5省市的城镇就业总人数占全国城镇就业总数的35.32%，中部仅有3个省份，占全国城镇就业总数的13.08%。

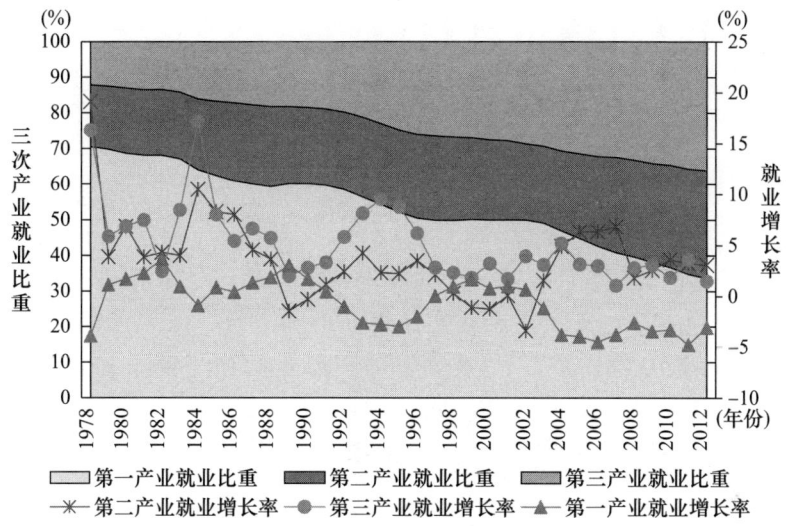

图3-17 1978~2012年我国三次产业就业的变化情况

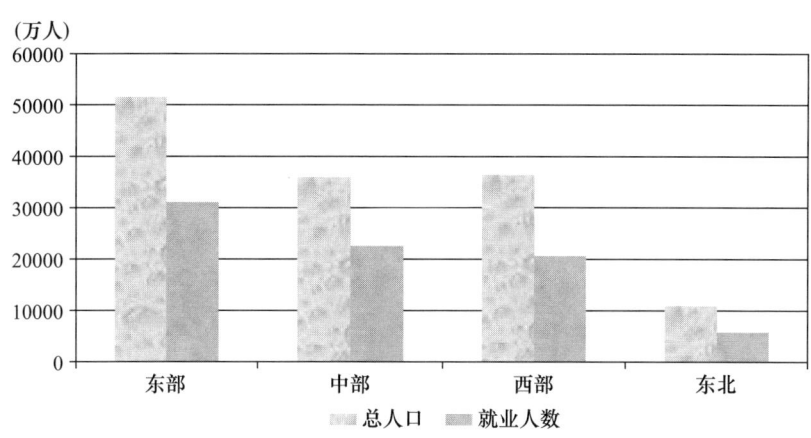

图3-18 2012年我国各地区的人口和就业总数

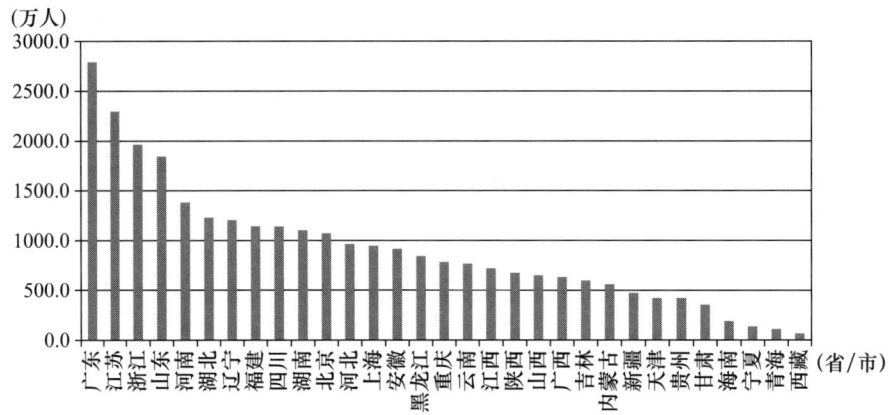

图 3-19　2012 年各省/市城镇就业人数

就变动状态而言，各区域就业人数变化有较大差异，并呈现出区域替代性。据人口普查资料发现，东部地区就业比重在不断上升，由 1990 年（四普）的 34.38% 增长到 2010 年（六普）的 39.34%，提高了 14.42%，其他地区则一直在下降，尤其是中部、西部地区由 1990 年（四普）的 28.66%、28.81% 下降到 2010 年（六普）的 25.59%、27.18%，分别下降了 10.72%、5.65%，中部就业比重年均递减 5.51%，与东部年均增长 6.97% 形成鲜明对比。从就业人数看，与 1990 年（四普）相比，2000 年（五普）中部和东北的就业人数分别下降了 2.3% 和 1.56%，东部和西部地区的就业人数呈现增长态势，尤其是东部就业人数增加了 10.05%。与 2000 年（五普）相比，2010 年（六普）东部就业人数增加了 14.93%，其次是东北地区（8.78%），中部、西部地区增长非常缓慢。可见，我国劳动力就业的区域分布呈不均衡状态，2000 年（五普）东部和西部形成对中部和东北地区的就业替代，到 2010 年（六普）这一状况有所改善，但中部的就业增长仍相对缓慢（见表 3-33）。

表 3-33　"四普"、"五普"、"六普" 我国各地区就业人数的变化情况　　单位:%

指标 \ 地区	东部	中部	西部	东北
四普就业比重	34.38	28.66	28.81	8.14
五普就业比重	36.62	27.1	28.52	7.76
六普就业比重	39.34	25.59	27.18	7.89
五普就业人数/四普就业人数	10.05	-2.3	2.26	-1.56
六普就业人数/五普就业人数	14.93	1.01	1.98	8.78

资料来源：根据第四、第五、第六次人口普查数据整理。

具体到各省市,就业的省际分布也存在巨大差异。如图3-20所示,与"四普"相比,各地"五普"的就业呈现以下特征:除天津(-7.69%)外,东部其余各省就业人数均出现增长现象,广东增幅最大(32.04%);中部的山西、河南就业人数有小幅增长,湖北、江西、湖南和安徽则均有较大幅度的下降;西部除四川(-10.22%)外,其他省份就业人数的增长十分明显,新疆(29.97%)、宁夏(22.15%)、西藏(21.04%)和云南(17.22%)的增幅较大;东北除吉林(2.19%)外,其余两省就业人数出现小幅下降。可见,2000年(五普)我国东部和西部各省就业出现明显增长,中部和东北各省(尤其是中部)则出现大幅下降,进一步验证区域间存在就业替代。如图3-21所示,与"五普"相比,各地"六普"的就业出现微妙变化:东部各省就业人数仍呈现大幅增长态势,上海(54.21%)增幅最大,其次是北京(42%)、浙江(25.98%)、广东(24.38%)、天津(19.45%)和福建(16.29%);中部除安徽和河南外,其余四省都有增长,江西(22.09%)增幅较大;西部的重庆(-13.43%)和贵州(-11.64%)出现大幅下降,其余省份均为小幅增长;东北三省就业人数出现较大幅度的增长。综上所述,我国就业分布具有区域不均衡性,东部有绝对优势;但与"五普"相比,近年来东部和西部对中部和东北的就业替代有明显改善,就业分布的不均衡程度有所减缓。

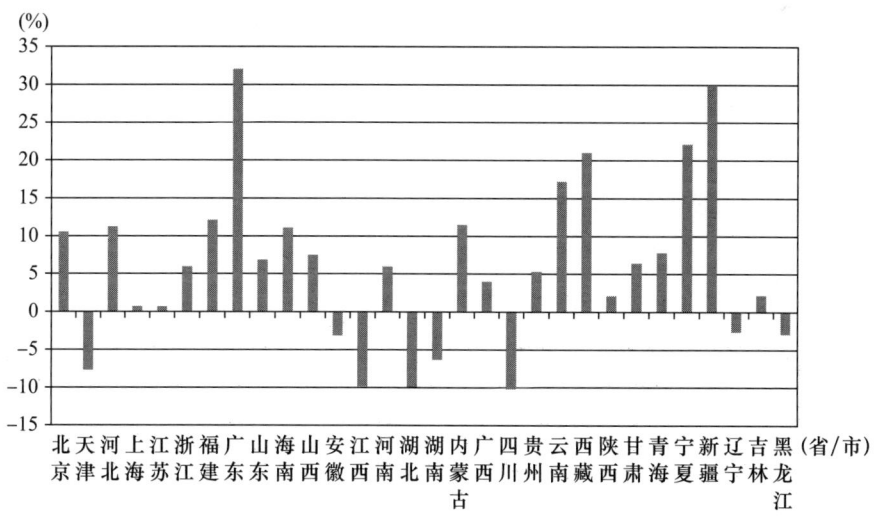

图3-20 各省/市"五普"比"四普"就业人数的变化情况

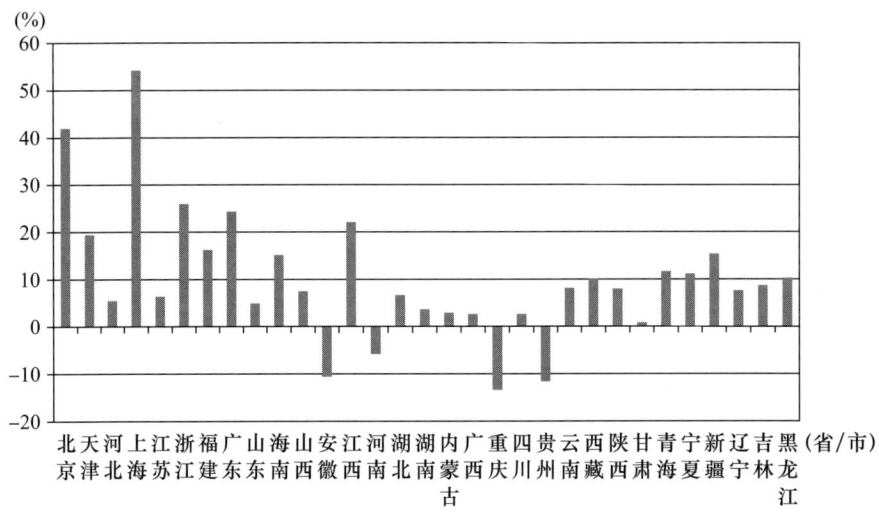

图3-21 各省/市"六普"比"五普"就业人数的变化情况

(二)制造业就业的区域分布

从各地制造业①就业情况来看,就业的区域差异更为明显。如图3-22所示,2012年我国制造业就业人数排名前十位的依次为广东(18.07%)、江苏(14.07%)、山东(10.39%)、浙江(8.90%)、河南(6.16%)、四川(4.07%)、福建(3.68%)、湖北(3.56%)、上海(3.31%)、湖南(3.27%)。在这前十位的省份中,东部有6个省市,这6省市的制造业就业人数

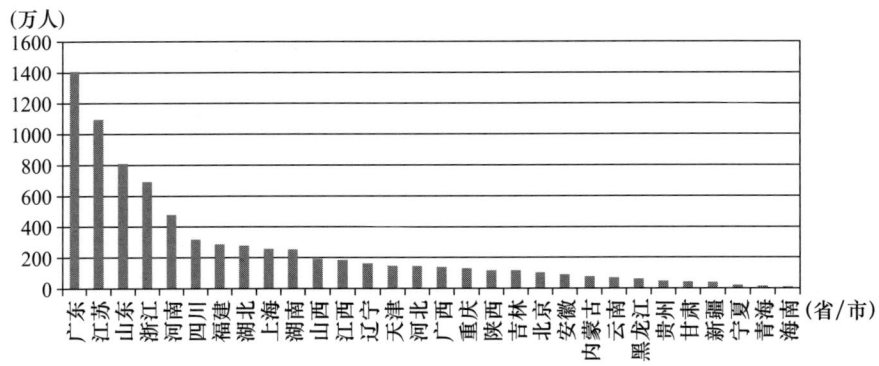

图3-22 2012年各省/市制造业就业人数

---

① 鉴于本书以制造业的转移为研究对象,且与前文分析一致,在此选择对各省份27个制造业行业的就业人数求和进行分析。

占据全国的半壁江山（58.40%）；中部有3个省，3省合计仅占全国的12.99%；西部仅有四川一个省份。就各区域而言，2012年东部地区制造业就业人数占全国制造业就业总数的63.59%，中部、西部分别占19%和13.03%，与东部差距显著，东北（4.38%）比重更低。可见，制造业就业的区域分布差异更为明显，呈"极度东倾"态势。

从各地制造业就业人数的动态变化看，1999~2012年，东部制造业就业比重呈现先升后降的变化轨迹，自2007年后其比重开始不断下降；中部、西部制造业就业比重则呈先降后升的趋势，中部从2006年开始呈现逐年上升态势，西部从2008年起也表现出不断上升的趋势；东北地区的制造业就业比重一直维持缓慢下降的状态（见图3-23）。这表明，我国制造业就业分布"极度东倾"的区域不均衡性已经有所改善。背后的原因可能是近年来我国加快产业结构调整步伐，东部在产业转型升级过程中必然会淘汰部分旧部门的劳动力，而且随着东部地区劳动力、土地等要素成本的大幅上升及国家采取一系列政策措施推动"以产业转移促进中国经济提质升级"，部分制造业企业特别是劳动密集型企业开始由东部向中部、西部等内陆地区转移，带动了部分劳动力回流，再加上中部、西部自身经济的快速发展，就业吸纳能力得到进一步提高。

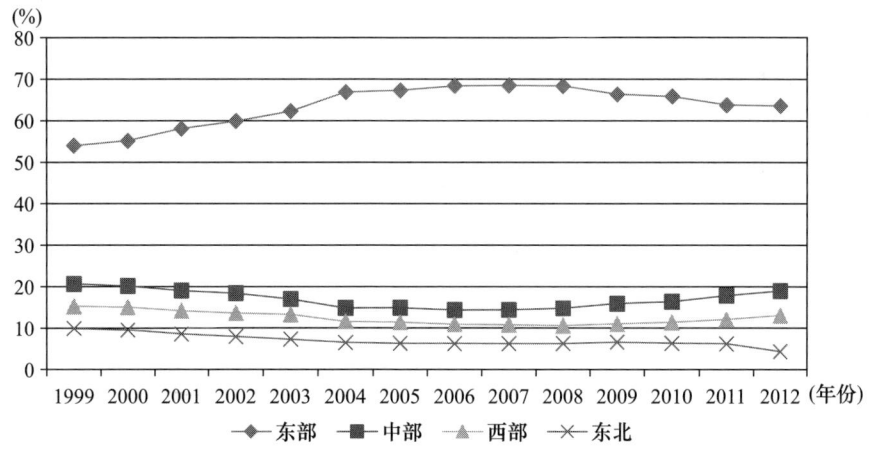

图3-23　1999~2012年我国各地区制造业就业比重的变化轨迹

第四节　产业转移与劳动力就业的对比分析

通过对我国产业转移及劳动力就业特征的分析发现，以纺织业为代表的劳动密集型产业、以石油加工、炼焦及核燃料加工业为代表的资本密集型产业和以计算机、通信和其他电子设备制造业为代表的技术密集型产业都出现了不同程度的产业转移；中部、西部等内陆地区劳动力就业比重呈上升趋势，东部劳动力就业比重有所下降。以上分析仅是以个别制造业为代表对产业转移进行分析，劳动力就业空间变化也是以各地总体就业和制造业就业为例进行的分析，但近年来东部向中部、西部的产业转移不再仅局限于传统制造业，以房地产为代表的现代服务业投资也加快向中部、西部转移步伐，带动中部、西部地区非农就业机会增加，吸引外出劳动力回流。因此，为从广义上更好地反映我国产业转移及劳动力就业的变化，本节以非农产值、工业增加值、固定资产投资及制造业产值在全国总量中的份额变化来分析东部、中部、西部以及东北地区的产业转移状况，以非农就业比重反映各地的就业状况，通过对比分析直观揭示我国各地产业与就业是否发生同幅度变化。

通过表3-34可以发现，不管是非农产值、固定资产投资还是工业增加值和制造业产值，东部的份额都占有绝对优势，最后是中部和西部，东北地区份额最小。非农就业比重也呈相似特征，即东部比重最大，其次是中部和西部地区，东北非农就业比重最小。为进一步对比分析，下面从东部、中部、西部和东北地区进行详细分析。

一、东部地区

如图3-24所示，总体而言，1999~2012年，东部的非农产值、工业增加值、固定资产投资及制造业产值份额都是下降的，而非农就业比重则是上升的。

具体而言，固定资产投资份额下降幅度较大，由1999年的55.96%降低到2012年的41.22%，13年间下降了14.74个百分点；制造业产值份额在1999~2004年不断增加，2004年达到最高（71.85%）后便逐年下降；工业增加值份额在1999~2005年波动增加，自2005年后逐年下降；非农产值份额在1999~2005年稳步增长，2005年达到最高（57.77%）后也开始不断下降。可见，1999~2012年，东部的非农产值、工业增加值、制造业产值份额均呈倒"U"型变化，拐点在2005年前后，这进一步验证了东部地区在2005年左右出现较为明显的产业转出现象。从非农就业看，1999~2007年东部非农就业比重由41.72%上升到45.84%，增长了4.12%，而在2007~2012年则仅仅增长了0.62%。可见，虽然东部地区的就业份额呈不断增加趋势，但其增速近年来明显放缓，这在一定程度上反映了当前我国劳动力流动的现状，即劳动力虽然仍以向东部流动为主，但内陆个别省份已出现外出劳动力明显回流迹象，减缓了劳动力"东流"。

表 3-34 各地区产值及就业份额

单位：%

指标	年份	1999	2000	2001	2002	2003	2004	2005	2006	2007	2008	2009	2010	2011	2012
非农产值	东部	55.50	55.95	56.28	56.80	57.42	57.73	57.77	57.57	57.16	56.12	55.68	54.83	53.69	52.95
	中部	17.98	17.75	17.70	17.52	17.54	17.70	17.78	17.77	18.05	18.32	18.47	18.89	19.32	19.51
	西部	16.51	16.18	16.21	16.18	15.96	16.01	15.96	16.31	16.54	17.19	17.50	17.83	18.45	19.00
	东北部	10.01	10.12	9.81	9.49	9.08	8.55	8.49	8.35	8.25	8.37	8.34	8.45	8.54	8.55
固定资产投资	东部	55.96	54.82	53.90	53.71	55.06	54.02	52.39	50.57	48.13	45.97	43.67	42.69	42.59	41.22
	中部	17.14	17.55	17.72	17.74	17.37	18.08	18.54	19.34	20.58	21.70	22.78	23.18	23.16	23.50
	西部	18.71	19.16	19.83	20.26	19.86	19.85	20.26	20.36	20.96	21.26	22.71	22.81	23.58	24.15
	东北部	8.19	8.48	8.55	8.29	7.71	8.05	8.82	9.74	10.33	11.07	10.85	11.32	10.67	11.14
工业增加值	东部	57.39	56.94	58.20	58.55	60.04	60.00	60.40	59.04	57.92	56.15	55.11	52.99	51.10	50.39
	中部	16.67	17.37	17.33	17.38	16.61	17.36	17.67	17.77	18.41	19.09	19.46	20.38	21.15	21.51
	西部	14.85	13.78	13.81	13.78	13.77	13.85	13.77	14.66	15.25	16.05	16.86	17.77	18.59	19.13
	东北部	11.08	11.90	10.66	10.29	9.58	8.80	8.16	8.53	8.42	8.71	8.57	8.87	9.15	8.97
制造业产值	东部	66.50	67.03	68.06	69.03	70.90	71.85	71.35	70.61	69.05	67.00	65.51	63.94	61.28	60.45
	中部	14.50	13.75	13.34	13.05	12.14	11.74	12.23	12.59	13.68	14.89	15.19	16.40	18.37	19.13
	西部	10.82	10.54	10.29	10.08	9.53	9.33	9.48	9.73	10.13	10.51	11.18	11.36	12.17	13.09
	东北部	8.18	8.68	8.31	7.84	7.42	7.08	6.93	7.07	7.14	7.60	8.12	8.30	8.19	7.33
非农就业	东部	41.72	42.31	42.73	43.12	43.71	44.28	45.04	45.25	45.84	45.75	45.65	46.00	45.95	46.12
	中部	27.02	26.31	26.51	26.51	26.77	26.47	26.39	26.38	26.44	26.47	26.52	26.30	26.19	26.60
	西部	22.47	22.87	22.33	22.33	21.87	21.53	20.95	20.94	20.34	20.50	20.56	20.47	20.53	19.74
	东北部	8.79	8.51	8.43	8.03	7.65	7.73	7.62	7.43	7.38	7.27	7.26	7.23	7.33	7.54

资料来源：根据历年统计年鉴数据整理而得。

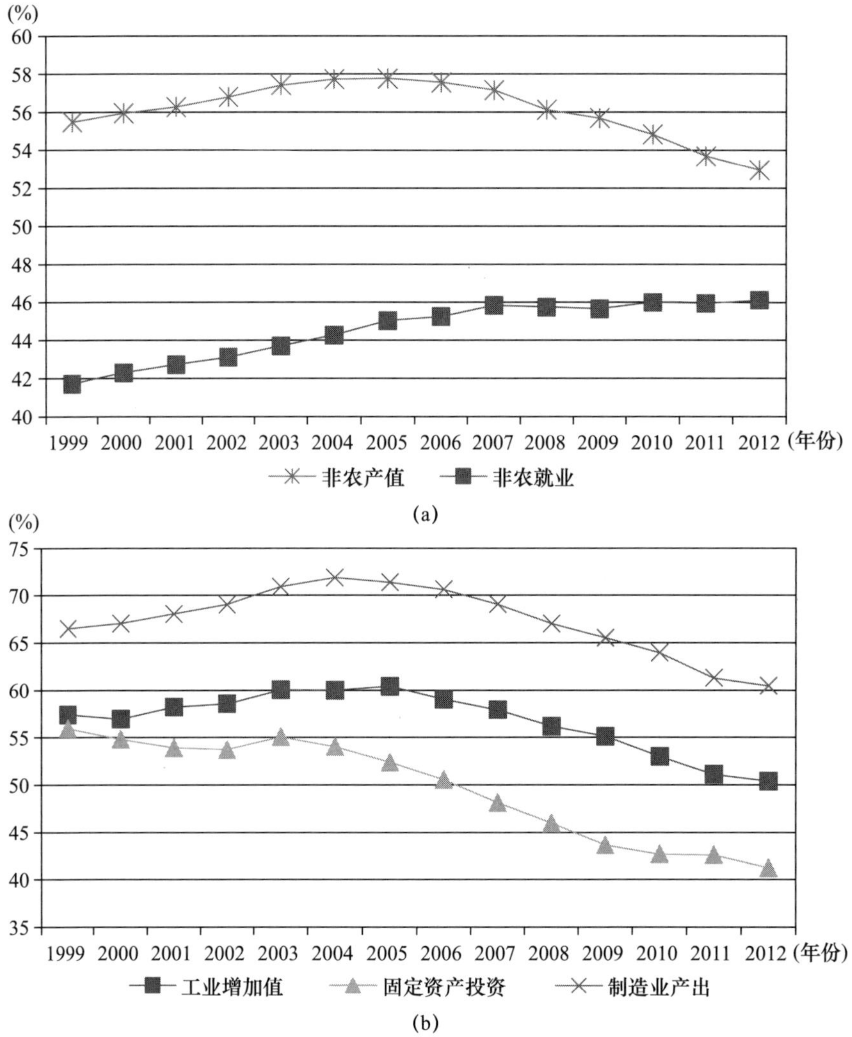

图 3-24 东部产值及就业份额变化

二、中部地区

与东部地区形成明显反差,1999~2012 年,中部的非农产值、工业增加值、固定资产投资及制造业产值比重是波动增加的,非农就业比重的变化则并不明显。

具体而言,中部地区工业增加值和固定资产投资比重在 1999~2003 年变化较小,从 2004 年开始均呈大幅增加趋势,这可能与"中部崛起"在 2004 年

3月被首次提出有密切关系；制造业产值比重在2004年之前逐年下降，从2005年起呈现直线上升态势；非农产值份额在1999~2003年是小幅下降，自2004年后呈逐年上升趋势。通过以上分析可知，1999~2012年中部地区的非农产值、工业增加值、固定资产投资和制造业产值份额均呈现出类似"U"型的变化趋势，2004年、2005年为拐点，说明中部承接产业转移的规模在2004年、2005年出现明显增加的态势。从非农就业看，在考察期内中部非农就业比重没有发生明显变化，一直在［26%，28%］小幅波动，从2011年起有上升趋势。可见，中部地区承接产业转移的规模从2005年前后开始明显增加，但就业却没有显著增加（见图3-25）。

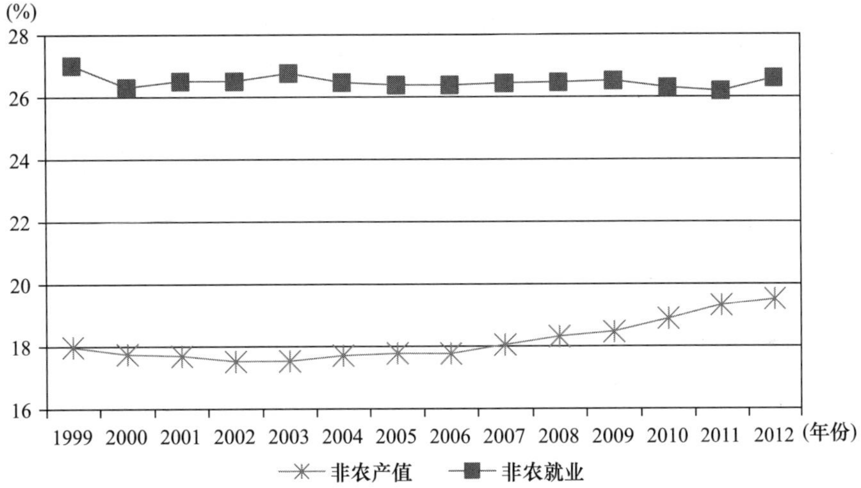

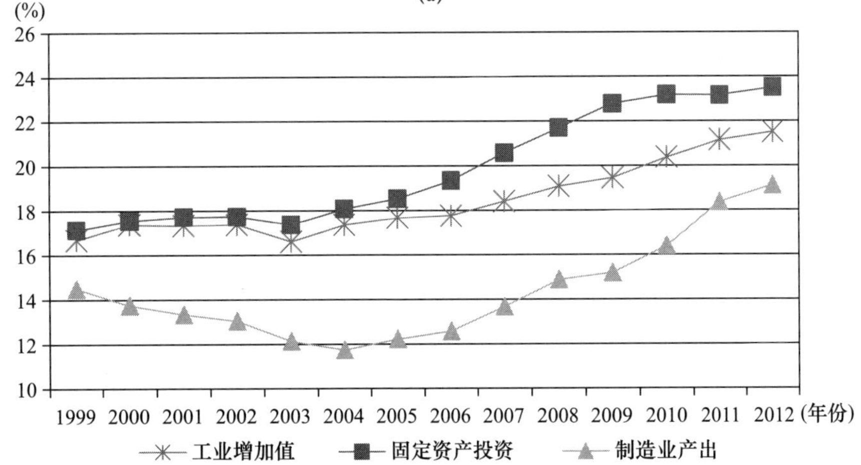

图3-25 中部产值及就业份额变化

三、西部地区

与中部地区的变化趋势有所类似，1999～2012年，西部的非农产值、工业增加值、固定资产投资及制造业产值比重出现明显增加，与之不同的是西部的非农就业比重则是不断下降的。

具体而言，固定资产投资份额由1999年的18.71%增加到2012年的24.15%，13年间增加5.44个百分点；非农产值比重在2005年之前呈小幅波动下降状态，从2005年后呈现显著上升态势；工业增加值比重在2005年前也是小幅波动下降，2005年达到最低点13.77%，自此之后呈现直线上升态势，到2012年增加到19.13%；制造业产值比重在1999～2004年逐年下降，到2004年下降到最低点9.33%，从2005年起明显上升，2012年增加到13.09%。从非农就业看，1999～2012年西部非农就业比重总体处于不断下降趋势，但从2008年起下降速度明显放缓，个别年份甚至出现小幅增加。综上可以判断，西部承接产业转移规模也从2005年前后起出现明显增加，但其就业并未出现相应幅度的增加（见图3-26）。

四、东北地区

至于东北地区，除固定资产投资外，其他产值份额和就业份额总体均呈下降趋势（见图3-27）。具体而言，1999～2012年，非农产值和非农就业比重呈现出相似的变动轨迹，经历了"大幅波动下降—小幅波动下降—小幅上升"的过程，分别从2010年和2011年起有上升迹象；固定资产投资份额经历了1999～2003年的小幅波动后，从2004年起出现大幅增加；工业增加值份额在1999～2006年呈直线下降态势，自2007年开始出现小幅增加迹象；制造业产值份额则在波动中不断下降。据此可以判断，东北地区承接产业转移的迹象并不十分明显（见图3-27）。

综合以上分析可知，从2005年左右开始东部出现较大规模的产业转移现象，中部、西部地区是主要承接地，东北承接产业转移的迹象并不明显。就劳动力就业而言，东部就业份额仍在不断增加，只是增速明显放缓；中部就业份额增幅不明显，个别年份甚至出现下降状态，仅从2011年起呈显著上升趋势；西部就业份额整体呈现下降态势，从2008年起降速减缓。可见，大规模产业转移在一定程度上使中部、西部劳动力向东部流动的速度减缓，并带动了部分中部、西部外出劳动力回流，但这种影响总体并不明显，各地劳动力就业并没有与产业出现同幅度变化，两者并不同步。这表明，产业转移通过引发劳动力流动而带来的各地就业变化存在一定的滞后性，距离通过产业转移实现劳动力就地就近就业的目标

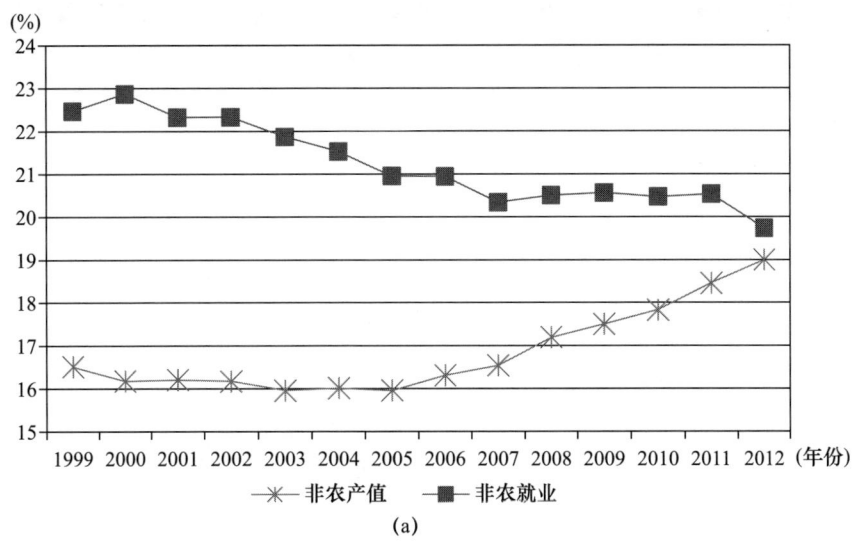

(a)

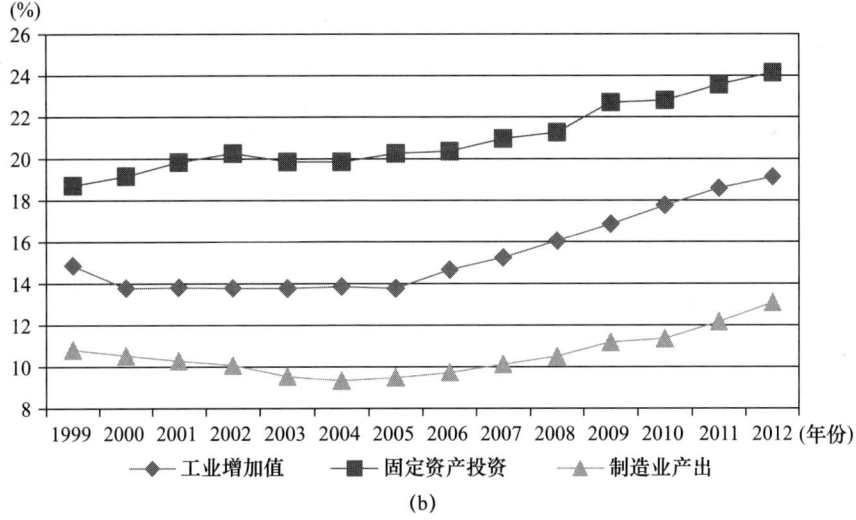

(b)

图 3-26 西部产值及就业份额变化

还有很大差距。这背后的原因可能主要有以下几个方面：一是中部、西部外出务工者在东部城市长时期工作，逐渐适应城市生活，已融入当地，并在当地定居。二是中部、西部地区虽然经济发展迅速，但与东部相比，在就业环境、福利待遇、教育水平、公共服务设施等方面仍有很大差距。三是作为劳动力流动的主体，1980 年及以后出生的新一代农民工年龄更轻、受教育程度更高、思想观念更趋于城市化,他们向往城市生活,对健康、娱乐、文化等精神需求要求增强,对进入一线生产有抵触心理。四是从根本上是受产业转移结构的影响,由于向中西部转移的产业存在许多资本密集型、能源密集型及重化工企业,这类企业用人相对较少,主要是为挖掘利用中西部地区的能源资源。

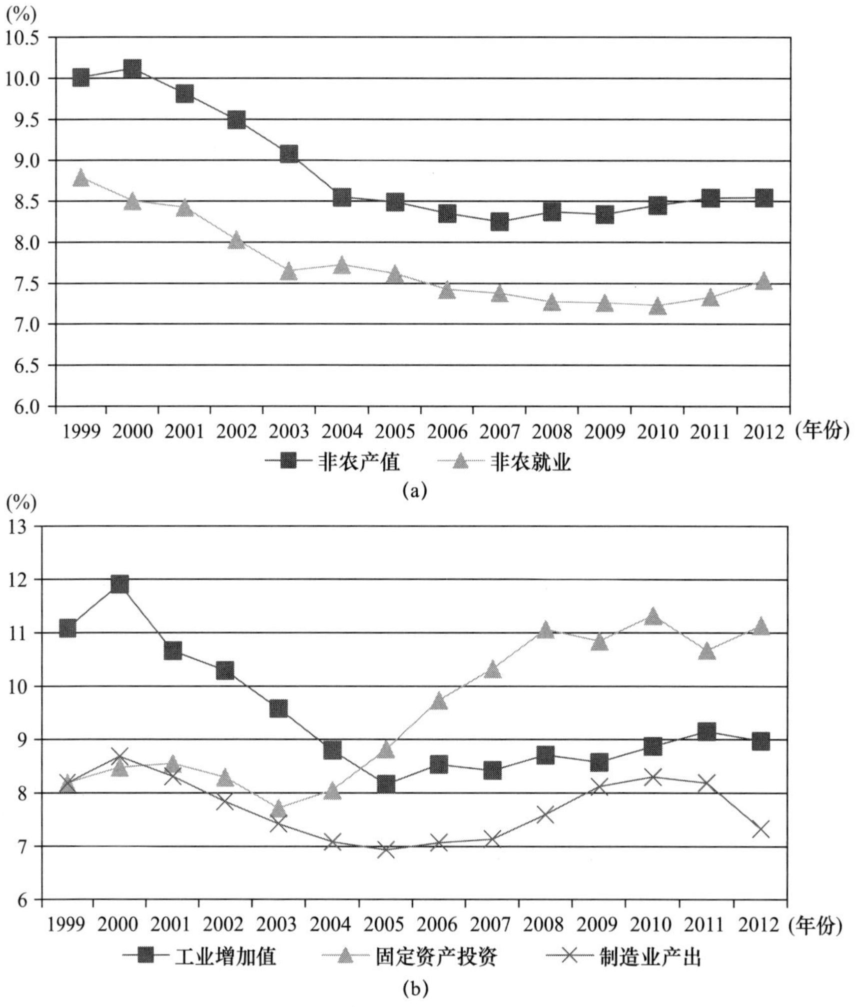

图 3-27 东北产值及就业份额变化

第三章 我国产业转移与劳动力就业现状

本章小结

本章主要对我国产业转移和劳动力就业特征进行测度与分析。

第一部分对 1999~2013 年我国工业空间格局及演变进行测度得出：我国工业总体空间集聚水平呈倒"U"型变动轨迹，1999~2005 年主要是向东部地区集聚，自 2005 年后产业由东部向中西部的转移趋势逐渐增强。具体到各工业行业，通过选取并计算 32 个行业的空间基尼系数发现，有 18 个行业空间集聚程度呈倒"U"型变化，6 个行业是波动下降的，4 个行业是波动上升的，其余 4 个呈小幅波动，即大部分工业行业的集聚水平在不断下降。进一步以工业中流动性最强的制造业为例进行分析发现，大多制造业行业的重心分布在相对东南地区，但从 2005 年左右开始出现向西、向北方向移动的趋势，从而验证了制造业由东部向中西部转移的趋势。

第二部分以制造业为研究对象，根据要素密集度将其划分为劳动密集型、资本密集型和技术密集型行业，并从中各选 1 个代表性细分行业，采用空间基尼系数、区位商和产业份额对 1999~2012 年我国制造业转移特征进行测度分析发现：以纺织业为代表的劳动密集型行业，其空间集聚水平呈倒"U"型变化，已开始由东部向中西部明显转移，呈现出"大规模转出，分散化小规模转入"特征，江苏、广东、浙江是主要转出地，安徽、江西、河南、山东、湖南、四川是主要转入地；以石油加工、炼焦及核燃料加工业为代表的资本密集型行业，其空间集聚水平呈现不断下降态势，虽然有空间转移迹象，但尚未出现大规模转移现象，主要是具备一定产业基础的个别省市如辽宁、黑龙江、北京、上海等出现明显转出现象，河北、山东、海南等发生明显转入现象；以计算机、通信和其他电子设备制造业为代表的技术密集型行业，其空间集中程度呈倒"U"型变化，已开始由东部向中西部转移，但还处于初级阶段，产业的转出转入主要发生在有产业基础的地区，如北京、上海、广东出现明显的产业转出现象，江苏、山东、重庆、四川发生明显产业转入现象。

第三部分主要分析改革开放以来我国的劳动力就业状况。改革开放以来，我国就业总体呈现稳步增长态势。对于就业结构，从城乡分布看，农村劳动力向城镇流动趋势明显，农村就业人口比重与城镇就业人口比重的差距在逐渐缩小，农村就业率不断上升、城镇就业率不断下降，这在一定程度上是我国市场化改革进程与经济增长模式演变的反映；从产业分布看，三次产业就业结构由传统的"一

· 101 ·

二三"转变为"一三二",进一步转变为"三一二",逐步趋向合理。对于地区分布,我国就业区域分布不均衡,东部就业人口比重最大,对其他地区产生就业替代,近年来就业的区域不均衡程度有所改善;制造业区域就业不均衡更为明显,呈"极度东倾"态势,从动态趋势看,近年来各地区制造业就业的不均衡性得到改善。

第四部分是对产业转移和劳动力就业进行对比分析,结果发现:我国大规模产业转移从 2005 年左右开始,主要是由东部向中部、西部地区转移。产业转移在一定程度上使中部、西部劳动力向东部流动速度减缓,带动中部、西部外出劳动力回流,但这种影响不明显,产业转移通过引发劳动力流动而带来的各地就业变化有滞后性。这与产业转移的结构、新一代农民工成为劳动力流动主体、中西部就业环境、外出务工者在外定居等诸多因素相关。

第四章 产业转移的就业空间重构效应

"区际产业转移既是对区际商品贸易与要素流动的一种替代,又会促进劳动力、资本和技术等要素在区域间的流动"(张可云,2001)。可见,产业转移会带动劳动力在各区域之间的流动,而劳动力流动必然会引起就业空间的分布变化。就业空间分布是劳动力要素在不同区域配置的一种表现,劳动力流动与就业空间分布两者密切相连。在产业区际转移的过程中,劳动力流动与随之而来的就业空间分布变化已成为明显的经济现象。

第一节 我国劳动力流动现状

改革开放以来,东部沿海凭借区位优势和优惠政策发展迅速,成为我国改革开放和经济发展水平最为迅速的地区,与内陆地区的经济差距不断扩大。与此同时,计划经济时期长期束缚人口流动的一系列制度藩篱逐渐被废除,大量劳动力开始由农村、农业部门向城市、非农业部门流动,且流动规模日益扩大,从而开启了人类历史上最大规模的劳动力流动(Wang、Zuo,1999)。劳动力流动,特别是劳动力的跨地区流动已成为我国经济迅速发展过程中的一个重要特征。据统计数据显示,1983年我国外出就业的农民数量约为200万,到2013年增加到1.66亿,30年间增长了83倍,年均增长21%。在劳动力的宏观流向上,改革开放后主要是由中西部等内陆地区流向东部沿海,但近年来农民工返乡回流迹象日益明显,开始由跨省就业向省内就地就近就业转变,使我国"极度东倾"的就业格局开始发生变化。可见,研究劳动力流动特别是劳动力跨区域流动对理解我国就业空间分布具有重要意义。

一、劳动力流动的特征

（一）劳动力流动阶段

根据改革开放以来我国针对劳动力流动制定的政策措施以及劳动力流动的规模变动，将1978~2012年的劳动力流动划分为五个阶段：

第一阶段为严格控制（1978~1983年）。1978年我国实行农村家庭联产承包责任制，调动农民生产积极性，极大地提高了农业生产率，使劳动力流动成为可能。但在改革开放初期，一些限制农村人口进入城镇的政策并未有根本性改变，如城乡分割的户籍、就业制度，而且，当时国内消费品特别是农副产品供给不足、大批下乡知青及下放职工返城就业，城镇就业压力加大。因此，20世纪80年代初国家相关文件中仍明令："严格控制农村劳动力流入城镇"，"严格控制使用农村劳动力"，"严格控制农村劳动力进城做工和农业人口转为非农业人口"①。

第二阶段为允许流动（1984~1992年）。此阶段我国城市发展迅速，日益繁荣的城市经济和非公有制经济引发劳动力需求激增，农业劳动生产率提高释放的大量农村剩余劳动力，亟须向城镇、非农产业转移。在此背景下，中共中央《关于1984年农村工作的通知》决定"各省、自治区、直辖市可选若干集镇进行试点，允许务工、经商、办服务的农民自理口粮到集镇落户"②。这标志着限制城乡人口流动的政策开始松动，农村劳动力向城镇和非农产业部门快速转移，据统计，1984年农村劳动力转移数量为4283万人，1992年增加到9765万人。在此阶段，我国乡镇企业发展迅速，吸纳大量劳动力，据统计，1984年乡镇企业就业数为5208万人，到1992年达10625万人。这一时期，劳动力跨省流动逐步增加，主要是由于快速发展的乡镇企业大多集聚在东部沿海及大中城市附近，中部、西部等内陆地区的劳动力在就地就近就业的同时，开始向东部沿海大规模流动。1989年我国出现首次外出就业高峰——"民工潮"，农村劳动力流动数由20世纪80年代初的约200万人骤增到3000万人，跨省流动达700万人，主要是从内陆流向东部沿海（崔传义，1997）。由于劳动力大规模流动对交通、治安等方面造成巨大压力，政府采取"严格控制当地农民工外出"（1989）、"引导农民工'离土不离乡'"（1990）、"从严或暂停办理农民工外出务工手续"（1991）等措施加强对农民工进城务工的控制和管理。

第三阶段为引导流动（1993~2001年）。1992年邓小平南方谈话之后，

---

① 樊士德：《中国劳动力流动——社会经济政策演化脉络与效应研究》，《人口学刊》2013年第5期。

② http://www.china.com.cn/aboutchina/data/zgncggkf30n/2008-04/09/content_14685167.htm.

我国掀起新一轮改革开放高潮,东部沿海经济发展突飞猛进,劳动力需求激增,引发各地劳动力流向东部沿海。据统计,1993年,全国外出就业农民工数量达6000万,其中约2200万属于跨省流动,到2001年外出就业农民工增加到8961万人,跨省流动农民工达3625万,中西部是劳动力的主要流出地,东部沿海地区和城市是主要流入地。在此阶段,国家对劳动力流动的政策由以往的"控制盲目流动"转变为"鼓励和引导农村剩余劳动力逐步向非农产业转移和地区间有序流动"①,改革小城镇户籍管理制度,允许使用"蓝印户口"。

第四阶段为扶持流动(2002~2007年)。自2002年我国加入WTO后,经济进入新一轮高速发展阶段。东部的私营、民营及其他非公有制企业迅速发展,外商直接投资规模日益扩大,劳动力需求急剧增加,持续扩大的地区间、城乡间收入差距,进一步加速了劳动力流动。这一时期,政府出台了一系列政策措施,逐步取消对农民工进城的各种制度障碍,保障进城务工人员的合法权益。如2002年党的十六大报告②提出"农村富余劳动力向非农产业和城镇转移,是工业化和现代化的必然趋势,要消除不利于城镇化发展的体制和政策障碍,引导农村劳动力合理流动";2006年,国务院《关于解决农民工问题的若干意见》③指出"农民工问题事关我国经济和社会发展全局,维护农民工权益是需要解决的突出问题,解决农民工问题是建设中国特色社会主义的战略任务"。在多方面因素影响下,这一阶段劳动力流动非常活跃。据统计,2002年我国外出就业农民工数量达9430万,到2007年这一数据已增加到1.37亿。

第五阶段为劳动力回流(2008年至今)。受金融危机影响,我国经济增长速度放缓,东部沿海地区的外向型和劳动密集型企业受到剧烈冲击,引发2008年春节前后大规模农民工离城返乡就业,出现"劳动力回流"。同时,随着我国加快产业结构调整步伐,东部地区为率先实现产业转型升级,积极引导低端传统产业向内陆地区转移,以实现"腾笼换鸟",这也带动部分劳动力回流。据相关数据显示,我国农民工总量从2008年的2.25亿增加到2013年的2.69亿,但其增速却在不断下降:2008年农民工总量呈负增长,2009年有所回升,2010年的增速为5.42%,自此之后便不断下降,2013年增速降为2.41%;外出农民工的增速也由2010年后逐步下降(见表4-1)。

---

① http://www.people.com.cn/item/20years/newfiles/b1080.html.
② http://www.fmcoprc.gov.mo/chn/zgwj/t10855.htm.
③ http://www.gov.cn/zhengce/content/2008-03/28/content_6668.htm.

表4-1 2007~2013年我国农民工的数量及增速变化

指标＼年份	2007	2008	2009	2010	2011	2012	2013
农民工总量（万人）	22600	22542	22978	24223	25278	26261	26894
外出农民工（万人）	13700	14041	14533	15335	15863	16336	16610
农民工总量增速（%）	—	-0.26	1.93	5.42	4.36	3.89	2.41
外出农民工增速（%）	—	2.49	3.50	5.52	3.44	2.98	1.68

注：2007年数据根据相关统计资料估计。
资料来源：根据国家统计局发布的《2013年全国农民工监测调整报告》计算整理。

(二) 劳动力流动特征

1. 劳动力流动的数量

我国劳动力流动规模呈不断扩大态势，特别是劳动力的省际流动。据我国人口普查数据显示："五普"（2000年）时劳动力省际流动为4241.9万人，到"六普"（2010年）时已增加至8587.6万人，增幅高达102.45%；"五普"时跨省流动劳动力占流动总数的比重为29.38%，"六普"时增加到32.56%，年均总人口流动率也从10.94%上升至17.31%。不管是从流动数量还是从流动人口比重都可以发现，我国劳动力流动规模在不断扩大。

2. 劳动力的地区流向

借鉴纪韶、朱志胜（2013）对我国三次人口调查（1995~2010年）数据的比较发现：东部是省际劳动力主要流入地，典型流入省市为广东（1506.48，2159.95，2149.78）①、浙江（368.89，819.87，1182.4）、上海（313.49，612.99，897.7）、江苏（253.69，559.72，737.93）、北京（246.32，449.03，704.45）和福建（214.53，374.53，431.36），这6省市流入总数分别占当期全国总数的68.45%、75.19%和71.07%；中部、西部是劳动力主要流出地，典型流出省市有四川（693.78，773.5，890.51）、安徽（432.58，760.44，962.26）、湖南（430.69，616.37，722.89）、江西（368.03，490.54，578.74）、河南（307，596.9，862.62）和湖北（280.52，470.14，588.98），这6省市流出总数在当期的占比分别为59.23%、56.03%和53.64%（见表4-2）。可见，我国劳动力的跨省流动有明显的地区集中化特征，在劳动力流入地表现尤为突出。

---

① 括号内的数据依次表示1995~2000年、2000~2005年和2005~2010年劳动力的流动数量，单位为万，下同。

表4-2 1995~2010年我国各地区劳动力流动的变化

年份 指标 地区	1995~2000			2000~2005			2005~2010		
	流入（万人）	流出（万人）	净流入率（%）	流入（万人）	流出（万人）	净流入率（%）	流入（万人）	流出（万人）	净流入率（%）
全国	4241.86	—		6618.1	—		8587.63	—	
东部	3211.45	719.9	—	5453.43	1030.84	—	6813.64	1512.82	—
北京	246.32	9.17	18.77	449.03	19.71	29.75	704.45	27.44	34.86
天津	73.5	8.25	6.81	156.03	13.87	14.02	299.15	27.31	13.54
河北	93.05	121.9	-0.44	114.98	185.41	-1.04	140.47	349.83	-2.29
山东	103.32	110.46	-0.08	167.68	188.29	-0.23	211.56	309.57	-0.83
上海	313.49	14.27	20.33	612.99	18.53	35.31	897.7	25.03	43.89
江苏	253.69	171.56	1.14	559.72	236.06	4.37	737.93	305.89	5.12
浙江	368.89	148.25	4.97	819.87	162.71	14.01	1182.4	185.39	20.22
福建	214.53	81.06	4.04	374.54	128.44	7.07	431.36	166.73	6.15
广东	1506.48	43.04	20.22	2159.95	55.65	25.78	2149.78	88.06	21.05
海南	38.18	11.94	3.5	38.64	22.17	2.04	58.85	27.58	3.14
中部	258.54	1849.33	—	271.79	2985.76	—	457.98	3823.82	—
山西	66.74	30.51	1.15	54.34	51.37	0.09	93.17	108.33	-0.41
安徽	23.01	432.58	-6.69	45.52	760.44	-11.32	71.75	962.26	-14.02
江西	25.31	368.03	-8.25	33.05	490.54	-10.8	59.99	578.74	-11.48
河南	47.62	307	-2.8	36.67	596.9	-5.85	59.21	862.62	-7.81
湖北	60.97	280.52	-3.73	60.09	470.14	-6.87	101.36	588.98	-8.1
湖南	34.88	430.69	-6.12	42.12	616.37	-8.71	72.5	722.89	-9.95
东北	174.04	214.47	—	238.32	382.45	—	274.94	494.05	—
辽宁	104.52	36.19	1.65	146.33	64.61	1.94	178.65	101.4	1.78
吉林	30.86	60.87	-1.14	39.83	108.42	-2.54	45.65	137.29	-3.02
黑龙江	38.66	117.4	-2.1	52.16	209.42	-4.14	50.64	255.36	-5.04
西部	597.83	1458.16	—	654.55	2219.04	—	1041.07	2756.94	—
广西	42.82	244.18	-4.35	48.47	374.68	-6.82	84.18	418.46	-6.82
重庆	40.32	100.58	-2.81	46.32	307.86	-8.49	94.52	350.69	-8.52
四川	53.62	693.78	-6.85	66.04	773.5	-8.22	112.86	890.51	-8.79
贵州	40.85	159.65	-3.29	50.34	306.03	-6.72	76.33	404.86	-8.1
云南	116.44	34.35	1.99	106.54	85.92	0.47	123.65	148.24	-0.73

续表

年份 地区	1995~2000			2000~2005			2005~2010		
	流入 (万人)	流出 (万人)	净流入率(%)	流入 (万人)	流出 (万人)	净流入率(%)	流入 (万人)	流出 (万人)	净流入率(%)
西藏	10.87	1.98	3.55	5.62	2.61	1.12	16.54	5.52	3.56
陕西	42.6	80.45	-1.06	49.66	142.07	-2.51	97.44	196.06	-2.34
甘肃	22.79	58.59	-1.43	21.35	88.36	-2.58	43.28	159.33	-3.81
青海	12.43	9.5	0.59	16.29	16.36	-0.02	31.84	24.21	0.92
宁夏	19.19	9.02	1.91	15.31	12.95	0.41	36.85	22.58	2.39
新疆	141.11	15.63	7.19	135.72	20.54	5.97	179.16	29.73	6.55
内蒙古	54.79	50.46	0.19	92.89	88.16	0.2	144.42	106.76	0.89

资料来源：纪韶、朱志胜：《中国省际劳动力流动的特征演变及经济合理性研究：1995~2010》，《经济与管理》2013年第8期。

根据国家统计局历年的《农民工监测调查报告》可以发现（见图4-1），外出农民工主要集中在东部地区，但近年来东部地区吸纳的农民工数量有下降趋势，中西部吸纳的农民工数量有所上升。以2012年为例，我国农民工总量达26261万，其中，16980万在东部务工，占农民工总量的64.7%，与2011年相比下降0.7个百分点；在中部、西部务工的农民工占比仅为17.9%和17.1%，与2011年相比分别提高了0.3个百分点和0.4个百分点。从跨省流动农民工看，2012年流动规模仅比2011年增长2.3%，占比（46.8%）下降了0.3个百分点，

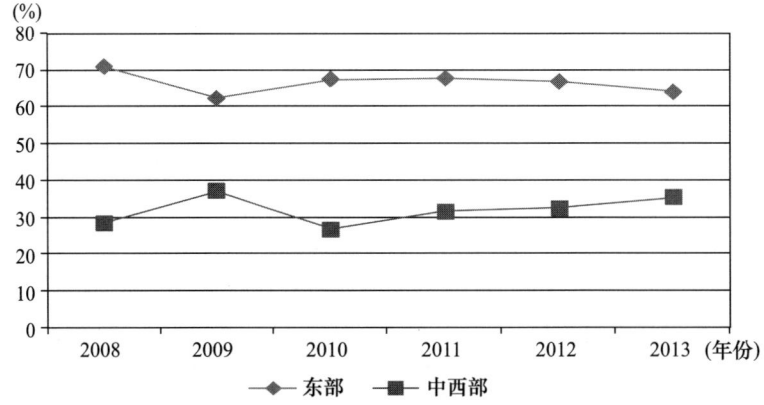

图4-1　2008~2013年我国各地区吸纳的外出农民工人员比重

资料来源：2009~2013年《农民工监测调查报告》，作者计算整理。

而在省内流动的农民工规模有较大幅度增长（3.6%），即外出农民工的增加主要是省内流动农民工数量大幅增加。分地区看，东部83.7%的外出农民工在省内务工，而中部、西部则以跨省务工为主，分别占66.2%和56.6%，但近年来中西部农民工在省内务工比例有明显增加趋势。综上表明，近年来我国劳动力流动的空间布局开始发生变化，中西部劳动力在向东部流动的同时出现"回流"迹象，劳动力就地就近就业趋势明显。

3. 劳动力的产业流向

我国劳动力主要是向第二产业、第三产业流动，就具体行业而言，国务院发展研究中心农村部课题组通过实地调查研究发现，在2008年前劳动力流动的行业结构有以下特征："一是以制造业和建筑业为主，流向制造业比重最高；二是流向服务业的比重稳中有升，尤其是城市服务业的比重；三是流向外向型制造业的比重逐步上升。"金融危机后，劳动力流动的行业结构发生了新的变化。根据《农民工监测调查报告》显示，2009年外出农民工中流向制造业的比重（39.1%）依然最大，但与2008年相比已下降2.6个百分点，流向建筑业（17.3%）、服务业（11.8%）、批发零售和住宿餐饮业（7.8%）的农民工与2008年相比均有所增长；到2013年，流向制造业农民工比重仍是最大的，但已降到35%，流向建筑业、服务业、批发零售和住宿餐饮业的比重分别增加到23.5%、14%、15.1%；2013年外出的新生代农民工达10061万，占外出农民工60.47%，这部分农民工以流向制造业为主，流向建筑业的数量不及老一代农民工的一半，流向住宿餐饮、批发零售等服务业的比重也有大幅提高。可见，现阶段我国劳动力主要是流向制造业，但在产业结构转型升级步伐加快、新生代农民工文化水平提高等背景下，劳动力向零售、餐饮、娱乐等服务业流动的态势日趋明显。

4. 劳动力的受教育程度

总体而言，我国流动劳动力的受教育水平在不断提高，且受教育程度不同的劳动力具有不同的流动特征。通过分析"五普"、"六普"数据（见表4-3）发现：未受过教育及受过初等教育劳动力的跨省流动性增强，在省内流动规模趋于下降；受过高等教育的劳动力跨省流动规模不断下降，在省内流动性趋于上升；与"五普"比，"六普"时受过高等教育的劳动力在省内流动的比重由15.86%增加到22.26%，省际流动比重由12.04%下降到9.43%；受过中等教育的劳动力流动性最强，"六普"时其省际、省内流动比重达65.33%、58.96%。就不同区域而言，东部受过高等教育的流动劳动力更倾向于省内流动，在省际流动的劳

---

① 1980年及以后出生的农民工。

动力比重不断下降；中部、西部具有高等教育水平的省际流动劳动力比重均高于东部，但呈明显下降态势，省内流动比重出现大幅上升。根据以上分析可知，具有中等教育水平的劳动力流动性最强，受过高等教育的倾向于在省内流动，未受过教育和受过初等教育的倾向于在省际流动。

表4-3 "五普"、"六普"时期省际和省内流动人口的受教育程度比较

指标	地区	省际				省内			
		全国	东部	中部	西部	全国	东部	中部	西部
未上过学	五普（%）	1.64	1.42	2.37	3	3.68	2.9	3.61	5.83
	六普（%）	3.19	2.43	4.93	6.23	2.28	1.83	2.19	3.49
初等教育	五普（%）	18.04	17.43	18.12	23.5	18.37	16.31	18.52	23.42
	六普（%）	22.05	20.38	24.88	29.59	16.51	14.35	16.24	22.11
中等教育	五普（%）	68.29	70.48	57.73	56.87	62.09	64.05	62.18	56.91
	六普（%）	65.33	69.61	52.32	50.82	58.96	59.22	60.9	55.28
高等教育	五普（%）	12.04	10.67	21.79	16.63	15.86	16.74	15.69	13.85
	六普（%）	9.43	7.58	17.87	13.36	22.26	24.6	20.67	19.12

资源来源：于潇、李袁园、雷峻一：《我国省际人口迁移及其对区域经济发展的影响分析——"五普"和"六普"的比较》，《人口学刊》2013年第3期。

5. 新生代流动人口

近年来，我国劳动力流动的一个重要变化是1980年及以后出生的新生代流动人口大幅增加，逐渐成为劳动力流动的主体。据统计，2013年新生代流动人口达1.25亿，占流动人口总量的46.6%。与老一代相比，新生代流动人口有年龄更轻、受教育程度更高、流动距离更长、思想观念更趋于城市化等特征。据统计，2013年，新生代流动人口中有初中文化水平的占60.6%，高中占20.5%，大专及以上占12.8%，初中以下文化程度仅有6.1%；而老一代流动人口中24.7%的仅有初中以下文化程度，高中占12.3%，大专及以上只有1.8%；就初次外出的平均年龄而言，新生代流动人口是21.7岁，老一代则为35.9岁；绝大多数新生代流动人口没有从事过农业生产，或者从事农业生产的技能非常弱，2013年未从事过任何农业生产劳动的新生代流动人口比重高达87.3%。作为新一代流动人口，他们在生活习惯、价值观念、行为方式等方面与老一代不同，他们向往城市生活，进城务工不仅是为赚钱，更期望落户城市、融入城市，工作中希望得到尊重，对健康、娱乐、文化等精神需求要求增强。

二、劳动力流动的动因

劳动力流动存在政治、经济、文化、环境等诸多影响因素，大量研究表明，区域间经济利益差异是导致劳动力流动最主要的因素，追求更高收入是个体劳动力流动的根本动因（高国力，1995）。换言之，经济动因是影响劳动力流动最主要的因素。具体而言，劳动力流动的经济动因主要通过以下几个方面发挥作用：

（一）劳动力供求不平衡

不同地区劳动力的供给、需求有很大差异，主要有两方面因素影响劳动力的供求：一是自然因素，如人口绝对密度、数量等；二是社会因素，如经济发展水平、速度等。地区经济发展水平和速度对劳动力需求会产生直接影响，若地区经济发展迅速，经济规模不断扩大，自然会增加对劳动力的需求。当地区经济发展对劳动力的需求超出当地人口自然增长速度时，会出现区域性劳动力短缺，引发其他地区过剩劳动力的流入。

（二）经济发展水平不同

经济发展水平差异既是决定劳动力供求的一个重要因素，也是影响劳动力流动的重要原因。经济发达地区往往意味着就业机会多、工资水平高、生活水平好、服务设施完善等，其中，就业机会多少是地区经济发展水平的一个直观体现，也是引发劳动力流动的重要因素。经济发达地区的工业化、城镇化水平较高，可提供大量就业岗位，对欠发达地区劳动力流动产生"拉力"，欠发达地区相对较少的就业岗位对其则形成"推力"，在这两种力量的共同作用下欠发达地区的劳动力会不断流向发达地区，进而引起就业空间分布的变化。例如，改革开放后东部沿海经济发展突飞猛进，与内陆经济差距不断扩大，在追求更高收入、更多就业机会的驱使下，劳动力向东部沿海大规模流动。杨云彦等（2003）分析指出，影响我国 20 世纪 90 年代劳动力省际流动的一个重要因素是地区间就业机会的差异。据统计，1990～1995 年中部、西部外流人口中流向东部的比重分别为 71.52%、58.29%，到 1995～2000 年这一比重提高到 83.53%、70.12%。

（三）劳动力工资差别

同质劳动力在各区域间的工资差距也会引发劳动力跨区域流动。从短期来看，劳动力会从工资低的地区流向工资高的地区，地区间工资差距是主要推动力；从长期来看，随着人们收入水平的提高，人们开始关注生活水平和质量，实际工资收入对劳动力流动有决定性作用。即地区间工资差距引发劳动力流动有一定的阶段性。例如，改革开放后东南沿海率先实施对外开放和出口导向型战略，促进大量外向型劳动密集型产业迅速发展，劳动力需求急剧增多，引发周边劳动力在此集聚。20 世纪 90 年代后，长三角和京津冀地区发展步伐加快，与珠三角一起成为三大经济增长极,东部劳动力需求进一步增加及因劳动生产率提高而拥有的高工资水平,引起大规模劳动力向东部流动,出现"民工潮"。进入21世纪后,我国全方位开放格局逐步形成,实施了西部大开发、中部崛起等区域发展战略,内陆地区经济迅速发展,地区工资水平得到提高,而此时东部沿海地区的工资上升幅度难以弥补其生活成本的上升,特别是对在城市工作却没有城市户籍的流动人口而言,他们在子女教育、住房、就业、社会保障等方面受到严格限制。地区间实际工资水平差距逐步缩小,劳动力流动的机会成本提高、预期收益降低,据统计,2008~2013年河南、重庆平均工资增幅分别为110%和84%,而上海、深圳仅有78%、77%[①]。因此,地区间工资水平的变化使得我国劳动力流动由原来单一向东部沿海流动,变成以各个区域经济增长极为中心的多个旋涡型劳动力流动格局(陈新焱等,2011)。

(四)经济周期造成的波动

通常情况,当地区经济发展处于繁荣或高涨期时,企业发展动力足、开工率高,对劳动力需求大,相应的就业机会多、工资报酬高,会吸引其他地区劳动力向本地流入。相反,当地区经济处于衰退阶段时,企业生产规模萎缩、开工率不足,劳动力需求大幅下降,劳动要素报酬降低,失业率上升,不仅会抑制劳动力的流入,还会引发外来劳动力回流或本地劳动力外流。同时,一些局部性危机、灾难等因素也易导致经济出现大幅波动,影响劳动力流动。例如,受2007年美国引发的全球金融危机影响,东部沿海大量外向型企业出现减产、裁员甚至倒闭现象,导致大量失去工作或找不到工作的农民工开始从东部沿海向内陆回流。据统计,2008年全国1.3亿外出农民工中有约2000万农民工因失业而回流(潘隽,2010)。

此外,影响劳动力流动的还存在一些其他因素,例如,克鲁格曼等从空间经济学角度分析,认为产业集聚是影响劳动力流动的重要因素;产业结构、市场可达性、外商直接投资、政府转移支付等因素也会对劳动力流动产生重要影响。而且,除经济因素外,个人(年龄、性别、受教育水平等)、制度和政策(劳动力市场管理制度、户籍制度、住房政策、区域经济发展战略等)等也会影响劳动力流动。

三、劳动力流动的影响

作为一种极其重要的生产要素,劳动力流动必然会引起各地要素禀赋的变化,对地区发展产生深远影响。

---

① 数据来源:《从富士康看中国劳动力短缺趋势》,《九江晨报》,2013年4月1日第A14版。

(一) 地区就业格局

劳动力流动势必会改变就业空间分布格局，就业空间分布是劳动力要素在不同区域配置的一种表现，劳动力流动与就业空间分布紧密相连。改革开放后，大量劳动力从中西部向东部沿海流动形成"民工潮"，这种大规模的"移民就业"（将劳动力转移到有就业岗位的地区）造成劳动力过度集中于东部沿海，导致我国就业空间分布极不均衡。进入21世纪后，我国对区域发展战略进行重大调整，提出"引导和鼓励东部沿海地区产业向中西部地区有序转移"政策，在一定程度上减缓了劳动力向东部的流动速度，并引发外出劳动力向中西部回流，进而导致劳动力就业空间格局发生变化。

劳动力流动对流出地和流入地的就业也会产生深刻影响，以流入地为例，劳动力流入可增加当地就业总量，产生就业关联效应。一方面，劳动力流入在直接增加流入地劳动力供给、填补职位空缺的同时，还会引起流入地工资水平下降，降低企业生产成本、提高收益，促进企业扩大生产规模，从而进一步增加劳动力需求。另一方面，劳动力本身是消费者，劳动力流入会刺激流入地消费需求，如日常生活支出、娱乐、教育、住房、交通等，消费需求的增多势必会带动相关产业发展，进而创造大量就业机会。

(二) 产业空间结构

劳动力既是生产过程中最具有主观能动性、最活跃、最积极的因素，也是最具决定性的因素。劳动力流动可通过影响流入地和流出地的产业发展进而导致全国产业空间结构发生变化：就流入地而言，劳动力流入会刺激本地消费需求，带动相关产业流入、刺激新兴产业崛起，可能与本地产业一起形成产业集聚；从流出地来看，短期内劳动力流出意味着就业岗位的流出，会引发产业外移或改造，"倒逼"本地产业结构转型升级。

新经济地理学对这一问题进行深入分析，此理论认为，不同作用机制下劳动力流动会产生两方面效应：一是劳动力流动推动产业空间集聚。其逻辑为：劳动力流动意味着原有收入、支出水平在地区间转移，引起各地市场规模发生变化，企业倾向于在市场规模较大地区组织生产，而且区位一旦形成，会吸引更多企业的集聚，大量企业集聚区商品价格相对较低，会进一步吸引劳动力流入，即存在"市场接近效应"和"生活成本效应"，在这两方面交互作用下可促成产业集聚。二是劳动力流动导致产业空间转移。其逻辑为：企业和劳动力在某地区大量集聚导致该地区薪资水平与其他地区相比较高，在产业集聚的强化过程中会出现地区间工资差距不断扩大、区域间地租差异日益明显、"拥挤效应"突出等问题，这些会形成产业集聚的"离心力"，引发企业向生产成本较低的外围地区迁移，发生产业的空间转移。

(三) 区域发展差距

经济发展水平的区域差异是引发劳动力流动的一个重要原因，劳动力流动反过来也会对区域经济发展差距产生深刻影响。但劳动力流动对区域间经济发展差距的作用是扩大还是缩小，目前尚未形成一致结论，主要存在以下三种不同观点：

第一种观点认为，劳动力流动会缩小地区差距。此观点的理论基础是新古典经济理论，该理论认为地区间的要素流动会加快地区间经济增长收敛的速度。Lewis 和 Todaro 等提出的劳动力流动模型虽然未直接说明劳动力流动可缩小地区差距，但都暗含此含义。林毅夫等（1998）指出，中西部可通过培育劳动力市场、促进劳动力流动等途径加快自身发展，背后也隐含了劳动力流动可缩小地区差距的含义。李实（1999），王小鲁、樊纲（2004），袁晓玲、张宝山、胡得佳（2009）等也持有此观点。

第二种观点认为，劳动力流动会扩大地区差距。以克鲁格曼为代表的新经济地理学派认为，在市场接近效应和生活成本效应的影响下，劳动力流动会导致地区间人口、产业分布趋异，形成"中心—外围"格局。蔡昉（2005）分析指出，劳动力流动缩小地区差距存在附加条件，"工业发展有排斥就业倾向、农业和农村发展不足、城市劳动力市场存在歧视"使我国出现"劳动力流动与地区差距同时扩大的悖论"。杨云彦（1999）、肖六亿（2007）、段平忠（2008）、樊士德等（2011）等也认为劳动力流动会扩大地区差距。

第三种观点较为折中，认为劳动力流动可能缩小也可能扩大地区差距。Etsuro Shioji（2001）提出"迁移之谜"，即有的国家劳动力流动扩大了地区间差距，而有的国家劳动力流动则使区域经济趋同，这与传统理论认为的劳动力流动导致地区间经济增长水平收敛存在冲突。赵伟等（2007）认为，劳动力分为高技能劳动力和低技能劳动力两种，前者流动形成的集聚效应倾向于扩大地区收入差距，而后者流动则会延缓地区收入差距的扩大。

(四) 城镇化进程

城镇化过程主要表现为农村人口变为城镇人口、城镇人口比重不断提高，劳动力由农村向城镇流动是推动城镇化进程的一个重要动力。具体而言，劳动力流动推动城镇化进程的作用主要表现在：一是为城镇发展提供大量劳动力，弥补劳动力供给不足，满足城镇快速发展对劳动力的需求，缓解城镇化过程中"用工难"问题；二是可提高城镇购买力，劳动力既是生产者也是消费者，劳动力大规模流入会刺激城镇商业、服务业、交通运输业、通信业等产业发展；三是为城镇工业化贡献力量，劳动力流动会加快第一产业向第二产业、第三产业转变，推动工业化快速发展，而工业化发展会推动城镇化进程。可见，劳动力流动是推动城镇化进程的一个重要力量。

然而，2013年按照现行统计口径（常住人口）测算的我国城镇化率达53.37%，依据户籍人口计算的户籍镇化率（非农户籍人口比重）仅为27.6%，低于现行统计口径下城镇化率25.77个百分点。这意味着我国存在着众多生活在城镇却无城镇户籍的流动人口，这部分人口对我国"城镇化率"指标的贡献接近1/2，但他们却因户籍限制在教育、就业、社保、住房等方面无法享受到与城镇户籍人口同等的福利待遇。我国劳动力由中西部等欠发达地区向东部发达地区大规模流动，使劳动力流出和流入省的城镇化率都有不同程度的提高①，但因城镇吸纳流动人口能力有限，大部分流动人口无法实现市民化，这与城镇化的实质是相悖的。近年来在东部产业大规模向中西部转移形势的带动下，外出劳动力向中西部回流的迹象日趋明显，这将会带动中西部地区的城镇化进程，促进城镇各项建设事业逐步完善，不断提高城镇的竞争力，扩大城镇就业吸纳能力，使中西部人口实现"就地城镇化"，减少人口大规模流动，提高我国城镇化质量。

第二节 产业转移与劳动力流动的规律

产业转移实际上是各类要素在地区间流动和重新聚集的过程，特别是劳动力要素的流动。产业转移影响就业空间分布、导致就业空间重构的中介是产业转移带动劳动力流动，并与其形成互动发展关系。本节在克鲁格曼（1999）"中心—外围"模型的基础上，借鉴朱希伟（2004）的分析方法，不考虑商品空间运输成本，探讨产业转移与劳动力流动的变化规律②。

克鲁格曼在假定要素流动无成本、产品运输有成本的前提下，揭示了初始状态相同的两地，因具有报酬递增的制造业企业为实现规模经济、降低运输成本而选择"接近市场"的区位，进而形成产业空间集聚（即"中心—外围模型"），在此过程中劳动力流动的高度弹性是关键。然而，受户籍制度及附在其上的福利待遇的限制，我国劳动力跨区域流动成本比较高。因此，为更好地解释我国东部产业向中西部等内陆地区转移，以及劳动力跨区域流动问题，本节做以下假设：一个国家仅存在两个地区——经济发达地区和经济欠发达地区；经济发达地区是工业区，只有工人，经济欠发达地区是农业区，只有农民，部分农民具有转变为

---

① 根据现有统计口径，人口流入省通过吸纳大量外省人口、增大分子而提高城镇化率，人口流出省通过输出大量人口、减小分母也提高了城镇化率。

② 感谢师兄皮亚彬对此章节理论模型构建的帮助。

工人的可能性;发达地区工业品的生产有规模报酬递增的生产技术,欠发达地区农产品的生产是规模报酬不变的状态;产品在两地之间贸易不存在运输成本,劳动力由欠发达地区向发达地区流动存在成本,假定流动成本系数为 $\gamma(0<\gamma<1)$。

一、消费者偏好

假定经济发达地区和经济欠发达地区的居民有相同偏好,代表性消费者的效用函数可表示如式(4-1)所示:

$$U = \frac{1}{\mu^\mu (1-\mu)^{1-\mu}} M^\mu A^{1-\mu} \tag{4-1}$$

其中,M 代表工业品的消费组合,A 是农产品的消费量,μ 是工业品的支出份额,代表地区的工业化水平。M 是定义在工业品种类的连续空间上的子效用函数,如式(4-2)所示:

$$M = \left(\int_{i=0}^{N} c_i^{\frac{\sigma-1}{\sigma}} di \right)^{\frac{\sigma}{\sigma-1}} \tag{4-2}$$

其中,c_i 代表对第 i 种工业品的消费,N 为工业品种类数,σ 为任意两种工业品之间的替代弹性,且 $\sigma>1$。

假定 Y 为消费者总收入,P_A 为农产品价格,P_M 为工业品总消费的价格水平,其预算约束为 $M \cdot P_M + A \cdot P_A = Y$。根据消费者效用最大化行为可知,对工业品和农产品的消费量分别如式(4-3)所示:

$$\begin{cases} M = \dfrac{\mu Y}{P_M} \\ A = \dfrac{(1-\mu)Y}{P_A} \end{cases} \tag{4-3}$$

对差异化工业品 i 的消费量如式(4-4)所示:

$$C_i = \frac{\mu Y p_i^{-\sigma}}{P_M^{1-\sigma}} \tag{4-4}$$

二、生产均衡

在经济发达地区,企业生产技术具有规模报酬递增的特性,则代表性工业品的生产函数可表示如式(4-5)所示:

$$l_i^c = \alpha + \beta x_i^c \tag{4-5}$$

其中,l_i^c 为工业品生产过程中所用劳动力数量,x_i^c 为工业品产出,α 表示企业的固定投入,β 表示企业的边际成本。由于发达地区工业品的生产是规模报酬递增,有垄断竞争特征。因此,由垄断厂商追求利润最大化行为可知其工业品价格如式(4-6)所示:

$$p_i^c = \frac{\sigma}{\sigma-1}\beta W^c \tag{4-6}$$

其中，W^c 代表发达地区工人的工资水平。在垄断竞争市场上，厂商盈利或亏损时可自由进入或退出该行业，即垄断厂商超额利润为零。厂商的销售收入等于厂商的总成本，即 $l_i^c W^c = p_i^c x_i^c$。因此，可得厂商销售产量（生产规模）如式（4-7）所示：

$$x_i^c = \frac{\alpha(\sigma-1)}{\beta} \tag{4-7}$$

在欠发达地区，农业总人口中有一部分是具备从事工业生产能力的"农民工"。这部分"农民工"既可在欠发达地区就地转变为工人，也可流动到发达地区的工业生产中就业，即就近转移就业和跨地区转移就业，这主要取决于在欠发达地区和发达地区之间相对收益的比较。由于发达地区与欠发达地区之间的工业生产存在技术差异，因此，欠发达地区工业的生产函数可表示如式（4-8）所示：

$$l_j^p = \rho(\alpha + \beta x_j^p) \tag{4-8}$$

其中，$\rho > 1$，表示欠发达地区工业生产的技术水平较低，故需要投入的劳动力数量较多。换言之，$1/\rho$ 代表欠发达地区工业品的生产效率。如果欠发达地区的"农民工"在本地工业中就业，相应地会获得欠发达工业的生产技术（4-5）；如果"农民工"流向发达地区的工业中就业，就会获得发达地区工业的生产技术（4-8）。ρ 也代表产业转移的成本，其值越大，说明厂商从发达地区向欠发达地区转移产生的效率损失就越大。相应地，欠发达地区工业品的价格可表示如式（4-9）所示：

$$p_j^p = \frac{\sigma}{\sigma-1}\rho\beta \widetilde{W}^p \tag{4-9}$$

其中，$\widetilde{W}^p$ 为欠发达地区从事工业生产的工人工资水平。由于工业品的生产具有垄断竞争特征，因此，欠发达地区工业厂商均衡时的产量如式（4-10）所示：

$$x_j^p = \frac{\alpha(\sigma-1)}{\beta} \tag{4-10}$$

三、农业部门生产

对于农业生产，假定其只存在于经济欠发达地区，且具有规模报酬不变的生产技术。农业部门存在剩余劳动力，农业部门总产出与耕地数量正相关、与务农人数 L_A 无关，假设耕地总量不变，则农业总产出为常数 A，人均农业产出为 A/L_A。由农业部门劳动力总收入、农业部门总产值及消费者对农产品总支出相

等可得如式 (4-11) 所示：

$$W_A \cdot L_A = (1-\mu)Y = P_A \cdot A \tag{4-11}$$

其中，W_A 为欠发达地区农民的收入水平。以农产品为价格标的物，设农产品价格 $P_A = 1$、农业总产出 $A = 1-\mu$，则 $W_A = (1-\mu)/L_A$。由此可得：$(\partial W_A/\partial L_A) < 0$。这说明，在农业部门，务农的农民数量越多，其收入水平就会越低。

四、劳动力流动

根据以上分析可知，经济欠发达地区的"农民工"从农业部门转移到工业部门时，要么就地转变为工人，要么流向发达地区。若"农民工"就地转变为工人，这一过程是不存在转移成本的，所以仅要求其获得的工资收入不低于务农所获得的收入即可，即 $\widetilde{W}^c \geq W_A$。

若"农民工"流向发达地区从事工业生产，他们将获得与发达地区工人相同的工资水平。由于劳动力在地区间流动存在成本，流动成本系数为 γ，那么流向发达地区从事工业生产的"农民工"获得的实际收入变为 γW^c。因此，欠发达地区"农民工"跨地区流动就业的前提条件必须是，他们在发达地区从事工业生产的实际收入不低于其务农收入，即 $\gamma W^c \geq W_A$。在长期均衡的条件下，流入发达地区的"农民工"实际收入将与欠发达地区务农农民的收入相等，否则"农民工"的跨地区流动将一直存在。即均衡条件下存在如式 (4-12) 所示：

$$W_A = \gamma W^c \tag{4-12}$$

又因为 $W_A = (1-\mu)/L_A$，因此可得如式 (4-13) 所示：

$$W^c = \frac{1-\mu}{\gamma} \frac{1}{L_A} \tag{4-13}$$

由此可见：地区间劳动力流动成本的降低会引发欠发达地区"农民工"向发达地区流入，进而导致发达地区工人工资水平下降；发达地区的高工资水平会吸引欠发达地区"农民工"的流入，减少欠发达地区的务农农民数量；工业化水平的提高在一定程度上会减少欠发达地区务农农民的数量，促使"农民工"从事工业生产。

五、产业转移与劳动力流动

假定经济发达地区初始工人占全国总人口的比例为 θ_1，欠发达地区的务农农民和具备从事工业生产能力的"农民工"比例分别为 L_A 和 θ_2，即满足条件 $L_A + \theta_1 + \theta_2 = 1$。

由于发达地区和欠发达地区工业品的定价分别如式 (4-14) 所示：

第四章 产业转移的就业空间重构效应

$$\begin{cases} P_1^c = \dfrac{\sigma-1}{\sigma}\beta W^c \\ P_2^p = \dfrac{\sigma}{\sigma-1}\rho\beta \widetilde{W}^c \end{cases} \quad (4-14)$$

进一步地，由式（4-13）可得如式（4-15）所示：

$$\dfrac{P_1^c}{P_2^p} = \dfrac{1}{\rho}\dfrac{W^c}{\widetilde{W}^c} \quad (4-15)$$

若 $1/\rho < \gamma$，即因经济发达地区生产技术优势而产生的收益足以弥补劳动力跨地区流动的成本。换言之，欠发达地区"农民工"到发达地区就业获得的技术收益大于其流动成本，那么"农民工"将从欠发达地区向发达地区流动。此时，发达地区和欠发达地区的劳动力生产率差异较大，发达地区的工业生产具有比较优势，技术扩散（产业转移）水平比较弱。由于欠发达地区务农农民的收入为 $(1-\mu/L_A)$，到发达地区工业部门就业的"农民工"收入为 $[\gamma\mu/(1-L_A)]$，均衡时欠发达地区务农农民的收入与到发达地区工业部门就业获得的收入相当，即如式（4-16）所示：

$$\dfrac{\mu\gamma}{1-L_A} = \dfrac{1-\mu}{L_A} \quad (4-16)$$

由此可得欠发达地区农业部门的就业数量如式（4-17）所示：

$$L_A = \dfrac{1-\mu}{\gamma\mu+1-\mu} \quad (4-17)$$

可见，工业化水平（μ）越高，"农民工"从欠发达地区流动到发达地区的收益就越大，就越有利于推动"农民工"向发达地区流动，进而减少欠发达地区务农农民比重。其次，当 γ 增加时，劳动力跨地区流动的成本不断降低，也会吸引"农民工"向发达地区流动就业，减少欠发达地区务农农民比例。

进一步地，可以得到欠发达地区务农农民的收入如式（4-18）所示：

$$W_A = \mu(\gamma-1)+1 \quad (4-18)$$

根据式（4-17）可知，工业化水平的提高以及劳动力跨地区流动成本的降低都在一定程度上对经济欠发达地区农民的增收产生积极影响，进而会缩小区域和部门间劳动力收入差距。

若 $1/\rho = \gamma$，说明企业在发达地区与欠发达地区的生产成本相等，发达地区的产业可能向欠发达地区转移，也可能不转移。对于劳动力流动，由于发达地区与欠发达地区生产技术的差距恰好等于劳动力跨地区流动成本，欠发达地区"农民工"在本地就业和到发达地区就业所获得的收益并无差异，那么"农民工"向发达地区流动就业和在本地就业可能会同时存在。

若 $1/\rho > \gamma$，发达地区与欠发达地区之间的技术差距小于劳动力跨地区流动

· 119 ·

的成本,即经济欠发达地区"农民工"到发达地区就业获得的技术收益难以补偿其流动成本。在此阶段,随着发达地区工业的技术扩散水平增强,产业向欠发达地区转移。此时,"农民工"将从发达地区向欠发达地区回流,由跨地区流动就业向本地就业转变。均衡条件下,两地的生产成本相等,"农民工"回流结束,即 $P_1^c = P_2^c$,可得如式(4-19)所示:

$$\widetilde{W}^c = \frac{1}{\rho} W^c \tag{4-19}$$

此时,欠发达地区务农农民的收入为:

$$W_A = \frac{1-\mu}{L_A} \tag{4-20}$$

"农民工"本地转移就业的收入满足式(4-21),否则"农民工"会继续转移:

$$\widetilde{W}^c = W_A = \frac{1-\mu}{L_A} \tag{4-21}$$

发达地区工人的工资水平为:

$$W^c = \rho \frac{1-\mu}{L_A} = \rho W_A \tag{4-22}$$

进一步地,均衡时消费者对工业部门的总支出等于工业部门劳动力获得的总收入,由此可以得到:

$$\mu = W^c \theta_1 + \widetilde{W}^c (1 - \theta_1 - L_A) = \rho W_A \theta_1 + W_A (1 - \theta_1 - L_A) \tag{4-23}$$

结合式(4-21)和式(4-22),将 $1-\mu = W_A \cdot L_A$ 带入式(4-23),可得:

$$\begin{cases} W_A = \dfrac{1}{\rho \theta_1 + (1 - \theta_1)} \\ L_A = (1 - \mu)[\rho \theta_1 + (1 - \theta_1)] \end{cases} \tag{4-24}$$

由 $(dW_A/d\rho) < 0$ 可知,欠发达地区生产技术水平的提高会引发产业向其转移,吸引更多农村剩余劳动力转移到本地工业部门就业,进而不断提高当地农民收入。同时,由 $(\partial L_A/\partial \mu) < 0$,$(\partial L_A/\partial \rho) > 0$ 可知,工业化水平的提高以及欠发达地区生产技术的提升也会减少欠发达地区务农农民的数量,加快其向工业转移。

第三节 我国产业转移与就业空间变化的典型事实

产业转移不仅会直接增加转入地的就业岗位,还可间接创造就业岗位,引起劳动力流动。实际上,就业岗位和劳动力流动之间相互作用、相互影响,但劳动力流动和就业岗位哪一个是原因,哪一个是结果,尚未有一致结论。国外研究也曾对"人跟着工作岗位走",还是"工作岗位跟着人走"进行探讨,并倾向于"工作岗位跟着人走"的结论(任志成,2012)。不管是劳动力流动引起就业岗位变化,还是就业岗位变化引起劳动力流动,有一点是值得肯定的,即劳动力跨区域流动可以反映就业岗位的空间变化,就业岗位的变化也在一定程度上是劳动力流动的反映。因此,本节以劳动力流动代替就业空间变化,对我国产业区际转移引起的就业空间变化进行深入探讨。为简化分析,本节选用各地区第二产业、第三产业增加值份额代表各地非农产业概况,用第二产业、第三产业就业比重表示各地非农就业状况,增加值份额和就业份额的变化在一定程度上可以反映我国区际产业转移及劳动力跨区域流动的特征。

从图4-2和图4-3可以发现,不管是非农产业增加值份额还是非农产业就业份额,东部地区都占有绝对优势,其次是中部和西部地区,东北地区的增加值份额和就业份额都是最低的。

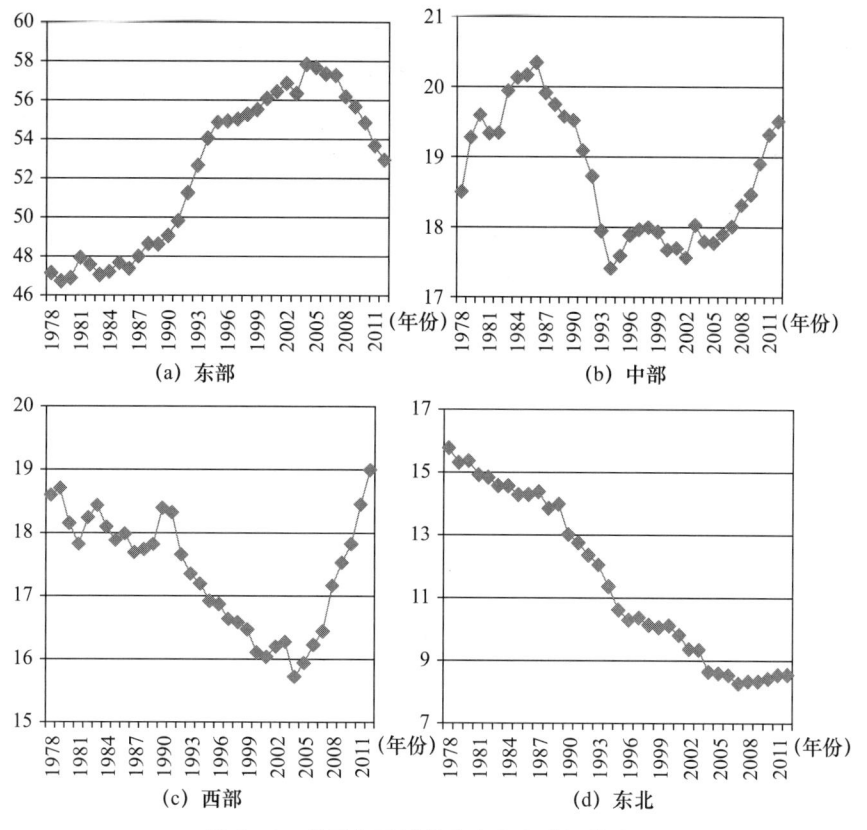

图4-2 我国各区域的非农产业增加值比重

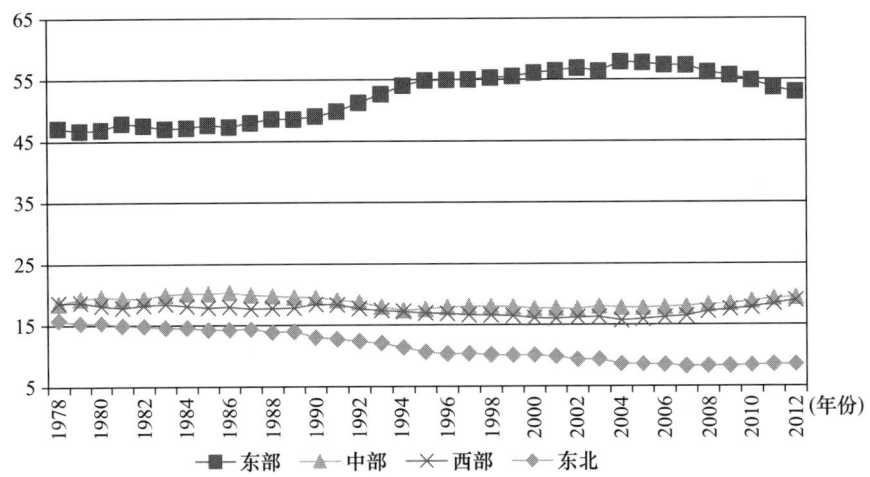

图 4-2 我国各区域的非农产业增加值比重（续图）

从变化趋势看，我国各地区非农产业增加值份额和非农产业就业份额差异十分明显。就非农产业增加值而言，自改革开放以来，东北地区的份额不断下降，自 2008 年起才有缓慢上升态势；东部非农产业增加值份额呈现阶段性变化特征，自改革开放到 20 世纪 90 年代初是在波动中缓慢上升，从 1992 年邓小平南方谈话后开始加速提高，进入 21 世纪后增速缓慢，自 2005 年开始则呈现出不断下降的态势；中部的非农产业增加值份额也表现出阶段性的变化特征，自改革开放到 20 世纪 90 年代初呈现先上升后下降的倒"U"型变化轨迹，1995~2005 年是在波动中小幅上升，自 2006 年后出现明显上升趋势；西部地区自改革开放到 20 世纪 80 年代末是在波动中缓慢下降，从 20 世纪 90 年代初到 2005 年则呈现出明显下降趋势，自 2006 年起开始大幅度上升。从非农就业看，东北地区的份额在改革开放初有小幅增加，但自 1982 年开始就处于直线下降趋势，2011 年起有上升趋势；东部地区在改革开放初期的份额也有较大幅度的增加，自 20 世纪 80 年代中期至 90 年代末未出现大幅度变化，自 1999 年开始出现大幅度增加，从 2007 年开始增速减缓；中部和西部地区的非农就业比重呈现出类似的变化特征，在改革开放初有一定程度的下降，自 1984 年左右到 20 世纪 90 年代末不断增加，自 21 世纪以来，中部非农就业比重在波动中上升，西部则处于一直下降的状态。根据各地区非农产业增加值及非农就业份额的变化，结合我国区域发展实际，将改革开放以来我国产业转移和劳动力流动划分为以下三个阶段：

一、"同向转移"

"同向转移"阶段主要是自改革开放初期到 20 世纪末，产业转移与劳动力流

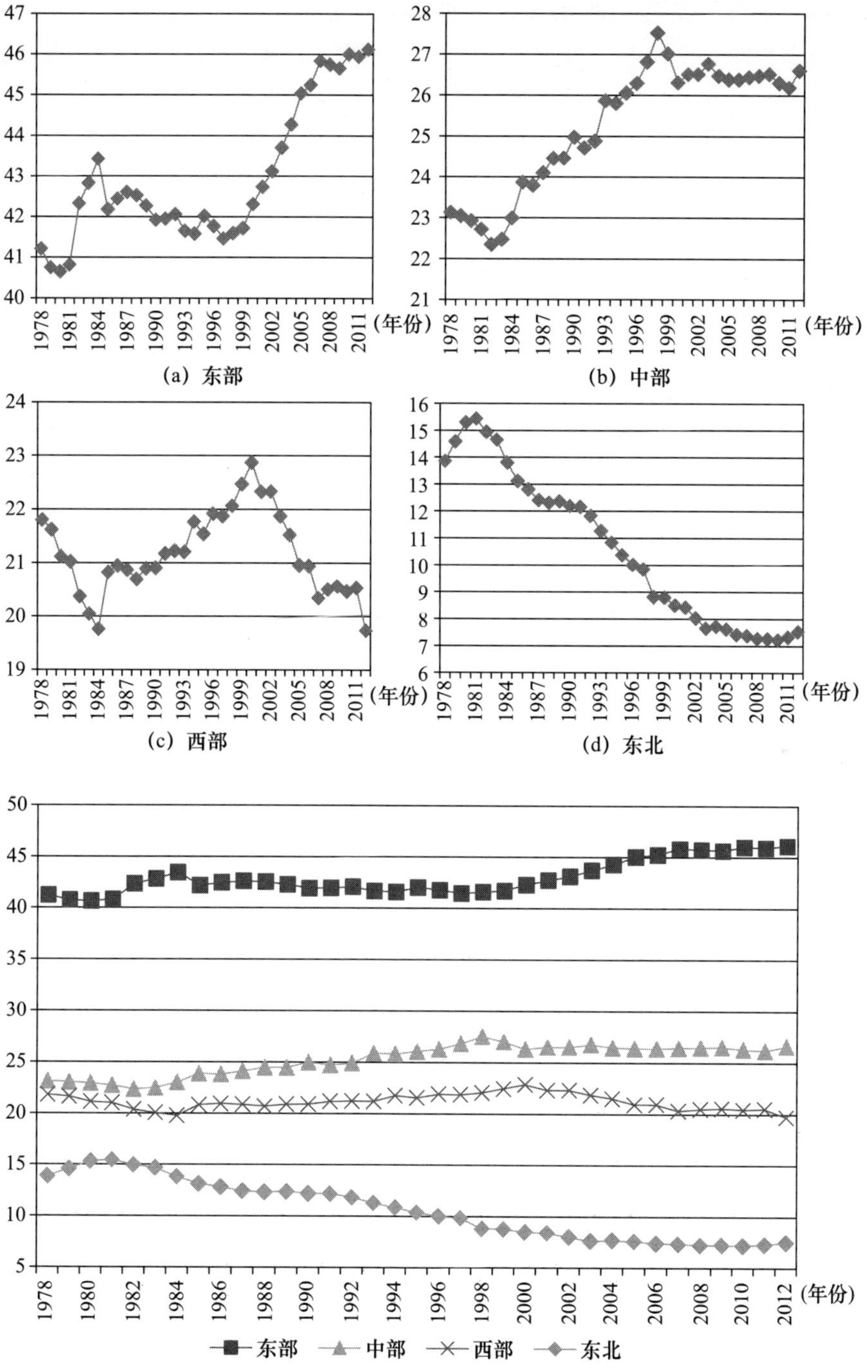

第四章 产业转移的就业空间重构效应

图 4-3 我国各区域非农就业比重

动方向以"同向"为主。改革开放初期,我国实施沿海先行开放、梯度推进的非均衡发展战略,从税收、投资、技术、政策等全方面实行"东倾"。在此背景下,东部沿海紧紧抓住全球产业转移机遇,承接大量国外劳动密集型产业,经济获得率先发展,并促进国内相关产业在此聚集。据统计,1995~2000年,东部制造业产值比重从70.11%提高至72.13%,中部、西部则从20.57%和9.33%下降到18.76%和9.06%(武晓霞、任志成,2007)。

东部沿海经济的高速增长及产业的不断集聚,创造了大量就业岗位,与此同时,国内要素流动更为自由,大量农村剩余劳动力涌入东部沿海。据统计,我国东部沿海一度成为全国乃至全世界人口密度较大的地区,每平方公里415人,而全国平均仅为123人,世界平均为41人(吴殿廷、葛岳静,1996)。从表4-4也可以发现,东部是劳动力主要流入地,且流入数量一直在不断增加,中部、西部是劳动力的主要流出地。值得注意的是,从图4-3可以发现,只在改革开放初期到20世纪80年代中期,东部非农就业比重有较大幅度增加,中西部有明显下降,反映了劳动力由中西部向东部的大规模流动;而在20世纪80年代中期到90年代末,东部非农就业比重并未有明显上升,相反,中西部非农就业却出现较大幅度增加,说明此阶段劳动力的跨区域流动并不明显。

表4-4 各地区之间的劳动力迁移量   单位:万人

年份	1985~1990			1990~1995			1995~2000		
迁出地 迁入地	东部	中部	西部	东部	中部	西部	东部	中部	西部
东部	211	180	100	166	244	111	438	785	361
中部	85	73	52	45	49	31	94	73	46
西部	30	32	78	24	32	71	60	60	141

资料来源:罗亚:《中国东西部经济合作的劳动力迁移机制与模式研究》,华东师范大学硕士学位论文,2006年。

二、"逆向转移"

"逆向转移"阶段是1997~2007年,产业转移与劳动力流动方向呈现出"逆向"特征。1997年亚洲金融危机对东部沿海进出口贸易造成严重影响,与此同时,我国相继提出西部大开发、振兴东北老工业基地、促进中部崛起等区域发展战略,加大对中部、西部的投资力度,推动东北老工业基地转型升级,促进东部产业向内地合理有序转移，确立了统筹区域协调发展的战略思想。随着国家投资布局及政策支持重点向中部、西部和东北地区转移，东部地方政府也通过各种措施鼓励和引导企业"走出去"，推动部分产业向中部、西部等内陆地区转移。例如，浙江自 2002 年开始每年安排 500 万财政资金，通过贴息及其他政策措施鼓励辖区企业参与中西部开发（陈甬军、陈爱贞，2007）。据统计，2000~2007 年东部有近 20 万家企业到西部投资经营，总投资金额超过 15000 亿元。图 4-2 也显示，此阶段东部非农产业增加值增速明显放缓，中西部明显增加，东北从 2004 年起降幅趋缓。

这一阶段，东部虽然出现部分企业向中部、西部等内陆地区转移的现象，但这类转移企业主要是"基于市场扩张的需要而非比较优势"，且受政府政策影响明显。大多企业的经营重心仍集中在东部，而且我国加入 WTO 后引发外商投资在东部沿海的进一步集聚，推动东部经济高速发展，对劳动力需求只增不减，促进了劳动力由中部、西部等内陆地区向东部流动。如图 4-3 所示，进入 21 世纪后，东部非农就业比重呈直线上升趋势，西部则出现大幅下降，中部和东北也出现一定程度的下降。通过以上分析可知，在此阶段我国开始出现劳动力和产业的逆向转移，即东部产业开始向内陆地区转移，而劳动力仍主要由内陆向东部流动。

三、"同向和逆向转移并存"

"同向和逆向转移并存"阶段主要是自 2008 年至今。这一时期，东部地区在承接高技术产业及新兴服务业转移的同时，大量劳动、资源密集型产业开始向内陆地区转移。劳动力跨区域流动的主流虽然仍由中西部等内陆地区流向东部沿海，但增速明显放缓，且出现大量外出劳动力回流迹象。换言之，我国劳动力和产业呈现出"同向和逆向转移并存"趋势。

受世界金融危机影响，2008 年后我国经济增速放缓，出口量大幅减少，制造业发展受到剧烈冲击，特别是东部沿海的劳动密集型和出口导向型企业出现减产、停产甚至倒闭现象，致使大量农民工失去工作或找不到工作而被迫返乡回流，同时也减缓了内地劳动力向东部流动的速度。据人力资源和社会保障部统计，在我国 1.3 亿农民工中因金融危机失业返乡的达 2000 万人（刘声，2009）。与此同时，经过多年快速发展，东部出现原材料、劳动力、土地等要素价格上涨，资本报酬递减，产业竞争力削弱，产业结构亟须转型升级，迫使东部加快将低端传统产业向外转移步伐。为引导东部产业合理有序转移，国务院出台《关于中西部地区承接产业转移的指导意见》（2010），设立安徽皖江城市带、广西桂东、重庆沿江、湖南湘南、湖北荆州、黄河金三角、甘肃兰白经济区、江西赣南、四川广安、宁夏银川—石嘴山等多个承接产业转移示范区。在此背景下，我国产业在东部高度集聚的状态开始发生变化，东部产业加快向省内欠发达地区、中西部地区和东南亚国家转移，其中，中部、西部是承接东部产业转移的重点区域。图4-2也显示，近年来东部非农产业增加值份额出现明显下降，而中部、西部地区非农产业增值份额则大幅增加。

随着东部产业向中部、西部地区的转移，中部、西部就业岗位不断增加，区域间经济差距缩小，中部、西部的收入增速明显快于东部，而东部消费水平明显高于中西部，且随着东部物价、房价等的大幅上涨，外来劳动力生活成本不断提高。另外，近年来国家不断加大对农民、农村和农业的支持力度，通过减少农业税、增加粮食直补、提高粮食最低收购价格、改善农村基础设施建设等诸多措施逐步提高农民农业收入，这在某种意义上也意味着劳动力外出务工工资相对减少。从成本角度看，劳动力外出务工不仅存在往返交通费、房租、子女入学费、务工培训费等各类经济成本，还存在诸多非经济成本，如离开家乡和亲人在城市受到排挤而产生的心理成本及其他机会成本、风险成本等。因此，在成本与收益的权衡下，农村剩余劳动力跨地区流动就业的意愿逐渐弱化，部分外出劳动力开始向中西部回流，选择返乡务农或务工。据统计数据显示，2010年以来农村外出务工数量虽然有所增加但增幅已明显趋缓。2011年初发生的新一轮"民工荒"进一步表明，我国劳动力的跨区域流动出现新变化，中西部外出农民工出现较大规模的返乡回流，由此前的跨省就业逐渐向就地就近就业转变。

根据以上分析可知，东部地区本身就具有良好的自然条件，经济发展潜力大，加之改革开放后一系列优惠政策措施，使东部经济高速发展，引发诸多产业在此集聚，创造大量就业机会，限制人口流动的制度开始松动，引发大量劳动力向东部沿海流动。从20世纪90年代末开始，随着我国区域发展战略的调整和经济发展结构的转型升级，政府出台一系列措施支持中西部及东北地区发展，从政策层面鼓励和引导东部产业向内陆转移，而此时劳动力流动的主流仍是从内陆向东部发达地区流动。2008年后，受世界金融危机影响，东部制造业发展受到巨大冲击，亟须转型升级，部分劳动、资源密集型等传统产业向中西部地区转移，中部、西部劳动力在继续向东部流动的同时，出现大批外出劳动力的返乡回流。因此，根据各地非农产业增加值及非农就业份额的变化，并结合各地发展实际可知，我国区际产业转移与劳动力跨区域流动经历由"同向"到"逆向"再到"同向和逆向并存"的变化过程，在此过程中，就业空间分布也由过度集中于东部沿海的非均衡状态向就业趋于分散的区域均衡状态转变。

我国劳动力流动和产业转移的关系如图4-4所示。

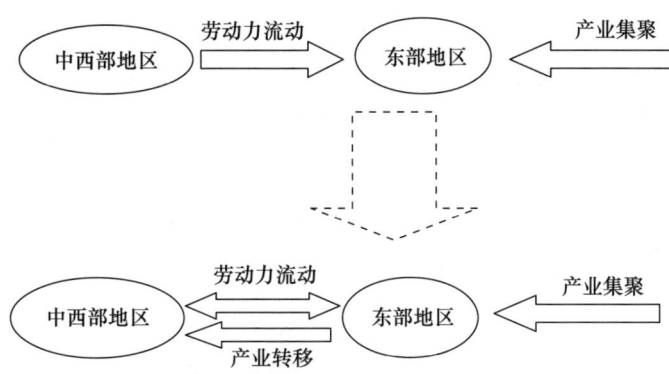

图4-4 我国劳动力流动和产业转移的关系

第四节 我国产业转移与就业空间变化的关联性

综合以上分析可知，产业转移会对劳动力就业的空间分布产生影响。但已有研究大多将产业转移和就业空间分布分别作为两个独立变量，忽略空间地域的相互作用及空间依存关系对两者之间关系的影响。20世纪60年代兴起的空间数据分析，正是为了研究地理现象的空间效应，探讨背后隐藏的规律。Haining（1986）和Anselin（1990）将空间数据分析划分为探索性空间数据分析（Exploratory Spatial Data Analysis，ESDA）和确认性空间数据分析（Affirmable Spatial Data Analysis，ASDA）。其中，前者是在没有先验理论假设的前提下分析样本数据的空间分布，探讨其背后的空间作用机制，本质是"让数据自己说话"（Data-driven Approach）；后者是从理论建模入手，利用相关数据对其验证，也称为空间计量经济学（Spatial Econometrics）。一般而言，空间数据的分析过程是先通过探索性空间数据分析对数据进行直观描述以发现问题，再通过空间计量经济方法进行深入分析和验证（应龙根、宁越敏，2005）。因此，本节引入空间因素，通过探索性空间数据分析和空间计量模型对产业转移和劳动力就业空间分布变化之间的关系进行分析验证。

一、研究方法

(一) 探索性空间统计分析

探索性空间数据分析的核心是通过全局及局部指标测度某一地理现象或观测值在不同地理位置上的相关性。全局指标是描述整个区域所有空间对象的自相关程度，局部指标反映某一区域单元的某一观测值或地理现象与其邻近地区同一观测值或现象的相关程度。在分析前，还需建立一个可以表达地理要素之间空间关系的权重矩阵，这是空间数据分析的基础。

1. 空间权重矩阵及构建

空间权重矩阵是为"揭示某一现象之间的空间联系而定义的空间对象之间的相互邻近关系"。一般可定义二元对称空间权重矩阵 W 来表达 n 个空间单元的邻近关系，形式如式（4-25）所示：

$$W_{ij} = \begin{bmatrix} w_{11} & w_{12} & \cdots & w_{1n} \\ w_{21} & w_{22} & \cdots & w_{2n} \\ \vdots & \vdots & \vdots & \vdots \\ w_{m1} & w_{m2} & \cdots & w_{mn} \end{bmatrix} \quad (4-25)$$

通常认为，各空间单元与自身不发生联系，即 W_{ij} 中对角线元素为 0。为更好地反映空间单元之间关系，需对 W_{ij} 中元素进行标准化处理，即根据 $W'_{ij} = W_{ij}/\sum_j W_{ij}$ 将 W_{ij} 的行元素之和化为 1。权重矩阵 W 的确定方法众多，目前最常用的是简单的二进制邻接矩阵。

二进制邻接矩阵（Binary Contiguity Matrix）是基于空间单元间二进制邻接性思想来测度空间自相关（Moran, 1948），用 0 和 1 表示邻接性，此方法在国内应用较为广泛（吕冰洋、余丹林，2009；魏浩，2010）。基本思想是：若两空间单元间存在非零共同边界，则两者相邻且会发生空间作用，就将二进制邻接矩阵元素赋值为 1，否则为 0。矩阵中元素 w_{ij} 如式（4-26）所示：

$$w_{ij} = \begin{cases} 1, & \text{区域 i 和区域 j 相邻;} \\ 0, & \text{区域 i 和区域 j 不相邻.} \end{cases} \quad (4-26)$$

其中，$i, j \in [1, n]$，i, j 为空间单元编号，n 代表空间单元个数。

2. 全局空间自相关

目前，衡量全局空间自相关最常用的方法是 Moran's I 指数，它主要从空间整体来分析某一观测值 $Y_i (i=1, 2, \cdots, N)$ 空间分布的集聚状况，计算公式如式（4-27）所示：

$$I = \frac{N \sum_{i=1}^{N} \sum_{j=1}^{N} w_{ij}(Y_i - \overline{Y})(Y_j - \overline{Y})}{\left(\sum_{i=1}^{N} \sum_{j=1}^{N} w_{ij}\right) \sum_{i=1}^{N}(Y_i - \overline{Y})^2} = \frac{\sum_{i=1}^{N} \sum_{j \neq i}^{N} w_{ij}(Y_i - \overline{Y})(Y_j - \overline{Y})}{S^2 \sum_{i=1}^{N} \sum_{j \neq i}^{N} w_{ij}} \quad (4-27)$$

其中，I 为 Moran's I 指数；N 为空间单元个数；Y_i、Y_j 分别表示在空间单元 i、j 的观测值；$S^2 = \frac{1}{N} \sum_{i=1}^{N}(Y_i - \overline{Y})^2$ 是空间单元间观测值的方差；$\overline{Y} = \frac{1}{N} \sum_{i=1}^{N} Y_i$ 是空间单元间观测值的平均值；w_{ij} 为空间权重。通过 Moran's I 可检验数据的空间自相关性，取值范围为 [-1, 1]，小于 0 表示空间负相关，大于 0 表示空间正相关，等于 0 表示空间不相关；Moran's I 越接近 -1，说明空间单元之间差异越大或分布越不集中，Moran's I 越接近 1，则表示空间单元之间相关性越强。对于 Moran's I 指数，可通过标准化统计量 Z 来检验空间单元是否存在空间自相关关系，计算公式如式 (4-28) 所示：

$$Z = \frac{1 - E(I)}{\sqrt{VAR(I)}} \quad (4-28)$$

其中，若 Z 大于 0 且显著，表明空间单元之间存在正空间自相关，相似观测值在空间趋于集聚；若 Z 小于 0 且显著，说明存在负空间自相关，相似观测值在空间趋于分散；若 Z 等于 0，说明各观测值是独立随机分布的。显著性水平用 Z 值的 P-Value 值检验，P-Value 值一般可通过正态分布、随机分布或置换方法来求得。

3. 局部空间自相关

Moran's I 主要是从整体上测度某一现象或某一观测值的空间分布状态，只是分析该现象或观测值是否在空间上出现集聚，无法估计集聚所在位置及局部空间上的相关性；而局部空间自相关则可测度某一现象或某一观测值是否出现局部的空间集聚，哪些空间单元对全局空间自相关的贡献大[①]。局部空间自相关的分析方法有 Moran 散点图、G 统计量、局部空间联系指标（LISA）等，在此主要对 Moran 散点图和 LISA 方法进行分析。

(1) Moran 散点图

Moran 散点图是以 (W_z, z) 为坐标来分析局部空间的不稳定性，其中，横轴对应 z 是观测值与均值的离差，纵轴对应 W_z 为空间滞后向量（相邻单元观测值的加权平均）。

根据 Moran 散点图的性质，可将其划分为四个象限，分别对应某一空间单元与其邻接单元间四种不同的局部空间关系。其中，第一、第三象限为正空间相

---

① 鲁凤、徐建华：《中国区域经济差异的空间统计分析》，《华东师范大学学报》2007 年第 3 期。

关,说明相似观测值的空间集聚;第二、第四象限为负空间相关,表示不同观测值的空间联系①。具体而言,第一象限为高—高型区域(High – High,HH),代表有高观测值的空间单元其周围单元也具有高观测值;第二象限为低—高型区域(Low – High,LH),表示具有低观测值的空间单元其周围单元却有高观察值;第三象限为低—低型区域(Low – Low,LL),表示有低观测值的空间单元其周围单元也有低观测值;第四象限为高—低型区域(High – Low,HL),表示有高观测值的空间单元其周围单元却是低观测值。

(2)局部空间联系指标(LISA)

Moran 散点图虽然可直观表示某一空间单元与其邻近单元某一观测值的相关关系,但无法测度局部空间相关的显著性。相较之下,LISA 不仅能测度每个观测单元周围局部空间集聚的显著性,还能揭示出不同的局部空间联系形式及对全局联系影响大的观测单元(Anselin,1995)。LISA 包括局部 Moran 指数和局部 Geary 指数,其中比较常用的是局部 Moran 指数。空间单元 i 在 t 时期的局部 Moran 指数定义如式(4 – 29)所示:

$$I_{i,t} = \frac{(x_{i,t} - \mu_t)}{m_0} \sum_j w_{ij}(x_{j,t} - \mu_t) \quad (4-29)$$

其中,$m_0 = \sum_i (x_{i,t} - \mu_t)^2 / n$,对 j 求和仅包括与 i 相邻的空间单元。局部 Moran 值为正,说明与该空间单元相似的观测值出现空间集聚;局部 Moran 值为负,说明与该空间单元不相似的观测值出现空间集聚。局部空间关联的显著性可通过如式(4 – 30)所示统计量检验:

$$Z(I_i) = \frac{I_i - E(I_i)}{\sqrt{VAR(I_i)}} \quad (4-30)$$

(二)空间经济计量模型

空间计量模型分析空间效应有空间自相关(空间依赖性)与空间异质性(空间差异性)两类,其中,前者指一个空间单元的观测值与其相邻单元观测值存在空间相关性,后者指每一个空间单元上的观测样本都有区别于其他空间单元观测样本的特点(Anselin,1988)。空间相关性的成因有两方面:一是不同空间单元的样本数据采集可能产生测量误差;二是相邻空间单元存在着客观联系。由此可知,在空间回归模型中相关性主要体现在因变量的滞后项和误差项,与之相应的常见的两类空间计量模型为:空间滞后模型(Spatial Lagged Model,SLM)和空间误差模型(Spatial Error Model,SEM)。

---

① 龙洋洲:《空间统计分析在区域社会经济分析中的应用分析》,《科技传播》2014 年第 15 期。

1. 空间滞后模型（SLM）

此模型主要用于探讨各观测值在某一地区是否有扩散现象（空间溢出），基本形式如式（4－31）所示：

$$Y = \rho WY + X\beta + \varepsilon \tag{4-31}$$

其中，Y 是因变量；X 是 $n \times k$ 的自变量矩阵；W 是空间权重矩阵；WY 是空间滞后因变量；ρ 是空间滞后回归系数，反映空间相邻单元观测值 WY 对本单元观测值 Y 的空间溢出效应；β 是 X 的参数向量，表示自变量对因变量的影响程度；ε 是随机误差项。

2. 空间误差模型（SEM）

此模型测度邻近空间单元关于因变量的误差冲击对本单元观测值的影响，表达式如式（4－32）所示：

$$Y = X\beta + \varepsilon, \quad \varepsilon = \lambda W\varepsilon + \mu \tag{4-32}$$

其中，μ 是正态分布的随机误差向量；λ 是 $n \times 1$ 阶的截面被解释变量的空间误差回归系数，衡量了存在于扰动误差项中的空间依赖作用。

二、模型说明

（一）模型的设定

1. 空间计量模型

依据宏观经济学中的就业理论框架，为全面分析我国就业的影响因素，建立基本模型如式（4－33）所示：

$$\begin{aligned} EMP_{it} = &\beta_0 + \beta_1 IN_{it} + \beta_2 Y_{it} + \beta_3 WG_{it} + \beta_4 UR_{it} + \beta_5 SR_{it} + \beta_6 TR_{it} \\ &+ \beta_7 FDI_{it} + \beta_8 GV_{it} + \varepsilon_{it} \end{aligned} \tag{4-33}$$

其中，i = 1，2，3，…表示全国省级单元数量；t = 1，2，3，…表示 1999 ~ 2013 年的时期数。此模型将各个省级单元看作是相互独立的个体，忽略各省之间的空间相关性。根据前文分析可知，产业转移与劳动力就业具有一定的空间相关性，应把空间因素纳入模型（4－33）中。为此，将空间滞后模型和空间误差模型分别设定为：

空间滞后模型（SLM）如式（4－34）所示：

$$\begin{aligned} EMP_{it} = &\beta_0 + \beta_1 IN_{it} + \beta_2 Y_{it} + \beta_3 WG_{it} + \beta_4 UR_{it} + \beta_5 SR_{it} + \beta_6 TR_{it} \\ &+ \beta_7 FDI_{it} + \beta_8 GV_{it} + \rho WEMP_{it} + \varepsilon_{it} \end{aligned} \tag{4-34}$$

空间误差模型（SEM）如式（4－35）所示：

$$\begin{aligned} EMP_{it} = &\beta_0 + \beta_1 IN_{it} + \beta_2 Y_{it} + \beta_3 WG_{it} + \beta_4 UR_{it} + \beta_5 SR_{it} + \beta_6 TR_{it} \\ &+ \beta_7 FDI_{it} + \beta_8 GV_{it} + \varepsilon_{it} \end{aligned} \tag{4-35}$$

$$\varepsilon_{it} = \lambda W\varepsilon_{it} + \mu_{it}$$

2. 空间权重矩阵的设定

在式(4-34)和式(4-35)中，空间权重矩阵 W 的设定至关重要，是空间计量模型的关键。本书借鉴前人做法采用简单的二进制邻接矩阵，它是最为常用的一种设置方式，即将 w_{ij} 定义为地区 i 和地区 j 地理位置的邻接性（苏方林，2009；吕冰洋、余丹林，2009；魏浩，2010）。设空间权重矩阵为 W，则矩阵中的元素 w_{ij} 如式(4-36)所示：

$$w_{ij} = \begin{cases} 1, & 区域 i 和区域 j 相邻； \\ 0, & 区域 i 和区域 j 不相邻。 \end{cases} \quad (4-36)$$

(二) 变量和数据说明

选取各省第二、第三产业就业人数占总就业人数的比重作为被解释变量，用以衡量1999~2013年各地非农就业情况，记为 EMP，并取对数。数据来源于历年的各省《统计年鉴》及《中国劳动统计年鉴》。根据研究目的，选取以下解释变量（均取其对数）：

1. 固定资产投资

我国东部向内地的产业转移会带动转入地相应产业规模的扩大及相关联产业的发展，最直接的表现就是转入地固定资产投资的增加。固定资产投资是拉动经济增长进而促进就业的直接动力，于爱晶、周凌瑶(2001)对我国投资数据进行测算后发现，我国经济增长是投资驱动型，政府投资每增加1个百分点，就业会增长0.14个百分点。另外，资本投入也可能对劳动力要素形成"替代"。我国经济发展的地区差异显著，产业规模扩大及固定资产投资增加对各地就业的影响也有较大差异。文中选用固定资产投资来衡量产业转出与转入效应。

2. 经济增长水平

经济高速增长可提供大量就业岗位，吸纳众多农村剩余劳动力，缓解就业压力，促进地区就业增长。我国各地经济结构和就业状况差异明显，经济增长促进就业增加也有区域差异性。书中用各省 GDP 表示经济增长水平，并用 GDP 平减指数将其折算成1999年不变价格。

3. 工资水平

工资水平是影响劳动力就业的一个极其重要的因素，用各省在岗职工平均工资表示，并以1999年价格对各年数据进行调整。

4. 城镇化率

城镇化水平的提高，会推动大量农村剩余劳动力由第一产业向第二、第三产业转移，增加非农就业。文中用城镇人口占总人口的比率表示，因2003年之前多数省份没有城镇人口与农村人口的划分，1999~2003数据是从各省统计公报中获得。

5. 产业结构要素

"产业是发展之基",产业结构与就业结构之间存在十分密切的关系,且各地产业结构差异明显,对就业的影响也各有不同。文中用 SR 表示第二产业产值占 GDP 比重,TR 表示第三产业产值占 GDP 比重,分别考察第二、第三产业对就业的影响。

6. 外商直接投资比率要素(FDI)

用各省外商直接投资占其 GDP 的比重表示,并将外商直接投资按当年末汇率折算成人民币。FDI 占 GDP 的比重能够折射出一个地区投资的"软环境",如基础设施、公共服务效率、制度建设、开放程度等(刘生龙,2009)。因此,某一地区 FDI 占 GDP 的比率越大,意味着此地投资"软环境"越优,会对产业进入产生吸引作用,从而促进就业增长。

7. 政府财政支出(GV)

最大限度地增加就业是政府宏观经济政策的主要目标,政府通过制定财政、货币政策调节经济活动,特别是扩张性的财政政策对刺激经济活动进而促进就业增长有重要作用。文中用各省财政支出占 GDP 比重表示政府参与经济活动的程度,来分析政府财政对就业的影响。

三、空间自相关描述

空间自相关分为单变量空间自相关和双变量空间自相关,本部分通过探索性空间数据分析(ESDA)对固定资产投资和非农就业比重的空间相关及两者之间的空间自相关进行分析。

(一)单变量空间自相关

通过计算 1999~2013 年固定资产投资和非农就业比重的 Moran's I 指数可知(见表 4-5),固定资产投资的 Moran's I 指数均为正,且都通过 5% 的显著性检验,说明固定资产投资存在空间正相关。从变化趋势看,1999~2013 年固定资产投资的 Moran's I 指数不断下降,其显著性水平也在下降。即我国固定资产投资有正的空间自相关,但相关性呈减弱趋势,换言之,固定资产投资相似值在空间分布上趋于集聚,但集聚水平有下降趋势。对非农就业比重而言,其 Moran's I 指数皆在 0.28 以上,显著性水平较高,两者虽然有波动但幅度不大。这说明各省的非农就业也存在正的空间自相关,在空间分布上呈集聚趋势,而非表现出完全的随机状态。

进一步地,从固定资产投资和非农就业比重的 Moran's I 指数变化来看(见图 4-5),两者走势存在很大差异,固定资产投资的 Moran's I 指数从 2003 年起大幅下滑,而非农就业的 Moran's I 指数则在波动中有所上升。这说明,固定资产投资的整体集聚程度出现大幅下降,而非农就业的空间集聚性并未出现明显下降。结合我国实际可知,虽然部分劳动密集型产业由东部向中西部等内陆地区转移,但劳动力回流滞后于产业转移,大部分劳动力仍在向东部集聚。如图4-6和图4-7所示,2013年四川、河南、安徽、山东、河北等省的固定资产投资较大,其次是陕西、湖北、湖南、江西、广西等中西部省份,而东部的北京、天津、浙江、福建、海南固定资产投资普遍较少;但非农就业仍主要集中在北京、天津、江苏、上海、浙江等东部省市,中西部省份则普遍较低。这进一步显示,我国产业有明显向内地转移的趋势,但劳动力回流在一定程度上滞后于产业转移,两者虽然密切相关但并不同步。

表4-5 1999~2013年非农就业比重和制造业产值比重的全局Moran's I指数

年份	固定资产投资					非农就业比重				
	Moran'I	E(I)	sd(I)	Z值	P值	Moran'I	E(I)	sd(I)	Z值	P值
1999	0.369	-0.035	0.017	3.134	0.001	0.284	-0.035	0.016	2.508	0.008
2000	0.382	-0.035	0.017	3.234	0.001	0.303	-0.035	0.016	2.659	0.004
2001	0.397	-0.035	0.017	3.352	0.001	0.294	-0.035	0.016	2.58	0.005
2002	0.396	-0.035	0.017	3.339	0.001	0.302	-0.035	0.016	2.649	0.004
2003	0.340	-0.035	0.016	2.933	0.005	0.293	-0.035	0.016	2.576	0.006
2004	0.320	-0.035	0.016	2.774	0.007	0.293	-0.035	0.016	2.568	0.006
2005	0.290	-0.035	0.016	2.554	0.009	0.305	-0.035	0.016	2.654	0.004
2006	0.272	-0.035	0.016	2.402	0.012	0.298	-0.035	0.016	2.595	0.004
2007	0.287	-0.035	0.017	2.504	0.010	0.295	-0.035	0.017	2.567	0.005
2008	0.248	-0.035	0.017	2.196	0.017	0.299	-0.035	0.017	2.60	0.004
2009	0.226	-0.035	0.017	2.022	0.022	0.299	-0.035	0.017	2.594	0.004
2010	0.217	-0.035	0.017	1.947	0.027	0.307	-0.035	0.017	2.654	0.003
2011	0.221	-0.035	0.017	1.987	0.024	0.315	-0.035	0.017	2.714	0.002
2012	0.201	-0.035	0.017	1.825	0.031	0.310	-0.035	0.017	2.667	0.003
2013	0.196	-0.035	0.017	1.786	0.035	0.304	-0.035	0.017	2.619	0.004

注:E(I)为-1/(n-1),表示I的期望值;sd(I)表示I值的方差;z值为I的Z检验值,P值为其伴随概率。

第四章　产业转移的就业空间重构效应

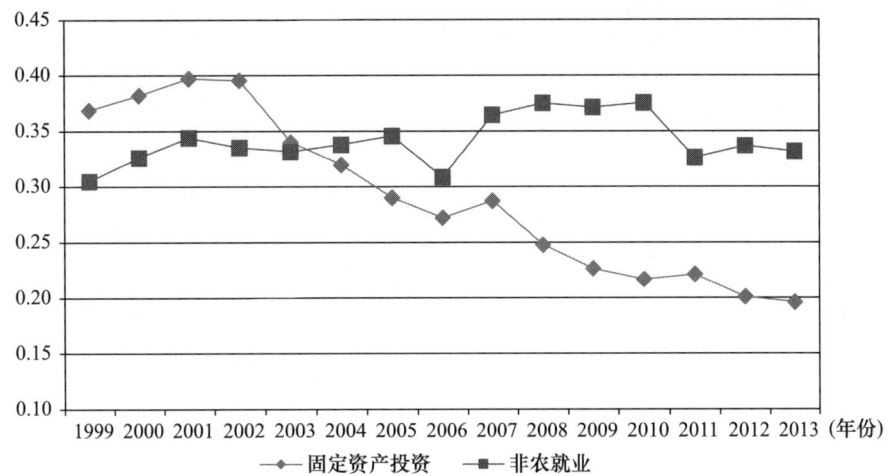

图4-5　1999~2013年固定资产投资和非农就业的Moran's I指数分布趋势

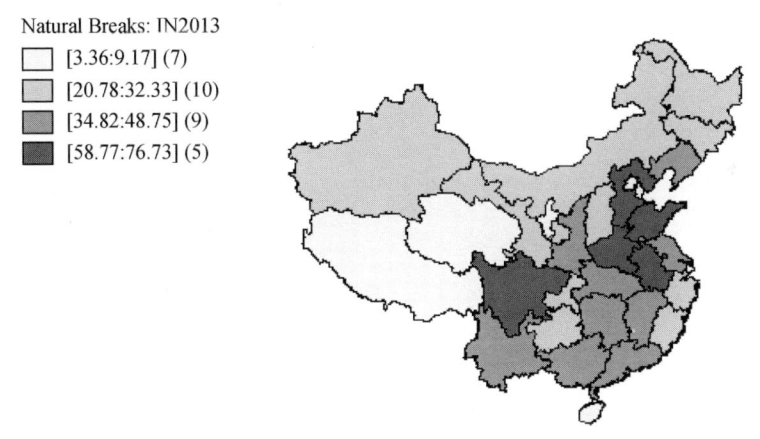

图4-6　2013年我国固定资产投资的空间分布

(二)双变量空间自相关

运用Multivariate LISA工具对固定资产投资与非农就业比重进行双变量空间自相关分析，以1999年、2013年为例，如图4-8所示，分别计算固定资产投资和非农就业比重的双变量Moran's I为0.3121和0.2958，且均达到0.001的显著水平。从散点图中还可以发现，大多数省份位于高—高型区域和低—低型区域。这表明在这两个时间点上固定资产投资和非农就业比重的空间分布具有一定的趋同性，呈显著空间正相关，即固定资产投资较多的地区往往被非农就业比重较高的地区包围；反之亦然，但这一趋势有所减弱。

· 135 ·

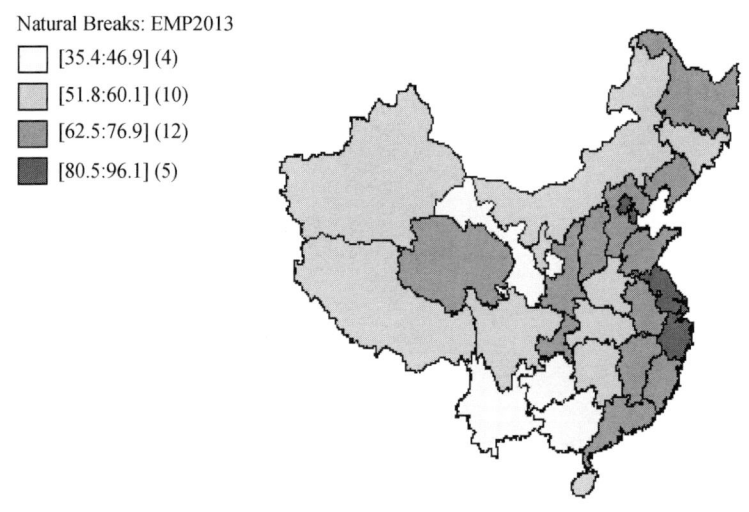

图4-7 2013年我国非农就业空间分布

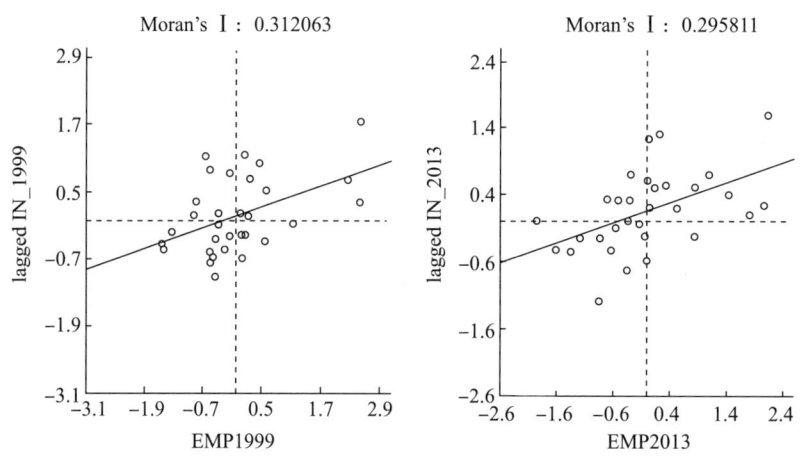

图4-8 1999年和2013年固定资产投资和非农就业比重的空间相关性

从固定资产投资和非农就业比重的LISA集聚变化特征看,1999年固定资产投资较高且周边非农就业比重也较高(HH)的省份为江苏、上海和福建,都分布在东部沿海;到2013年属高—高型区域(HH)的省份增加到5个,在空间上发生较大变化,福建退出高—高型区域,被浙江、山东、安徽取而代之。固定资产投资较低,周边非农就业比重也较低(LL)的地区由1999年的四个(新疆、青海、甘肃、四川)减少为2013年的三个(新疆、甘肃、四川)。总体而言,固定资产投资和非农就业比重的分布具有空间相似性。

综上所述，固定资产投资和非农就业比重不仅各自存在空间自相关性，两变量之间也存在空间相关性。所以，在对以固定资产投资为代表的产业转移和以非农就业比重为代表的就业变化进行实证分析时，需要考虑到空间因素的影响。

四、空间计量分析

通过空间自相关分析可知，1999~2013年各省非农就业存在空间集聚性，且和固定资产投资的分布具有相似性，即两者之间表现出一定的空间相关性。因此，在对固定资产投资和非农就业之间关系进行实证研究时需要引入空间因素。为便于比较，本节首先以全国31个省份为样本，对影响就业空间分布的基本模型进行OLS估计。

（一）模型估计与检验

由表4-6模型估算结果可知，OLS估算的拟合优度为0.886，说明本书选取的解释变量在很大程度上解释了就业空间分布的差异。但对OLS回归残差项进行相关性检验发现，Moran指数为0.269，显著性水平为0.008，说明OLS回归的残差项存在显著空间自相关。而且，模型中经济增长因素、工资水平、第二产业产值比重、外商直接投资都没有通过显著性检验，城市化对就业的影响为负。出现这种现象的原因是多方面的，其中一个重要原因可能是，由于遗漏空间变量而导致的自变量不能完全解释因变量的空间相关性，从而导致模型的估计结果存在偏误。

表4-6 模型回归结果

	全国			SLM		
	OLS	SLM	SEM	东部	中部	西部
C	-0.208 (0.000)	-0.198 (0.000)	-0.222 (0.000)	-0.397 (0.000)	0.204 (0.006)	0.065 (0.028)
IN	0.592 (0.003)	0.599 (0.000)	0.599 (0.000)	0.218 (0.000)	0.644 (0.000)	0.636 (0.000)
Y	0.135 (0.117)	0.250 (0.008)	0.302 (0.000)	-0.246 (0.199)	0.116 (0.210)	0.346 (0.019)
WG	0.069 (0.363)	0.074 (0.324)	0.043 (0.577)	-0.156 (0.176)	1.456 (0.000)	0.828 (0.000)
UR	-0.173 (0.153)	0.235 (0.023)	0.116 (0.016)	-0.285 (0.158)	0.024 (0.054)	0.044 (0.052)

续表

	全国			SLM		
	OLS	SLM	SEM	东部	中部	西部
SR	0.078 (0.454)	0.087 (0.392)	0.087 (0.398)	0.450 (0.109)	0.191 (0.080)	0.707 (0.007)
TR	0.521 (0.005)	0.517 (0.000)	0.549 (0.000)	1.007 (0.000)	0.226 (0.035)	-0.015 (0.918)
FDI	0.311 (0.279)	0.276 (0.344)	0.361 (0.194)	0.059 (0.127)	0.112 (0.000)	0.114 (0.000)
GV	0.529 (0.000)	0.525 (0.000)	0.522 (0.000)	0.427 (0.000)	0.954 (0.000)	0.439 (0.000)
ρ		0.094 (0.013)		0.084 (0.063)	0.027 (0.078)	-0.012 (0.095)
λ			0.138 (0.021)			
R^2	0.886	0.936	0.931	0.941	0.967	0.939
LogL		-121.12	-131.03	175.07	128.67	-168.42
Moran		0.269 (0.008)		0.131 (0.019)	0.286 (0.000)	-0.117 (0.064)

注：括号内为显著性水平。

因此，引入空间因素，通过极大似然法对包含空间滞后项的 SLM 模型和包含空间误差项的 SEM 模型分别进行估计。就拟合优度检验值而言，模型 SLM (0.936) 和 SEM (0.935) 均高于 OLS (0.886)，而且空间系数 ρ 和 λ 均高度显著，进一步说明空间因素在起作用。从回归结果也可以发现，与 OLS 估算相比，SLM 和 SEM 模型检验值的显著性都有较大程度的提高，城镇化对就业的影响由不显著变为显著为正，固定资产投资、经济增长对就业影响的显著性水平提高，表明在引入空间因素以后，用极大似然法估算的模型可有效地消除空间自相关及空间误差，可更好地解释我国现实情况。进一步地分析，因为 SLM 模型的对数似然函数值 LogL (-121.12) 大于 SEM 的 LogL 值 (-131.03)，且 SLM 的拟合优度大于 SEM，即 SLM 模型估算更合适，所以，我们重点分析 SLM 模型的估算结果。

(二) 结果分析

从全国 SLM 估算结果看，虽然在岗工人平均工资对非农就业有正影响，但未通过显著性检验，背后原因可能是：一是随着经济发展及人们生活水平的提高，工资不再是影响人们择业的关键性因素，人们更关心工作环境、发展前景、个性发挥等；二是在产业结构与就业结构不匹配的背景下，我国有许多亟须具备高技术、专业技能劳动力的行业，同时也有众多因技能限制而处于闲置状态的劳动力，所以部分行业通过提高工资并不能促进就业增长。第二产业产值比重的估计系数为正却不显著，说明第二产业产值增加无法显著增加非农就业，其原因可能是：一是文中同时选择第二产业、第三产业产值比重作为产业结构升级的表征向量，短期内地区产业结构有稳定性，两者可能有线性相关性；二是与产业结构调整升级有关，第二产业在向高技术含量、高附加值产业转型升级过程中，低端传统产业释放的大量劳动力对就业造成巨大压力。外商直接投资比率对就业影响也不显著，原因可能是外商直接投资与固定资产投资存在线性相关性。除工资水平、第二产业产值比重和外商直接投资比率外，其余变量均对非农就业有显著正影响：固定资产投资影响幅度最大（0.599），固定资产投资每增加1个百分点，非农就业增长0.599%；其次是政府财政支出和第三产业产值比重，影响系数分别为0.525和0.517；经济增长和城镇化也可促进地区非农就业的增加。

此外，SLM模型的空间滞后项 ρ 估计值为0.094，高度显著，意味着周围省份非农就业每增加1%，本省非农就业就会增加0.094%，说明邻近省份就业水平对本省有空间溢出效应。即某省非农就业不仅受本省经济发展、城市化水平、产业结构等因素影响，也受相邻省份非农就业影响。地区间非农就业的空间溢出可能与以下两方面有关：一是区域间经济或产业结构的互补性，新经济地理学指出，若地区间经济增长存在互补性（特别是产业间互补），地区经济增长会对相邻地区产生显著影响；二是就业增长的示范效应，相邻地区就业增加会刺激本地政府对就业的重视，采取措施促进就业增长。

由于我国就业空间分布极不均衡，为全面分析各地就业影响因素差异，本书从东、中、西三大地区分别分析。从各区域的SLM估算结果看，地区差异明显：东、中、西的空间滞后项 ρ 估计系数分别为0.084、0.027、-0.012，均在10%的显著性水平下通过检验，这意味着在其他条件不变的情况下，东、中、西三地内相邻省份非农就业每增加1个百分点，就会使本省非农就业增加0.084%、0.027%、-0.012%。这说明，与中部、西部相比，东部各省间的联系更为紧密。西部各省非农就业与其邻近省的非农就业呈负相关，原因可能是：一是西部各省之间距离较远，空间相互作用的强度会随距离扩大而减小；二是城镇化进程慢、经济结构保守等因素也限制各省间的交流；三是西部各省存在经济趋同化现象，会减弱省际之间产业结构互补性，进而使其就业结构的互补性也逐步减弱。所以易造成各省非农就业出现此消彼长的竞争关系。

具体而言，固定资产投资对各地非农就业均有显著正向作用，对中部、西部的影响明显高于东部,这与刘胜龙等(2009)认为的"中西部更处于投资驱动型阶段"相符,其原因可能是,东部已步入后工业化阶段,产业结构转型升级加速,以发展高附加值、高技术含量的资本、技术密集型产业为主,致使投资的就业弹性较低,而中西部承接大量资源、劳动密集型产业,生产过程中有劳动偏向型的技术倾向,固定资产投资对就业的贡献较高。政府财政支出对各地非农就业的影响也显著为正向的,对东部就业的影响程度低于对中部、西部的影响,这说明加大政府财政支出在中部、西部的倾斜可更有力地促进就业增长。工资水平对东部就业没有显著影响,对中部、西部就业有显著正向作用,对中部影响更为明显,估计系数达1.456,这表明工资水平是影响中部、西部特别是中部劳动力就业的重要因素。城镇化对东部非农就业的影响不显著,对中部、西部则有显著正向作用,影响系数分别为0.024和0.044,说明城镇化有内生就业创造功能,但现阶段东部城镇化进程中的"拥堵效应"及高物价、高房价等生活成本高昂使人望而却步,中部、西部城镇化水平较低且严重落后于东部,其城镇化水平的提高能有效地发挥推进工业化进程、转移吸纳劳动力的作用。经济增长因素对东部和中部就业的影响不显著,对西部有显著正向影响,估计系数为0.346,说明经济增长与就业之间的关系有明显区域差异。第二产业产值比重、外商直接投资对东部就业影响均不显著,但对促进中部、西部非农就业增长有显著影响,表明第二产业发展和外商直接投资的增加在增加中部、西部就业方面发挥着重要作用。第三产业产值比重的增加可显著促进东部和中部非农就业的增长,估计系数分别为1.007和0.226,对西部就业的影响不显著,这主要是因为,与产业结构较为落后的西部相比,东部以及中部的第三产业发展迅速,在经济中所占比重较大,可以很好地发挥吸收就业的潜力。

上述分析表明,产业转出与转入会引起各地固定资产投资发生明显变化,加快地区间的要素流动,其中劳动力在各地之间的重新配置尤为明显。即以固定资产投资为代表的产业转移对就业空间分布的影响主要是通过引导劳动力在各地区之间的动态配置来实现。

本章小结

产业转移的就业空间重构效应主要通过引导劳动力在地区间的动态配置来实现。近年来我国劳动力流动呈现以下特征:劳动力流动规模不断扩大,中部、西部外出劳动力回流迹象明显,就地就近就业趋势增强;行业流向以制造业和建筑业为主,流向服务业比重开始增加;以青壮年为主,呈年轻化趋势;受教育程度影响,受过高等教育倾向于省内流动,未受过教育和受过初等教育的倾向于省际流动;新生代流动人口成为劳动力流动主体,与老一代相比具有外出年龄更轻、受教育程度更高、流动距离更长、思想观点更趋于城市化等特征。在"中心—外围"模型基础上,本章构建理论模型探讨产业转移与劳动力流动的规律发现:如果欠发达地区与发达地区间的生产技术差距大于劳动力跨地区流动成本,那么发达地区产业的技术扩散(转移)水平较弱,欠发达地区"农民工"会向发达地区流动;若两地区间技术差距等于劳动力跨地区流动成本,即两地生产成本相等,那么发达地区的产业可能转移也可能不转移,欠发达地区"农民工"向发达地区流动就业与在本地就业也可能同时存在;若两地间的技术差距小于劳动力跨地区流动成本,那么发达地区产业的技术扩散(转移)水平增强,"农民工"将从发达地区向欠发达地区回流。结合我国区域发展实践,将产业转移与劳动力跨区域流动放在一起分析发现,改革开放后我国产业转移和劳动力流动经历了以"同向转移"为主到以"逆向转移"为主再到"同向和逆向转移并存"的变化过程。在此过程中,就业区域分布也由过度集中于东部沿海的非均衡状态向就业趋于分散的区域均衡状态转变。最后,用固定资产投资衡量产业的转出转入效应,用非农就业份额代表就业,通过探索性空间数据分析发现,固定资产投资和非农就业不仅各自存在空间自相关,两者间也有空间相关性。引入空间因素,通过空间计量模型估计与检验发现:就全国而言,固定资产投资对非农就业比重的显著影响系数为0.599;从不同地区看,固定资产投资对非农就业均有显著正向影响,但对中部、西部的影响程度明显高于东部。可见,产业转移可引发劳动力的地区间流动进而引起就业空间分布的变化。

第五章 产业转移的就业结构调整效应

区际产业转移不仅会通过引导劳动力在各地区间流动而影响全国就业空间分布,还可通过推动地区产业结构调整升级而促进劳动力在各产业之间重新配置,进而实现地区就业结构不断优化。本章将分析就业结构的内涵及其影响因素,阐述产业转移影响就业结构的机理,并以产业转入地为例进行实证检验。

第一节 就业结构的内涵及影响因素

一、就业结构的内涵

就业结构是指不同类型就业劳动力之间及其在总就业劳动力中的比例关系,可反映劳动力资源的配置状况。从狭义上可将其理解为劳动力的基本结构,指劳动力的年龄、性别、技能、素质等基本要素;广义上可认为是劳动力在不同产业间的数量结构。本章所分析的就业结构主要指就业的产业结构,即因产业转移而造成的不同产业间劳动力数量的变化。

作为经济结构、社会结构、产业结构和人口结构等多重作用下的产物,就业结构是影响国民经济发展的一个重要因素,在某种意义上能折射出社会个体或全体成员的生存质量。从劳动力个体看,一个劳动力的生活方式和状态在很大程度上取决于其从事的行业。从社会总体看,一个国家或地区的就业结构影响着整个社会的生产、生活方式,决定着全体成员的生存质量。

二、影响就业结构的关键因素

就业结构变动的直接影响因素是劳动力供求结构,同时受其内在规律及外在条件的共同影响。就内在规律而言,劳动力就业结构的演变遵循由农业到非农产业、由农村到城市、由劳动密集型产业到资本、技术密集型产业转移的一般规律。从外在制约因素看，就业结构的变化受地区政治、经济、历史、技术等多方面因素的影响。关于影响就业结构变化的主要因素，分析如下：

（一）基本经济发展状况

一个国家或地区的基本经济发展水平，是其人口、自然资源、资金、科学技术、社会制度等因素长期综合作用的结果（姚裕群，1996），它是决定就业结构的最基本因素，主要体现在劳动生产率的变化上。一个国家或地区的经济发展与生产率水平在很大程度上决定着该国或地区第一、第二、第三产业生产所需的劳动力数量。各国经济发展的历史进程也表明，经济发展水平越低的国家或地区第一、第二产业尤其是第一产业的从业人数比重越高；经济发展水平越高的国家或地区第一、第二产业尤其是第一产业从业比重越低，第三产业从业比重越高。

（二）技术进步及产业结构调整

在现代化发展过程中，以创新为核心的技术进步和以技术升级为核心的产业结构调整成为经济发展的重要特征，技术进步成为优化产业结构进而调整就业结构的首要驱动力。Mortensen 和 Pissarides（1999）认为，技术进步对就业结构有重要影响，且受政治制度、生产力发展水平等因素制约。罗润东（2006）指出，技术进步将促使非技能劳动力的"无限供给"和技能劳动力的"无限需求"同时存在进而改变就业结构。以三次产业为例，在传统农业社会阶段，农业占据国民经济主导地位，生产活动的技术水平要求不高、资本有机构成较低，社会劳动力主要从事农业生产。随着技术进步及农业技术的广泛应用，农业劳动生产率逐步提高，大量农业剩余劳动力得以释放并向第二、第三产业转移。在现代知识信息社会，技术进步成为产业发展的主要推动力，在技术创新方面有更强能力的第二、第三产业得到迅速发展，从而吸收大量社会劳动力，使得第二、第三产业劳动力就业比重不断上升并逐渐占据主导地位。

（三）收入水平

收入水平对就业结构的影响主要体现在需求结构的变动。需求结构变化会引发供给结构的变动，进而导致各类要素在不同产业部门间进行转移和再配置。一般认为，恩格尔系数与收入水平变化成反比，即随着收入水平提升，人们的需求会由食品产品消费转向非食品产品消费。因此，随着人们收入水平增加，食品产业领域（主要是农业）会出现萎缩，此类产业对劳动力需求会不断减少，非食品产业领域（工业、服务业）发展迅速，对劳动力及其他资源的需求规模将不断扩大。此外，城乡、区域、行业间的收入水平差异对就业结构也有重要影响，城乡、区域、行业之间的收入差距会促进劳动力由农村流向城镇、由收入低的地区和行业流向收入高的地区和行业。

(四)城镇化

城镇化是指"农村人口不断向城镇转移,第二产业和第三产业不断向城镇聚集,从而使城镇数量增加、城镇规模扩大的一种历史过程,主要表现为,随着地区生产力的发展、科学技术的进步以及产业结构的调整,其农村人口居住地点向城镇迁移以及农村劳动力向城镇第二产业、第三产业转移"①。从表面上看,城镇化是农村人口向城镇的转移,实质则是劳动力就业结构转变的一种体现。城镇化的不断推进在一定程度上会扩大城乡差距,这种差距不仅体现在生活方式、生活水平上,更重要的是工作条件、收入水平,会引发大规模劳动力向城镇流动。城镇化在增加城镇人口的同时,会刺激城镇消费需求不断增长,促进第二、第三产业特别是第三产业的快速发展。由于第三产业涵盖部门非常广泛,就业弹性系数高且有逐年上升趋势,成为吸纳劳动力就业的主要力量。

除上述几个因素之外,人口变动、教育程度、经济体制等因素也在不同程度上影响着地区就业结构的变动。

第二节 产业转移影响就业结构的作用机理

一、产业转移影响就业结构的途径

就业结构的演进主要表现在两方面:一是劳动力的产业或行业间转移,即随着经济迅速发展,劳动力逐渐从第一产业转移到第二、第三产业,从低附加值、低技术水平的行业转移到高附加值、高技术含量的行业;二是劳动力素质结构升级,即在不同产业或行业内劳动力整体素质由低端向高端转变,熟练劳动力、高技能人才等高水平劳动力比重增加。

(一)基本途径

产业转移主要通过以下几个途径影响地区就业结构:

1. 产业结构升级

一般而言,产业转移的客体是沿着"劳动密集型—资本密集型—知识与技术密集型—服务业—产业价值链环节或工序"方向变化。站在产业转出地的角度,将丧失比较优势的劳动力、资源密集型产业或环节转移出去,可集中利用各类要素资源,发挥本地在产品设计、技术创新、品牌塑造、市场营销等方面的比较优

---

① 姜爱琳:《论城镇化的基本涵义及其特征》,《大理学院学报》2003年第6期。

势，专注于价值链的高端环节，优化升级地区产业结构，主要在于制造业与服务业之间的比例变化和产业价值链中各环节比例的变化。随着产业结构的优化升级，大量要素资源转向知识与技术密集型产业或高端价值链环节，使此类产业或环节对劳动力的需求急剧增加；劳动、资源密集型等传统产业或生产环节的转出，则势必会导致其劳动力需求减少，使此类劳动力在整个区域就业结构中的比重降低。从转入地角度看，由于承接的多是劳动、资源密集型的低附加值产业或生产环节，本身就可吸收大量劳动力尤其是低技能水平劳动力。虽然转移产业对转出地来说相对衰退落后，对转入地而言则是相对先进的，有利于转入地传统产业的优化升级，而且在产业成长、关联效应影响下，会带动其他相关（前向、后向、侧向关联）产业的迅速发展，推动产业结构向高技术层次演进，进而引起就业结构的调整优化。可见，产业转移会引起转出地、转入地各类产业的发展变化，为地区产业结构及就业结构的优化升级创造机会。

2. 技术进步

学术界关于技术进步的就业效应有较大分歧：Pissarides(1990)认为，从长期来看，技术进步有利于创造新的就业机会；Aghion和Howitt(1994)则指出，技术进步既可能抑制就业，也可能会创造新的就业机会，关键在于技术进步中物化进步和非物化进步的成分大小。以索洛模型为代表的新古典增长理论建立了宏观生产函数，对技术进步与就业的关系进行研究指出，当劳动与资本要素比例不变时，技术进步会带动经济增长，进而促进就业增长。因此，从长期来看，技术进步可促进经济增长进而带动就业增加。

就产业转出地而言，由于这些地区大多本身在技术创新、产品研发等方面占有优势，在具有比较劣势的产业或生产环节转出去后，可进一步集中有限要素资源发展具有较高价值的产业或生产环节（如产品研发、核心部件生产），可进一步加快这些产业或生产环节的技术进步。技术进步可大幅提高劳动生产率，会在一定程度上产生技术对劳动力的替代，导致就业机会减少，例如，东莞智能机器人的应用明显提高了制造业的劳动生产率，2015年5月东莞第一座"无人工厂"开建，将可压缩90%的工人，据东莞机器人技术协会研究报告显示，到2020年，东莞制造业将有45%的工作机会被机器人替代。另外，新技术的应用将降低企业生产成本、增加企业利润，刺激企业进一步扩大生产规模，进而会不断增加对劳动力的需求。与此同时，传统产业或生产环节转出、知识与技术密集型产业或高端价值链环节发展，也会"倒逼"转出产业或环节上的工人加强学习，优化知识结构，提高技术技能和自身素质以适应和满足市场需求。

从转入地角度看，虽然承接的大多为低端传统产业或环节，其包含的技术在转出地已经过时，但在转入地可能比其区域内的同类技术先进。所以，在承接产业转移的过程中，转入企业有意或无意地转让或传播先进技术会被转入地模仿、消化、吸收和再创新，带动转入地相关企业的技术进步和创新。先进技术的应用能够提高企业市场竞争力，促使企业扩大生产规模，进而增加对劳动力的需求，并刺激和带动当地劳动力综合素质的不断提高。因此，从长期来看，产业转移引发的技术进步会对转入地和转出地的劳动力就业及其结构产生深远影响。

3. 人力资本提升

产业转移不仅是产业在地区间的调整过程，也是生产要素在地区间重新配置的过程。转出地通过转移低端劣势产业从而集中优势资源发展高附加值、高技术含量的新兴产业，实现"腾笼换鸟"，会引起当地劳动力市场上各层次劳动力的供需结构发生变化，使低层次劳动力需求大幅下降、高层次人才需求不断增加。因此，在产业转移过程中，转出地的外来低技能劳动力可能会发生回流，高层次人才可能进一步集聚。这主要是因为，随着高附加值、高技术含量产业及价值链环节的迅速发展，转出地政府会采取各种优惠措施吸引高端人才，以满足当地产业发展需求，当地企业也会加强工人技术培训，提高工人技能和综合素质水平，在此过程中，转出地的人力资本水平会不断提升。

对于转入地，转入产业技术水平相对较高，会直接扩大对高技能熟练劳动力的需求，产业转入的技术外溢有利于提高当地企业技术水平，也会进一步刺激对熟练劳动力的需求。一般来说，产业转入地经济发展水平相对较低，低技能的非熟练劳动力过剩，高技能的熟练劳动力相对稀缺。因此，产业转入在一定程度上会提高转入地高技能劳动力的工资水平，刺激高技能劳动力的供应。转入产业对高技能劳动力的需求会促进周边高技能工人、专业人才向转入地集聚，人才流动有示范辐射作用，可进一步刺激当地政府、企业加大教育和技能培训的投资力度，努力提高劳动力素质。而且，转入产业对高技能劳动力的需求在一定意义上可遏制经济欠发达的转入地普遍存在的"智力外流"，甚至还会引起"智力回流"，即产业转入可能带动劳动力回流。

（二）产业结构对就业结构的决定性作用

产业结构升级与就业结构优化是一个国家或地区经济发展过程中要实现的两个重要目标，二者相互联系、相互制约。产业结构决定着就业结构，就业结构及其变动本身是衡量产业结构及其演进趋势的一个重要标准（周叔莲，1990）。各国经济发展实践也表明，产业结构调整必然会引起劳动力的产业间流动，产业结构是影响就业结构最为重要的因素。

1. 产业结构与就业结构变动的一般趋势

（1）配第—克拉克定理

17世纪末，英国学者威廉·配第在《政治算术》（Political Arithmetick）一书中指出,从事商业比从事制造业、从事制造业比从事农业得到的收入多,随着社会经济的快速发展,劳动力会从农业流向制造业,进而再流向商业。19世纪40年代,英国学者柯林·克拉克(Colin Clark,1957)在其著作《经济进步的条件》中详细描述了三次产业的划分方法,并通过实证分析发现:在人均收入水平不断提高的过程中,劳动力会从第一产业逐步向第二产业、第三产业流动,当收入水平进一步提高时,劳动力会更多地向第三产业流动,劳动力的产业间分布呈现出第一产业减少、第二产业、第三产业增加的格局,且第三产业就业比第二产业就业增加得更快。此结论与配第的假说一致,故称为"配第—克拉克定理"。表5-1利用世界各地不同产业部门的就业变化证实了此定理。

表5-1 1995年和2005年世界各地不同产业部门就业份额的变化

产业 地区	农业			工业			服务业		
	1995年	2005年	变化(%)	1995年	2005年	变化(%)	1995年	2005年	变化(%)
全世界	44.4	40.1	-9.7	21.1	21	-0.5	34.5	38.9	12.8
发达国家和欧盟	5.1	3.7	-27.5	28.7	24.8	-13.6	66.1	71.4	8.0
东亚	54.4	49.5	-9.0	25.9	26.1	0.8	19.7	24.4	23.9
东南亚	55.3	43.3	-21.7	15.4	20.7	34.4	19.7	24.4	23.9
南亚	64.1	61.2	-4.5	13.4	14.1	5.2	22.5	24.6	9.3
中东和北非	30.8	26.3	-14.6	20.3	25	23.2	48.9	48.7	-0.4
撒哈拉以南非洲	70.1	63.6	-9.3	8.2	8.9	8.5	21.7	27.5	26.7
拉丁美洲和加勒比海地区	23.4	17.1	-26.9	20.2	20.3	0.5	56.4	62.5	10.8
中东欧和独立国家联合体	27.9	22.7	-18.6	27.5	27.4	-0.4	44.6	49.9	11.9

资料来源:《2007年全球经济展望》,世界银行网站。

(2)库兹涅茨法则

美国学者库兹涅茨(Kuznets,1971)在《各国经济增长:总产值和生产结构》中对发达国家及发展中国家的大量数据进行分析,进一步验证了产业结构与就业结构间的变化规律,被称为"库兹涅茨法则"。他认为,三次产业包括农业、工业和服务业,在现代经济增长的过程中:农业产值和劳动力份额是不断下降的,产值的下降程度要大于劳动力;工业的产值份额呈上升趋势,而劳动力份额则大体不变或者略有上升;服务业的产值份额大体不变或略有上升,其劳动力份额的上升幅度非常明显。同时,在各个产业内部产值和劳动力的份额也会发生比较明显的变化,例如,在工业中,制造业产值和劳动力份额上升幅度是最大的,占到整个工业份额上升的2/3左右;而在制造业的内部,新兴技术性部门增长最快。表5-2为库兹涅茨的统计结果。

表 5-2　库兹涅茨模式

人均GNP(1958年, 美元)	产值比重(%)			就业比重(%)			相对劳动生产率		
	第一产业	第二产业	第三产业	第一产业	第二产业	第三产业	第一产业	第二产业	第三产业
70	45.8	21	33.2	80.3	9.2	10.5	0.57	2.28	3.16
150	36.1	28.4	35.5	63.7	17	19.3	0.57	1.67	1.84
300	26.5	36.9	36.6	46	26.9	27.1	0.58	1.37	1.35
500	19.4	42.5	38.1	31.4	36.2	32.4	0.62	1.17	1.18
1000	10.9	48.4	40.7	17.1	45.3	37.6	0.64	1.07	1.08

数据来源：库兹涅茨：《各国经济增长——总产值和生产结构》，商务印书馆1985年版。

(3)钱艾西模式和赛钱模式

美国经济学家钱纳里(Hollis B. Chenery)与艾西同、西姆斯在其合著的《发展的模式：1950~1970》(Patterns of Development：1950~1970)一书中对100多个国家进行统计分析，归纳出经济增长过程中产业结构和就业结构变动的多国标准模型。即随着人均GDP的逐步提高，产值比重呈现第一产业逐步缩小，第二、第三产业逐步提高的趋势，就业结构也发生相应变化(见表5-3)。该模型除继续验证"配第—克拉克定理"外，还发现，在经济发展过程中就业结构变动滞后于产业变动。1989年，经济学家赛尔昆和钱纳里对1980年人均GDP不同等级国家三次产业产值和就业的结构进行再次分析，结果与1970年大致相同(见表5-4)。

表 5-3　钱艾西模式

人均GNP(1964年, 美元)	产值比重(%)			就业比重(%)			相对劳动生产率		
	第一产业	第二产业	第三产业	第一产业	第二产业	第三产业	第一产业	第二产业	第三产业
100	46.3	13.5	40.1	68.1	9.6	22.3	0.68	1.41	1.80
200	36.0	19.4	44.4	58.7	16.6	24.7	0.61	1.18	1.80
400	26.7	25.5	47.8	43.6	23.4	33.0	0.61	1.09	1.45
600	21.8	29.0	49.2	34.8	27.6	37.6	0.63	1.05	1.31
1000	18.6	31.4	50.0	28.6	30.7	40.7	0.65	1.02	1.23
2000	16.3	33.2	49.5	23.7	33.2	43.1	0.69	1.00	1.15
3000	9.8	38.9	48.7	8.3	40.1	51.6	1.18	0.97	0.94

资料来源：Chenery H. B., Elkington H., Sims C., "A Uniform Analysis of Development Pattern". Harvard University Center for International Affairs. Economic Development Report. Cambridge Mass, 1970：162.

第五章 产业转移的就业结构调整效应

表5-4 赛钱模式

人均 GNP(1980年,美元)	产值比重(%)			就业比重(%)			相对劳动生产率		
	第一产业	第二产业	第三产业	第一产业	第二产业	第三产业	第一产业	第二产业	第三产业
<300	48.0	21.0	31.0	81.0	7.0	12.0	0.59	3.00	2.58
300	39.4	28.2	32.4	74.9	9.2	15.9	0.53	3.07	2.04
500	31.7	33.4	34.6	65.1	13.2	21.7	0.49	2.53	1.59
1000	22.8	39.2	37.8	51.7	19.2	29.1	0.44	2.04	1.30
2000	15.4	43.4	41.2	38.1	25.6	36.3	0.40	1.70	1.13
4000	9.7	45.6	44.7	24.2	32.6	43.2	0.40	1.40	1.03

资料来源：Syrquin M. , Chenery H. B. , "Three Decades of Industrialization", The World Bank Review, Vol. 3, 1989, pp. 152-153.

2. 产业结构调整与就业结构变化

作为一种重要的生产要素，劳动力在各产业、行业间的流动规模和方向由地区经济发展水平决定，同时也随地区产业结构的变动而变动。这一点既可从配第、克拉克、库兹涅茨等的研究中得到说明，也可从世界各国经济发展的实践中得到进一步验证。

(1)产业结构决定就业结构

产业部门是劳动力就业的载体，产业发展可为劳动力就业提供物质基础。产业的空间分布决定着劳动力就业的空间区位，产业结构的不同特性对就业劳动力的性别、年龄、文化等方面有决定性作用，行业兴衰更替会引起劳动力的行业间转移。产业结构决定着就业结构，在农业经济时代，劳动力主要分布在农业；随着工业化的发展，第二产业成为国民经济发展的主导力量，劳动力也开始向第二产业转移；进入后工业化时代后，以信息、技术为主导的服务业得到快速发展，其吸纳的劳动力数量也日益增多。

(2)产业结构调整带动就业结构转型

产业结构调整是生产要素在各产业部门之间的优化和再分配，而劳动力是生产要素中最为重要和活跃的部分。因此，在产业结构调整升级的过程中，就业结构也随之发生转型。我国人口普查资料及各年《中国统计年鉴》的相关数据也显示，产业结构与就业结构的变化存在同步性。产业结构调整对就业结构的影响主要通过产业转型升级过程中产生的关联、扩散、示范等效应来实现。例如，产业结构调整升级的过程，不仅会推动原有产业的技术进步和创新进而增加对高素质劳动力的需求、缩减对低素质劳动力的需求，还会引发其他产业就业吸纳能力的变化。而且，在产业结构优化升级的过程中，城镇化进程不断加快，会导致劳动力就业的城乡结构甚至区域结构发生变化。

(3) 产业结构调整升级会产生结构性失业

产业结构的调整升级过程往往伴随着资本有机构成比例的不断提高和新技术的广泛应用，因资本和技术对劳动力具有一定的替代作用，从而大量低素质、低技能劳动力会被挤出。一般而言，产业结构调整会使第一产业的劳动力需求减少、第二、第三产业需求增多。但若从第一产业转移出来的劳动力没有积极有效地提升自身专业素养，这部分人可能无法顺利地进入第二、第三产业。与此同时，很多企业因结构升级转型而对高素质、高技能劳动力的需求急剧增加，不断发展的新兴产业也对劳动力素质有较高要求，在劳动力难以满足经济发展需要时，会出现职位空缺与劳动力剩余同时存在的现象，即结构性失业。

(4) 产业内部结构调整与就业结构变化

各产业内部的结构调整也会对劳动力就业产生影响，进而影响就业结构。

首先，第一产业尤其是农业产业化经营推动了农业产前、产中、产后各相关部门及行业的发展，通过技术进步和提高农民人力资本促进现代化农业发展，不仅能拓展新的就业空间，还能优化农业内部就业结构。同时，随着农业生产率的进一步提高，大批被束缚在传统农业中的劳动力被释放出来，向第二、第三产业流动。

其次，第二产业内部的结构调整会导致劳动力就业的行业结构发生改变。在工业化初中期，工业取代农业的主导地位发展迅速，创造大量就业岗位，吸引农业剩余劳动力流向第二产业。初期劳动力主要集中在大量低技术要求的劳动密集型行业，随着工业技术的改造升级，工业内部出现由劳动密集型产业向资本密集型产业、技术与知识密集型产业的结构升级，进而引发劳动力在各行业、产业间流动。

最后，第三产业内部结构变化也会影响就业结构变动。各国发展经验表明，工业化发展到一定阶段，服务业将取代工业成为经济发展的主导力量。第三产业既有批发零售、餐饮、仓储、交通等传统劳动密集型行业，也有通信、金融、保险等资本密集型行业，还有科技、教育、文化、医疗等知识密集型行业。现代科技的广泛应用及居民消费需求的升级，会导致第三产业内部发生结构性调整，传统的劳动密集型服务业比重下降，金融、保险、咨询、科技、文化等现代服务业发展迅速，这必然会引发劳动力在各行业之间转移。

二、产业转移影响产业结构的机制

产业结构调整是推动就业结构转型的重要因素，受各地资源配置及聚合方式的影响，产业结构调整升级有"自主成长型产业升级"和"外向推动型产业升级"两类基本模式（陈明森，2003）。即产业结构的调整优化既可能主要由本地内部技术创新的传递、扩散而实现，也可能是通过加大对外开放力度、强化与其他地区的交流与合作（技术、人员等方面）而实现。在经济全球化和区域经济一体化发展的背景下，地区产业结构的变动或多或少都会受到其他地区影响。产业转移被认为是产业结构从低级水平向高级水平调整过程中的一种主要表现形式和手段（陈建军，2002），也有学者将产业转移定义为"各国或地区之间的产业结构所出现的梯级依次转移和连锁变动的动态过程"（邝惠贞、刘力，2011）。产业转移与产业结构调整优化联系紧密，产业转移促进产业结构调整优化，不仅发生在产业转出地，也发生在产业转入地。

（一）推动转出地产业结构升级的机制

1. 传统产业转出与新兴产业成长

产业结构调整升级的过程必然会伴随传统产业的衰落和新兴产业的崛起，产业转移在这一过程中扮演了重要角色。转出地通过将本地已经失去或正在失去比较优势的传统产业转到其他具有比较优势的地区，在利用其他地区优势获取收益的同时，既可使本地传统产业或落后产能顺利退出，又能集中利用有限资源大力发展新兴产业，促进新兴产业的快速发展，最终实现"腾笼换鸟"，助推产业结构的优化升级。

2. 要素产业间流动

产业转移不仅会推动转出地传统产业转出和新兴产业发展，还会促进各类要素在产业间重新组合。对于转出地而言，转移产业一般是在本地区不具有比较优势的"边际产业"，这类产业的特点是：成本高、利润小，甚至出现利润负增长；生产的多是传统产品，需求增长率趋于下降；产品技术含量低，产业竞争力较弱。经过长期发展，这些产业往往占据大量土地、人力、物力等优质资源。将这些不适合继续发展的传统产业转出去，可将释放出的大量资源要素投入到新兴优势产业部门，推动资源优化配置和产业结构优化升级。若各类要素资源不能及时从传统产业转移出来，势必会使新兴产业发展缺乏足够资源和空间，增加产业结构升级的压力。据一项调查结果显示，1998年日本的五大电子公司将其产品线中约40%的产品生产转移到海外，将节约出来的资源投入计算机、移动电话、液晶显示屏、GPS卫星导航系统等高新技术产业，促进日本产业结构向高度化发展（李洪江，2002）。

3. 产业分工深化

产业分工既是提高劳动生产率、推动经济发展的重要方式，也是产业转移发生的根源。而产业转移不仅有利于区域产业分工合理化，也可促进转出地产业深化分工。在技术进步和生产标准化不断推进的过程中，产业分工已深化到特定产品生产流程所包含的不同环节或生产工序，即产品内分工逐渐成为产业分工的主要形式，这种精细化的分工形态使得产业转移的分工基础从产业间、产品间进一步深化到产品内，进而造成产业转移呈现出不同生产环节或工序的转移。同时，产业转移也对转出地产业分工的调整与深化起到促进作用,特别是以价值链空间分布离散化为导向的各价值链环节的空间重新定位,使得各地区形成专业化分工。例如,价值链中的跨区域企业通过将不具优势的部分生产、加工、制造环节或工序转移到其他有比较优势的地区,将有限要素资源集中分配到企业强势领域,提升自身专业化水平;或将有限资源分配到可带来高价值的环节(研发、设计、技术创新等)中,促进企业分工深化。

(二)促进转入地产业结构调整的机制

产业转移对转入地产业结构的影响主要表现在:一是产业转移结构变化而产生直接的产业结构效应;二是产业转移通过技术进步、产业关联、产业竞争等外溢作用对产业结构的间接影响。产业转移理论已充分证明,地区间的产业级差是产业转移的基础,转出地的产业结构往往决定着转移产业的结构,转入地资源禀赋、承接环境等因素也会对转移产业的结构产生影响,但能动性不大。就转入地而言,产业转移对产业结构调整的间接效应更为重要。

1. 产业结构弹性效应

帕西内蒂(Pasinetti,1981)首次提出"结构变化引起经济增长",即结构动态经济学理论,他认为,产业结构变化若能适应需求结构变化,并对技术进行有效利用,各类要素能转移到生产率较高的部门,即可促进经济增长。换言之,作为一种供给结构存在,产业结构是对需求结构变化适应的反映,这种供给结构对市场需求变动的适应程度即产业结构弹性必然会影响经济的增长。因此,可通过供给和需求两方面来分析产业转移对转入地产业结构的影响:就供给而言,产业转移为转入地带来资本、技术、劳动力等有形要素和一些无形的要素资源,一方面产业转移直接通过增加要素投入而改变产业结构,另一方面产业转移本身也是一种推动结构调整的力量,在与转入地的资本资产重组过程中会提高产业间的资源要素配置效率;从需求角度看,产业转移带来了不同的消费理念和消费模式,对转入地消费者需求导向产生影响,促进消费需求结构逐步趋向高级化,进而推动产业结构也随之向高级化发展。

2. 产业结构成长效应

产业结构成长,即产业结构高级化,通过产业之间的优势地位更迭来实现,主要表现在有更大的收入弹性、更高的生产效率与增长率的部门取代原有衰退部门。一般而言,转入地劳动密集型、资源密集型的产业居多,有高附加值、高科技含量的先进产业少,产业结构处于较低水平。产业转移为转入地产业结构的调整优化创造了机会,主要表现在:先进产业的转入可增加转入地产业结构中先进产业部门数量和比重,推动产业结构向高级化发展;产业转移可通过增加技术、资本等要素投入对已有的低层次产业进行改造、升级,提高产业技术集约化程度；产业转移可促进新产业的建立，这本身就是产业结构的调整，有利于培育新的主导产业或支柱产业。而且，转入产业在产业分布上具有非均衡性，会造成转入地各产业部门的此消彼长，从而引起产业结构的变动。

3. 产业关联效应

各产业之间存在着广泛、复杂而又密切的联系，因此，转移产业的进入或新产业的建立不仅可促进转入地该产业的发展，还可通过关联效应带动地区其他产业发展，从而促进地区产业结构调整优化。转入产业的关联效应主要表现在三方面：一是后向关联效应（Backward Linkages），即转入产业或环节的发展及结构变化不仅会增加对资本、劳动力的需求，还会增加对原材料、设备等的需求，刺激为其提供生产资料的上游产业发展；二是前向关联效应（Forward Linkages），转入产业或工序的发展及生产效率的提高，在一定程度上可大幅降低使用其产品的下游企业的生产成本，带动下游产业发展；三是旁侧关联效应（Horizontal Linkages），转入产业的发展还会影响其周边社会经济的发展，如促进职工培训、法律咨询、专利申请、商业地产等服务业和建筑业的发展。

4. 技术进步效应

产业转移一般是由较高梯度的发达地区指向较低梯度的欠发达地区，这种梯度性决定了欠发达地区转入产业的技术水平要高于当地产业的平均技术水平，即产业转移有技术外溢的作用（陈刚、陈红儿，2001）。产业转入对当地技术进步的直接作用表现在：转移产业或工序所包含的技术和生产线在转出地可能是已过时的技术，但对转入地而言可能比当地同类技术要先进得多，当地企业在与转入企业的合作过程中可通过学习、模仿、消化、吸收而掌握先进技术；转入企业的发展会吸纳大量当地员工，促使当地劳动力通过"干中学"掌握先进技术；伴随企业的转入会有相关研发机构成立，或者转入企业通过与当地研发机构合作，进行技术研发与创新。间接作用主要是通过转入产业或工序在和当地后向、前向关联产业或工序企业的交流合作过程中，通过示范、波及、关联等效应促进转入地企业技术水平提升。技术进步可进一步通过细化劳动力分工、调整供需结构、改善资源配置等方式促进产业结构升级。

（三）产业转移与产业集聚的发展

产业转移不仅伴随着产业的区域间调整和企业的空间位移，也带动了劳动力、资本、技术等要素的区域间流动，产业转移实质上是一个资源要素在区域间流动和再配置的过程。产业集聚则是，在一区域内生产某一产品的若干企业及为这些企业提供配套服务的相关企业集聚在一起而形成竞争优势的现象（王莉，2007）。产业集聚的形成主要是，在某种动力（劳动共享、知识外部性、风险分担等）的驱使下，一些分散在各地的企业不断向某一地区转移而形成经济活动的空间集聚。当产业集聚到一定规模，因集聚而引起的边际分工收益等于或小于边际交易费用时，就会导致规模效应递减，引发集聚区要素市场、资源环境、基础设施的"拥挤效应"，产生集聚不经济，促使在集聚地不具优势的企业向外围转移。可见，在某种意义上，产业转移是转入地集聚经济和转出地集聚不经济两方面因素相互作用的结果，产业转移对转入地和转出地产业集聚的形成、发展也有重要影响。

1. 对转入地产业集聚的影响

产业转移实质是通过企业在空间上的位移而实现要素配置的空间优化。在产业转移过程中，转出地企业往往通过产业资本投资与转入地企业进行合资或合作。若转入地在发生产业转移之前已存在与转入产业相符的产业集中区，转入产业通过资本、技术等要素注入有利于增强企业的生产、研发以及技术创新能力，提高企业发展实力，增强整个产业集中区市场竞争力，促进其发展成为"产业转移促进型产业集聚区"。若转入地在产业转移发生前不存在符合转入产业的集聚区，转入地可充分利用自身的自然资源、土地、劳动力等优势条件，带动相关产业发展，为产业集聚区的形成创造条件。同时，大量产业转入会带动资本、技术、人才等各类要素注入，引起转入地企业及周边其他地区相关企业向转入企业所在地集中，促进以转入企业所在地为中心的产业集中区的发展，推动其发展成为"产业转移主导型产业集聚区"。可见，产业转移为转入地带来了资本、技术、人才、市场等资源要素，促进转入地的产业从无到有、产业规模从小到大、产业集聚水平从低到高，是形成新经济增长点最直接、最迅速、最有效的途径（郭军，2011）。

2. 对转出地产业集聚的影响

任何一工业区从建立起就将经历一个有规律的发展过程，如同一个生命体可将此过程划分为年轻、成熟、老年等阶段，不同阶段有不同特征，这就是Thompson（1966）提出的"区域生命周期理论"。同样，产业集聚区也存在生命周期，在经历形成、成长、成熟后若不及时调整转型必然走向衰亡，产业转移作为一条产业结构调整的重要途径，对产业集聚区的调整转型有重要作用。基本逻辑为：随着产业集聚规模不断扩大，要素需求急剧增加，导致当地原材料、劳动力、土地等价格大幅上涨，而且产业集聚到一定规模后会出现拥挤效应。而产业集聚拥挤效应及规模不经济效应的频现，会不断降低集聚区对企业的吸引力，迫使企业向外围地区转移。当集聚区企业将不具比较优势的工厂或生产环节转移出去，可腾出有限空间、释放优质要素资源发展相对高附加值、高科技含量的新兴产业，推动产业集聚区转型，而且通过新兴产业发展及内涵式质量型城市化建设，将吸引和集聚大量适合新兴产业发展需要的高质量生产要素，为新兴产业的集聚创造条件。综上所述，产业转移可缓解转出地产业集聚的集聚不经济，为产业集聚区的调整转型创造条件（见图 5 – 1）。

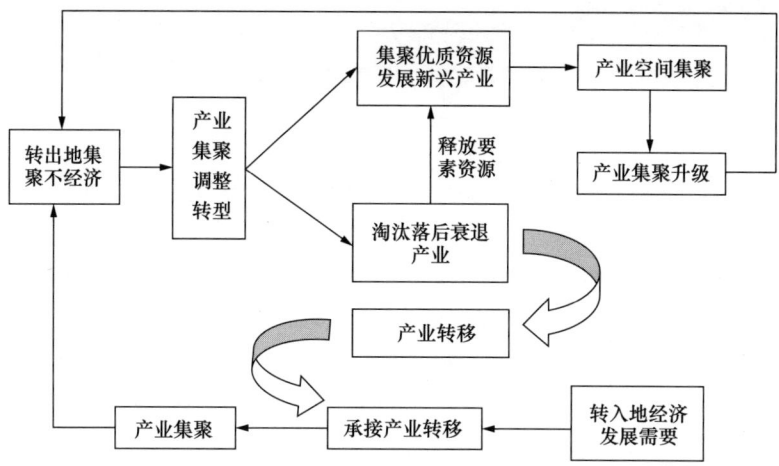

图 5-1 产业转移与产业集聚的发展

三、产业转移影响就业结构的传导路径

根据以上分析可知,产业转移可以推动转出地和转入地产业结构的优化升级,进而促进地区就业结构的调整转型,产业转移→产业结构优化升级→就业结构调整的传导路径如图 5-2 所示。

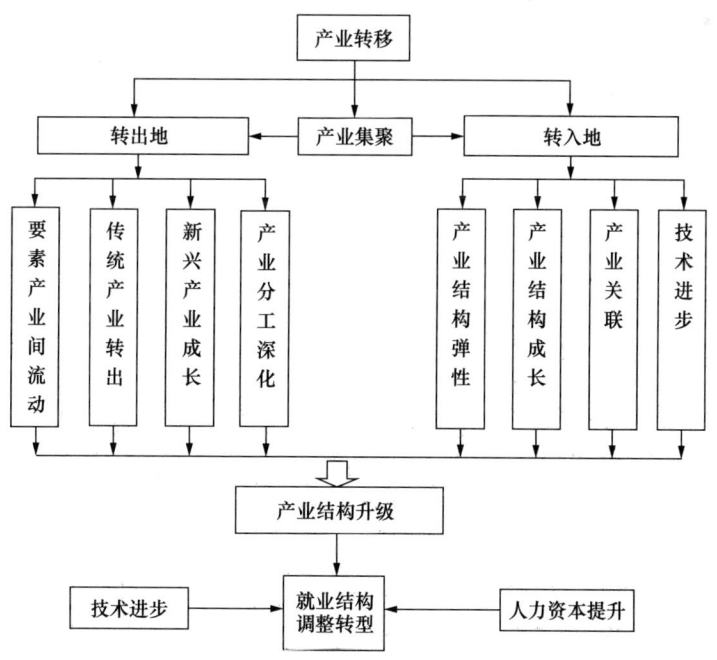

图 5-2 产业转移影响就业结构的传导路径

第三节 实证分析

产业转移的就业结构调整效应是通过促进产业结构调整优化进而引起劳动力在各产业或行业间的重新配置而实现的。近年来,我国产业主要是由东部向中西部转移,与经济发达的东部地区相比,中西部经济发展较为滞后,工业化、城镇化水平低,服务业和乡镇企业欠发达,经济发展对劳动力的吸纳能力低。因此,相较而言,产业转移对转入地——中西部劳动力就业的影响更为明显。为此,本节以产业转入地为例,通过模型构建和实证检验对产业转移的就业结构调整效应进行深入分析。

一、理论模型

(一) 基本模型

本部分以刘易斯的二元经济增长理论思想为基础,借鉴徐毅①(2007)的模型来分析产业转移作为一种资本投入对转入地劳动力产业间转移的影响。

假设一个经济体只有农业、工业两个部门,资源禀赋包括资本 K、劳动力 L 和土地,土地只能用于农业部门,资本仅用于工业部门,劳动力可在两部门间自由流动。经济体中没有技术进步。此经济体的劳动力比较丰富,工业部门尚未发达到可吸纳足够多的劳动力,农业部门中存在大量剩余劳动力,剩余劳动力对农业产出贡献为 0。假定农业部门剩余劳动力数量足够多,其人均收入变化较小,农业部门的人均收入即剩余劳动力向工业部门转移索取的工资率记为固定工资 $\bar{w}$。

以柯布—道格拉斯函数为基础建立模型,假定工业部门的生产符合 C-D 函数如式 (5-1) 所示:

$$Y = K^\alpha L^\beta, \quad \alpha + \beta = 1 \tag{5-1}$$

L_A 数量的居民掌握所有工业部门,工业部门雇佣的农业剩余劳动力数量为 L_B,L_B 由其最大化行为决定。将产品价格标准化为 1,可将工业部门最大化行为表示如式 (5-2) 所示:

$$Y = \text{Max}_{L_B} K^\alpha (L_A + L_B)^\beta - \bar{w} \times L_B \tag{5-2}$$

对 L_B 求一阶导数,并令其等于 0,可得如式 (5-3) 所示:

$$(L_A + L_B)^{-\alpha} = \frac{\bar{w}}{\beta K^\alpha} \tag{5-3}$$

化简,令 $\frac{L_B}{L_A} = z$,可得如式 (5-4) 所示:

---

① 徐毅:《刘易斯二元经济增长理论的一个数理描述》,《数量经济技术经济研究》2007 年第 1 期。

$$1 + z = \left(\frac{\beta}{\bar{w}}\right)^{\frac{1}{\alpha}} \frac{K}{L_A} \tag{5-4}$$

由式（5-4）可知，当等式右边大于 1 时，表示有劳动力从农业部门向工业部门流动。不难发现，若等式右边大于 1，即表明工业部门在吸纳剩余劳动力之前的劳动边际生产力大于固定工资 $\bar{w}$。由于工业部门被 L_A 数量居民所拥有，故其人均产出可表示如式（5-5）所示：

$$\frac{Y}{L_A} = \left(\frac{K}{L_A}\right)^{\alpha}(1+z)^{\beta} - z\bar{w} \tag{5-5}$$

根据式（5-4）将式（5-5）改写为如式（5-6）所示：

$$y = k\left(\frac{\beta}{\bar{w}}\right)^{\frac{\alpha}{\beta}} - k\left(\frac{\beta}{\bar{w}}\right)^{\frac{1}{\alpha}}\bar{w} + \bar{w} \tag{5-6}$$

其中，y、k 分别为工业部门拥有者的人均产出和资本，如式（5-7）所示

$$y = k\left(\frac{\beta}{\bar{w}}\right)^{\frac{1}{\alpha}} \frac{\alpha}{\beta}\bar{w} + \bar{w} \tag{5-7}$$

令 $\left(\frac{\beta}{\bar{w}}\right)^{\frac{1}{\alpha}}\left(\frac{\alpha}{\beta}\right)\bar{w} = A$，带入式（5-7），可将其简化为如式（5-8）所示：

$$y = Ak + \bar{w} \tag{5-8}$$

由于工业部门的拥有者追求终生效用最大化，其行为可表现成（ρ 是行为人的贴现率）如式（5-9）所示：

$$Max \int_0^{\infty} U(C_t) e^{-\rho t} dt \tag{5-9}$$

工业部门投资（假定没有折旧）如式（5-10）所示：

$$\frac{dK}{dt} = Y - C \tag{5-10}$$

将式（5-10）转化为人均形式（n 是工业部门人口增长率），如式（5-11）所示：

$$\frac{dk}{dt} = (A - n)k - c + \bar{w} \tag{5-11}$$

根据式（5-4）和式（5-11）可得到劳动力转移数量的路径如式（5-12）所示：

$$\frac{dz}{dt} = \left(\frac{\beta}{\bar{w}}\right)^{\frac{1}{\alpha}} \frac{dk}{dt} = \left(\frac{\beta}{\bar{w}}\right)^{\frac{1}{\alpha}}[(A-n)k - c + \bar{w}] \tag{5-12}$$

两边同时除以 z，可得 z 的增长率如式（5-13）所示：

$$\frac{dz}{dt} \cdot \frac{1}{z} = \left(\frac{\beta}{\bar{w}}\right)^{\frac{1}{\alpha}}[(A-n)k - c + \bar{w}]\frac{1}{z} \approx (A-n) + \frac{\bar{w} - c}{k} \tag{5-13}$$

一般情况下，由于消费水平一直处于不断增长状态，且工业部门的人口增长率不会太高，即 $A > n$，且 $\overline{w} < c$，所以 $k \uparrow \rightarrow \dfrac{dz}{dt} \cdot \dfrac{1}{z} \uparrow$。

可见，当工业部门的人均资本增加时，农业部门过剩劳动力向工业部门转移的速度会加快。在产业转移过程中，转入产业在一定程度上会增加转入地工业部门资本，提高其人均资本水平。换言之，随着产业的不断转入，转入地农业剩余劳动力向工业部门的转移速度会不断加快。

（二）产业转移对转入地就业结构转型的影响

产业转移不仅可作为新增资本投入增加转入地工业部门资本，其本身还是一种结构调整力量，对劳动力产业间转移有重要影响。下面借用任志成（2012）的两部门模型描述产业转移作为结构调整力量对转入地就业结构的影响①。

以农业部门、现代工业部门为例，初始状态下，假设 D_1 为农业部门劳动力需求曲线，D_2 是工业部门劳动力需求曲线，D_1 和 D_2 相交形成一个农业和工业相等的均衡工资水平，即 $W_1 = W_2$。在工资水平保持不变的情况下，劳动力要素的配置格局为：农业劳动力数量为 O_1L_1，工业劳动力数量为 L_1O_2。

结合我国实际，中西部有相对丰富廉价的劳动力，东部向中西部的产业转移会带动中西部相关产业发展，增加劳动力需求，在图 5-3 中表现为工业劳动需求曲线向上移动，即由 D_2 移动到 D_2^*。转移产业的进入引起当地工业与农业工资水平差距扩大，工资差距扩大到一定程度后就会刺激农业劳动力向工业转移，即农业劳动需求曲线由 D_1 移动到 D_1^*。

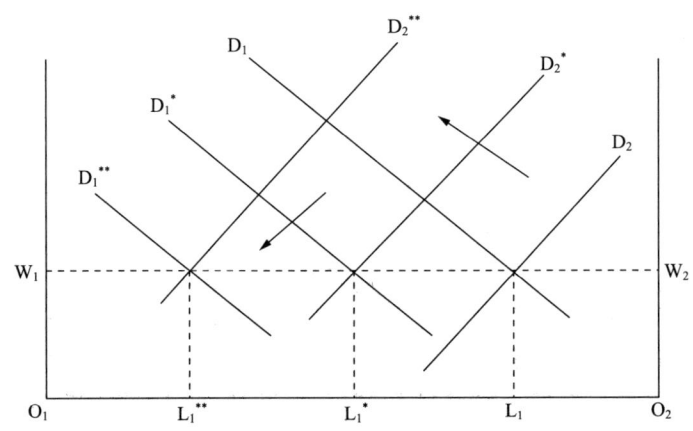

图 5-3 产业转移对二元就业结构转型的影响

---

① 任志成：《国际产业转移的就业效应研究》，经济科学出版社 2012 年版。

转移产业的进入还会产生后向、前向及侧向关联效应，带动其他产业发展，通过资本、技术、人才等的外溢效应提升当地企业技术水平、扩大企业规模，进一步刺激工业对劳动力的需求，即工业部门的劳动力需求曲线会进一步向上移动，由 D_2^* 移动到 D_2^{**}。从农业部门的劳动力需求变化看，由于转移产业或环节多属工业，也会有少许农业产业，如农产品加工，此类产业转入有利于推动当地农业的现代化、专业化发展，在一定程度上会吸纳部分农业劳动力。从这方面讲，转入农业部门的产业或环节会抑制农业劳动力向工业转移。然而，转移产业的进入也会推动转入地农业技术进步进而提高农业劳动力生产率，减少农业劳动力需求。因此，产业转移对转入地农业劳动力需求的影响是以上两方面共同作用的结果。结合我国实际情况，中西部农业剩余劳动力较多，产业转移对当地农业的作用主要表现在：改善生产条件，提升技术水平，提高劳动生产率，促进农业现代化、产业化经营，从而减少农业劳动力需求。因此，农业劳动力需求曲线会进一步向下移动，从 D_1^* 移动到 D_1^{**}，并与工业劳动力需求曲线 D_2^{**} 相交形成新的劳动力配置格局，农业劳动力会加速向工业转移。

二、实证检验

本部分以西部地区为例，就承接产业转移对其就业结构的影响进行实证检验。

（一）数据选取与方法说明

为更准确地反映产业转移承接情况，本部分使用"实际利用区外境内资金"来衡量地区承接的除本地之外国内其他地区的产业转移状况（陈飞，2013），记为 STR。就业结构主要指就业产业结构，即各产业就业数占就业总数的比重，文中用第一产业、第二产业和第三产业的就业比重来衡量就业结构，分别记为 EMP1、EMP2 和 EMP3。在检验时将"实际利用区位境内资金"取对数，以消除异方差。基于数据可得性，本书选取 1999~2012 年西部 12 省市①的数据，来源于历年《中国统计年鉴》和各省统计年鉴及商务厅、招商局公布的数据。

采用方法为面板单位根检验和协整检验，分析步骤为：首先用单位根检验来验证变量平稳性，避免产生"伪回归"，其次进行协整检验，确定变量间的长期关系，最后采用完全修正的最小二乘法（FMOLS）和动态最小二乘法（DOLS）对面板协整模型进行估计。

（二）面板单位根检验

为避免对非平稳序列直接做回归而产生"伪回归"（Spurious Regressions）及

---

① 内蒙古、广西、重庆、四川、贵州、云南、西藏、陕西、甘肃、青海、宁夏、新疆。

由此导致的检验结果不准确,需要对变量进行平稳性检验,即单位根检验。目前,面板数据的单位根检验方法没有完全统一,文中主要采用 LLC 检验(Levin、Lin、Chu,2002)、IPS 检验(Im、Pesaram、Shin,2003)、Breitung 检验(Breitung,2000)、Maddala 和 Wu(1999)检验(包括 ADF - Fisher 和 PP - Fisher)分别对 EMP1、EMP2、EMP3 和 STR 进行检验。检验之前,对所有变量序列作折线图,判定检验回归式应包括常数项和趋势项,结果如表 5 - 5 所示。

表 5 - 5　面板单位根检验

检验方法	EMP1		EMP2		EMP3		STR	
	水平检验	一阶差分	水平检验	一阶差分	水平检验	一阶差分	水平检验	一阶差分
LLC	-6.47 (0.00)	-10.46 (0.00)	-2.75 (0.00)	-6.42 (0.00)	-4.38 (0.00)	-10.18 (0.00)	-1.38 (0.00)	-5.96 (0.00)
IPS	-1.17 (0.12)	-5.79 (0.00)	-0.49 (0.31)	-2.75 (0.00)	-1.02 (0.15)	-7.17 (0.00)	1.41 (0.92)	-2.83 (0.00)
ADF - Fisher	39.81 (0.12)	75.35 (0.00)	28.53 (0.24)	50.97 (0.00)	38.42 (0.03)	87.05 (0.00)	15.42 (0.91)	44.11 (0.00)
PP - Fisher	23.49 (0.50)	77.99 (0.00)	31.37 (0.14)	86.86 (0.00)	27.81 (0.27)	103.83 (0.00)	26.38 (0.33)	64.05 (0.00)
Breitung	0.13 (0.5)	-1.61 (0.05)	1.58 (0.94)	-0.46 (0.32)	0.25 (0.60)	-3.96 (0.00)	2.78 (1.00)	-3.41 (0.00)

注:括号中的数为相应统计检验的收尾概率,即 P 值。

由表 5 - 5 可知,对 EMP1、EMP2、EMP3 和 STR 的水平量检验时,LLC 检验在 1% 的显著水平下拒绝"存在单位根"的原假设,其他四种方法不能拒绝,说明这 4 个变量的水平值为非平稳序列。从一阶差分项的检验看,5 种统计量皆在 1% 的显著性水平下拒绝原假设。由此可以确定,EMP1、EMP2、EMP3 和 STR 均为一阶单整的 I(1)序列。

(三)面板协整检验

由于面板数据为非平稳序列,在用最小二乘法回归时可能出现"伪回归"现象,所以需要对变量之间的协整关系进行分析。协整的经济意义为:两个变量虽然有各自的长期波动规律,但若两者具有协整关系,则说明这两变量之间存在长期稳定的均衡关系。因此,在对 MP1、EMP2、EMP3 和 STR 进行单位根检验的基础上,通过 Pedroni(1999)提出的检验方法进行协整检验。Pedroni 采用 7 个统计量进行检验,根据其结论,Panel ADF、Group ADF 的检验效果最好,Panel V、Group Rho 检验效果最差,其他处于中间,当检验结果不一致时以此顺序为判断依据。据此,文中对 EMP1 与 STR、EMP2 与 STR、EMP3 与 STR 进行协整检验。

表 5-6 面板协整检验结果

统计量	EMP1、STR	EMP2、STR	EMP3、STR
Panel V	1.68 (0.10)	3.36 (0.00)	1.88 (0.00)
Panel Rho	1.14 (0.21)	-1.03 (0.23)	-0.44 (0.06)
Panel PP	-1.92 (0.06)	-2.52 (0.02)	-1.58 (0.00)
Panel ADF	-1.94 (0.06)	-3.35 (0.00)	-0.38 (0.01)
Group Rho	3.76 (0.00)	2.24 (0.03)	0.90 (0.82)
Group PP	-1.36 (0.16)	-1.27 (0.18)	-4.16 (0.00)
Group ADF	-2.17 (0.03)	-2.11 (0.04)	-2.96 (0.00)

注:括号中的数为相应统计检验的收尾概率,即 P 值。

由表 5-6 的估计结果可知,对于 EMP1 和 STR,Panel ADF、Group ADF、Group Rho、Panel V 和 Panel PP 分别在 10%、5%、1%、10% 和 10% 的显著性水平下拒绝"不存在协整关系"的原假设;对于 EMP2 和 STR、EMP3 和 STR,均在 1% 或 5% 的显著性水平下拒绝原假设。这表明,EMP1、EMP2、EMP3 和 STR 之间存在着长期协整的关系。

(四)面板协整方程估计

协整关系只是反映了地区三次产业就业与承接产业转移之间存在长期均衡关系,并没有说明各变量之间的作用方向及大小。为进一步描述承接产业转移对就业结构的影响,本书建立面板协整模型如下所示:

$$EMP1_{it} = \alpha_{1it} + \beta_{1it} STR_{it} + \varepsilon_{1it} (i=1,2,\cdots,N; t=1,2,\cdots,T) \quad (5-14)$$

$$EMP2_{it} = \alpha_{2it} + \beta_{2it} STR_{it} + \varepsilon_{2it} (i=1,2,\cdots,N; t=1,2,\cdots,T) \quad (5-15)$$

$$EMP3_{it} = \alpha_{3it} + \beta_{3it} STR_{it} + \varepsilon_{3it} (i=1,2,\cdots,N; t=1,2,\cdots,T) \quad (5-16)$$

其中,方程(5-14)以第一产业就业比重作为解释变量,承接的产业转移量作为被解释变量,β_{1it} 表示承接产业转移量的相对变化导致第一产业就业比重的变化;方程(5-15)和方程(5-16)分别以第二产业和第三产业就业比重作为解释变量,系数 β_{2it} 和 β_{3it} 反映承接产业转移对第二产业、第三产业就业比重的影响。

若面板数据存在协整关系,直接使用普通最小二乘法对参数估计是有偏的,需要进行修正。对此,本书采用 Pedroni(2000)提出的全面修正估计量

（FMOLS）和 Kao & Chiang（2000）提出的面板动态最小二乘法估计量（DOLS）对方程（5-14）、方程（5-15）和方程（5-16）进行估计，结果如表5-7所示。

表5-7 面板协整方程估计结果

地区	方程（1）				方程（2）				方程（3）			
	FMOLS		DOLS		FMOLS		DOLS		FMOLS		DOLS	
	系数	t值	系数	t值	系数	t值	系数	t值	系数	t值	系数	t值
内蒙古	-0.01 (0.22)	-1.3	0.01 (0.37)	0.9	0.00 (0.55)	0.6	-0.01 (0.03)	-2.8	0.01 (0.17)	1.4	-0.01 (0.57)	-0.5
广西	-0.02 (0.00)	-10.4	-0.02 (0.01)	-3.2	0.02 (0.00)	5.3	0.01 (0.39)	0.9	-0.00 (0.93)	-0.1	0.01 (0.46)	0.7
重庆	-0.02 (0.00)	-9.3	-0.02 (0.00)	-7.6	0.01 (0.00)	9.2	0.01 (0.00)	5.3	0.02 (0.00)	5.1	0.01 (0.00)	5.4
四川	-0.03 (0.00)	-20.8	-0.03 (0.00)	-27.5	0.02 (0.00)	8.6	0.02 (0.00)	16.2	0.02 (0.00)	10.6	0.02 (0.00)	15.1
贵州	-0.03 (0.00)	-3.7	-0.04 (0.00)	-12.8	0.01 (0.04)	2.3	0.02 (0.00)	5.4	0.01 (0.00)	4.5	0.02 (0.04)	2.5
云南	-0.04 (0.00)	-12.8	-0.04 (0.00)	-41.2	0.01 (0.00)	8.2	0.01 (0.00)	15.6	0.03 (0.00)	14.6	0.03 (0.00)	47.0
西藏	-0.05 (0.00)	-12.5	-0.05 (0.00)	-22.9	0.01 (0.00)	10.7	0.01 (0.00)	17.3	0.03 (0.00)	11.8	0.03 (0.00)	15.3
陕西	-0.03 (0.00)	-4.9	-0.04 (0.00)	-46.2	0.02 (0.00)	4.3	0.03 (0.00)	10.9	0.01 (0.11)	1.7	0.01 (0.00)	4.0
甘肃	0.00 (0.18)	1.4	0.00 (0.21)	1.4	-0.01 (0.01)	-2.9	-0.01 (0.04)	-2.7	0.00 (0.00)	4.0	0.00 (0.00)	4.2
青海	-0.10 (0.00)	-11.6	-0.11 (0.00)	-8.1	0.06 (0.00)	9.4	0.06 (0.00)	11.9	0.04 (0.00)	11.4	0.04 (0.00)	5.4
宁夏	-0.01 (0.00)	-4.2	-0.02 (0.04)	-2.6	0.00 (0.60)	0.5	0.00 (0.48)	0.8	0.02 (0.00)	11.2	0.02 (0.00)	5.9
新疆	-0.02 (0.00)	-7.5	-0.02 (0.00)	-27.7	0.00 (0.00)	3.3	0.01 (0.00)	5.5	0.02 (0.00)	5.8	0.01 (0.00)	14.2
面板估计												
	-0.02 (0.00)	-7.5	-0.02 (0.00)	-27.7	0.01 (0.00)	3.3	0.01 (0.00)	5.5	0.02 (0.00)	5.8	0.02 (0.00)	14.2

注：括号中的数为相应统计检验的收尾概率，即P值。

由表5-7发现：FMOLS与DOLS检验结论相似，特别是在自变量对因变量的影响方向上，且系数β_{1it}、β_{2it}和β_{3it}的显著性水平普遍较高，进一步说明产业转移与就业结构有长期均衡关系。但两种方法的估计结果存在差距，由于DOLS方法无须对初始OLS估计量和非参数进行修正，所得估计量更为精准。因此，本书以DOLS估计量为基础进行相关分析。

由DOLS估计结果得知，方程（5-14）系数为负，方程（5-15）和方程（5-16）系数为正，验证了产业转移通过促进转入地第二产业、第三产业快速发展而增加劳动力需求，通过提高农业劳动生产率而减少农业劳动力需求。各省产业转移对就业结构的影响存在明显差异：从第一产业看，广西、重庆、四川、贵州、云南、西藏、陕西、青海、宁夏和新疆的影响系数β_{1it}均在1%的显著性水平下显著为负，内蒙古、甘肃的系数为正却未通过检验，对青海影响最明显，系数为-0.11，说明从长期均衡看，承接产业转移每增长1%，会使青海第一产业就业比重下降0.11%。从第二产业看，重庆、四川、贵州、云南、西藏、陕西、青海和新疆的系数显著为正，广西、宁夏的系数不显著，内蒙古、甘肃的系数显著为负，这表明，除个别省份外，产业转移对增加西部第二产业就业有促进作用。对于第三产业，除内蒙古、广西外，其余各省份的系数都高度显著为正，说明产业转移可显著促进西部第三产业就业增长。

本章小结

就业结构是指不同类型就业劳动力之间及其在总就业劳动力中的比例关系，本章以就业产业结构为主进行分析。就业结构的变化受其内在规律及外在条件的共同影响，其中，经济发展状况、技术进步、产业结构调整、收入水平、城镇化等是影响就业结构的关键因素。从产业转移角度看，产业转移可以通过推动产业结构升级、技术进步、人力资本提升等途径优化地区就业结构，其中，产业结构是影响就业结构最重要的因素。各国经济发展实践也证明，产业结构变化过程中必然伴随着劳动力的产业间流动，产业结构对就业结构有决定性作用。产业结构对就业结构的影响表现在：产业结构决定就业结构、产业结构调整带动就业结构转型、产业结构调整升级会产生结构性失业、产业内部结构调整影响就业结构。产业转移促进地区产业结构调整升级的机制为：产业转移通过促进要素产业间流动、传统产业转出与新兴产业成长、产业分工深化等途径促进转出地产业结构优化升级。对转入地的影响表现在：一是因产业转移结构变化而产生直接产业结效应；二是产业转移通过技术进步、产业关联、产业竞争等外溢作用间接影响产业结构；三是产业转移对转入地和转出地产业集聚的形成、发展也有重要影响。总而言之，产业转移会导致转出地和转入地产业结构的优化升级，而产业结构优化升级会导致就业结构的调整转型。最后，本章从产业转入地——西部地区出发，借鉴相关理论模型深入分析产业转移对就业结构的影响，并以西部十二省份为例进行实证检验。

第六章 产业转移的就业质量提升效应

与对就业空间、就业结构的影响相比,产业转移对地区就业质量的影响更为深远。就业质量包含就业机会、工作环境、劳动报酬、权益保障、劳动关系等多方面内容,高质量就业是地区经济健康发展以及社会和谐稳定的重要保证。

第一节 就业质量的界定及影响因素

一、就业质量的概念

就业质量最早见于国际劳工组织(International Labor Organization)提出的"核心劳工标准"中。1998年,国际劳工组织在《基本劳工权利原则宣言》中明确劳动者的四项基本权利:结社自由并有效承认集体谈判权利;消除一切形式的强迫劳动;有效废除童工;消除就业歧视。1999年,国际劳工组织首次提出"体面劳动"的概念,并将其定义为"男女在自由、公平、安全和具备人格尊严的条件下,获得体面的、生产性的可持续工作机会,其核心是工作中的权利、就业平等、社会保障和社会对话"(Johri,2011)。在20世纪90年代后期,欧洲出现失业率居高不下与招聘困难持续共存的现象,使人们开始注意工作质量(European Commission,2002)。为此,欧盟委员会提出"工作质量"概念,欧盟认为,工作质量是一个包括就业岗位特征、就业岗位上人的特征、就业岗位上人与工作要求的匹配特征、就业者对就业岗位的评价等多层面的概念。就业质量是一个中性化概念,根据水平高低可分为高质量就业和低质量就业。Schroede F. K.(2007)提出"高质量就业"概念,将其定义为"劳动者在某个工作岗位上,既能获得生活所需的劳动薪酬,又能获得挑战性和满足感的能力",并强调收入并非是衡量高质量就业的唯一标准。

由于各国的国情及就业情况不同，对就业质量的认识也存在差异。国内学者刘素华（2005）认为，就业质量主要包括工作性质、聘用条件、工作环境、社会保障和劳动关系五个方面。赖德胜等（2011）认为，地区就业质量的提高包括六方面：就业机会不断增加，就业结构不断优化；劳动资源得到充分利用；劳动者通过就业能够改善家庭生活；劳动者通过就业能够提高自身能力，体现自身社会价值；劳动者失业以后能及时处于就业准备状态，及时就业；劳动者的就业权益能够得到充分有效保障。根据国际劳工组织概念，结合我国具体国情，本书认为，就业质量是一个包含就业机会、工作环境、劳动报酬、权益保障、劳动关系在内的多层次、多维度、综合性概念。

二、就业质量的影响因素

国内外学者对影响就业质量的因素进行了较为全面的分析，概括起来可分为三方面：一是经济发展、社会制度、政府政策等宏观因素；二是企业规模、企业所在地区及行业、就业形式、就业机会、职位类别等中观因素；三是就业者自身的人力资本、性别、社会资本、就业能力等微观个体因素。可见，影响就业质量的因素有很多，既受劳动力个体的影响，也受企业组织以及政府的影响。本节重点关注人力资本投资、劳动力市场分割、就业歧视和技术进步对就业质量的影响。

（一）人力资本投资

人力资本是指花费在教育、培训、健康、迁移等方面的投资所形成的附着在劳动力身上的资本，它不仅是推动经济增长的主要力量，也是提升劳动者收入水平的重要因素。人力资本不同于一般意义上的劳动力，而是经过后天教育、培训、保健等途径后形成的具有较高技能、学识、健康和工作熟练程度的劳动力。这些劳动力具有一定创造性和创新性，在接受和理解各种信息特别是新知识和新技术的接受、消化、吸纳及运用能力较强，比较容易获得就业机会，就业适应能力较强。可见，增加人力资本投资是提高就业质量的一个重要途径。国内外学者主要从教育、培训、流动和健康四方面就人力资本投资对就业质量的影响进行分析。

1. 教育

教育是人们获取基本能力、提高人力资本水平的最基本途径。教育水平主要通过影响劳动力获得就业机会、就业选择能力及收入水平三方面来影响就业质量。

舒尔茨（Schultz，1988）的研究表明，具有竞争优势且受教育程度较高的劳动力将首选非农就业。Knight 和 Song（1999）分析并验证了教育对获得非农就业机会的重要作用。提高受教育程度可以增强劳动力在就业的行业、时间、区位等方面的选择能力。李云萍（2004）通过对我国中部典型农业县的实地调查发现，劳动力在向非农产业转移时，行业进入受劳动力文化程度的直接影响，学历越高，进入体力劳动类型行业的比例就越小。蔡昉（2000）指出，对于寻找合适就业机会的劳动力而言，高素质劳动力的就业选择范围更广，从而最可能突破就业的区位障碍。王洪春、阮宜胜（2004）调查显示，外出务工者的受教育程度与其在外停留时间存在同比例增减关系。教育水平的提高还可增加人力资本存量积累，进而提高劳动生产率，增加劳动者收入。世界银行《1985年世界报告》中指出，劳动力平均每多受1年教育，收入至少要提高2.4%。

2. 培训

作为人力资本投资的重要组成部分，培训是增强劳动者技能水平进而提高劳动生产率的主要途径。某种程度上专业技术培训和受教育程度在对劳动力非农就业参与方面存在替代关系（任国强，2004）。赵延东、王奋宇（2002）通过分析社会调查数据发现，职业培训对城乡流动人口的原有人力资本提供了一种有效的补充和转化方式，其作用不亚于正规教育。培训是人力资本投资的一种重要方式，对劳动力就业及质量有显著影响，其作用主要体现在：增加劳动力非农就业的可能性、增强其工作的稳定性。蔡荣生等（2005）指出，受过培训的农村劳动力在城市中获得工作机会和收入的能力明显较高。加大对外出农村劳动力培训，增强其获取知识和信息的能力，已经成为促进农村劳动力转移、增加就业的一种必然选择（吴新成，2005）。任国强、薛守刚（2009）通过分析天津市农调队的数据发现，培训是影响农户就业选择和收入增加的一个重要因素，职业技能培训为劳动力提供了非农就业所需的实用能力，同时通过提高非农就业的时间、工资水平增加劳动力非农收入。

3. 流动

劳动力流动也是提升人力资本水平的一种重要途径，劳动力流动不仅可优化人力资源与物质资料的组合，提高人力资本利用效率，还能促使人们重视并加大人力资本投资，提高人力资本存量。侯风云（2000）认为，我国农村劳动力向城市流动对其人力资本形成有着积极影响，农民工"逆潮回归"对人力资本的增长效应也非常显著。侯力（2003）从人力资本区域平衡角度分析，认为劳动力流动不仅能促进人力资本的形成和优化配置，提高欠发达地区对人力资本重视程度，还加剧了企业间人力资本的竞争，推动企业用工制度改革。刘文（2004）对劳动力流动与农村人力资本投资进行研究发现，农村劳动力流动可通过影响个人迁移决策、收入水平、劳动力自身素质、资本回流、流动示范效应等途径激励劳动力进行人力资本投资。

4. 健康

健康既是人力资本投资的重要目标之一，也是决定人力资本状况的一个前提条件。它可延长劳动者的生命，提高生产能力，从而得以更好地进行教育、培训、流动等，对劳动力的就业及其质量具有显著影响。Schultz 等（1997）基于世界银行生活水平测度调查数据，通过 Heckman 两阶段方法分析非洲国家科特迪瓦（Cote d'Ivoire）和加纳（Ghana）的劳动参与发现，健康对劳动参与有显著影响。樊明（2002）在其著作《健康经济学——健康对劳动力市场表现的影响》中也指出，与不健康人群相比，健康人群获得就业的机会更大，劳动者的非健康状态对就业有显著负效应，健康对劳动力的工资、工作时间等方面都有重要影响。

（二）劳动力市场分割

经济学家约翰·穆勒和凯恩斯的思想奠定了劳动力市场分割理论的基础，他们反对亚当·斯密的劳动力市场具有竞争性质的观点，并提出劳动力市场具有非竞争性（Mill，1885；Cairnes，1874）。20 世纪 60 年代，彼得·多林格尔（P. Doeringer）和迈克尔·皮奥雷（M. Piore）在《内部劳动力市场与人力政策》中提出的二元结构劳动力市场模型，即为现代劳动力市场分割理论的雏形。二元劳动力市场理论将劳动力市场理解为主要劳动力市场和次要劳动力市场，或一级劳动力市场（Primary Labor Market）和二级劳动力市场（Secondary Labor Market）两部分。其中，一级市场工作环境优越、工资较高、就业稳定、管理规范、具有较多的培训和晋升机会，二级市场工作环境差、工资低、就业不稳定、管理水平较低、缺乏培训和升迁机会（Maloney，1999；Packard，2007）。两市场具有不同的运行机制，一级市场的劳动力雇佣规则对劳动力由二级市场向一级市场流动产生抑制作用（Doringer、Piore，1971）。内部劳动力市场理论（Doeringer、Piore，1971）的提出为劳动力市场分割理论奠定了重要基础，该理论指出，劳动力市场中存在的大企业形成了内部劳动力市场（Heckman、Hotz，1986）。内部劳动力市场的组织性较强，劳动力价格及配置受到管理规则调节，工资水平高于当地平均水平且基本不受外部劳动力市场供求关系影响；外部劳动力市场的劳动力资源配置完全受竞争影响，工资和就业均是由市场力量决定的（Sorm、Terrel，2000）。

国内关于劳动力市场分割的研究主要针对分割种类及其对劳动力流动和就业的影响。赖德胜（1996）提出，新中国成立后我国实施的许多制度特别是户籍制度将国内劳动力市场分割为城市和乡村。徐林清（2002）认为，我国劳动力市场分割为城市非正规就业部门、城市正规就业部门和农村就业部门，由此导致农村形成一个怪圈："农村劳动力素质低—进入城市就业难度大—放弃进入城市正规部门就业的努力—更少的人力资本积累—更低的劳动力素质—更少的城市就业机会—更少的人力资本积累"。黄安余（2005）分析我国劳动力市场城乡、主次、区域、产业分割对就业质量的影响，认为建立统一劳动力市场势在必行。可见，劳动力市场分割使劳动力的就业机会、工资、人力资本投资效率等方面差异明显，建立统一、开发、竞争、有序的劳动力市场是提高就业质量的一种重要途径。

（三）就业歧视

就业歧视的表现很多，受社会历史因素影响，西方劳动力市场存在突出的性别歧视和种族歧视，主要表现在不同群体间的职业（行业）隔离和工资差异。此问题一直为西方学者所关注，Miller（1987）、Kidd（1993）以拥挤理论假说为基础进行分析发现，职业分割对工资差异具有显著影响。Oaxaca（1973）指出，女性劳动力参与受到文化、传统、公然歧视的限制，与男性相比使女性劳动者的职业分布处于弱势，造成同一职业内存在工资性别差异，进而导致男性和女性劳动者的收入差距长期存在。

国内劳动力市场中的就业歧视主要表现在性别歧视和户籍歧视。改革开放前，我国政府倡导男女平等，并实施一系列政策促使男女就业进入机会均等和同工同酬，使劳动力市场中的性别工资差异较低（蔡昉等，2003；李春玲、李实，2008）。改革开放后，随着我国市场经济体制的建立和完善，政府在劳动力市场配置方面的作用不断弱化，女性劳动者在就业岗位、职务提升、工资报酬等方面受歧视现象逐渐显现（Lee，1995；Hershatter，2000；Gustafsson、Li，2000）。随着改革开放和经济发展的不断深入，在城市劳动力市场上形成了由本地务工人员和外来务工人员组成的二元就业结构，外来务工人员在进入就业、工资、权益保障等方面无法享受与本地务工同人员等的福利待遇，这就是存在我国劳动力市场上中特有的户籍歧视（朱艳戴、良铁，2003）。

由此可见，就业歧视对劳动力市场中的弱势群体无疑是"雪上加霜"，不仅减少了这部分人的就业机会，降低其收入，还导致部分高素质劳动力难以配置到合适岗位，造成劳动力配置效率低下，阻碍整体就业质量的提高。

（四）技术进步

自第一次工业革命爆发后，关于技术进步对就业的影响就成为人们关注和争论的热点问题。大多学者都认为技术进步与就业存在密切关系，但就技术进步对就业有何种影响却未形成一致结论。技术进步一方面可能导致"就业毁灭"和"技术性失业"，使就业率下降；另一方面也会产生"就业创造"，通过提高生产率而产生"资本深化效应"，最终促进就业增加，即技术进步对就业的影响有双重性，一定时期内技术进步对就业的净效应需视情况而定（Schumpeter，1943；

Fabien,2002；Pissarides,1990；叶仁荪等,2008）。技术进步还通过劳动生产率变化、新旧技术体系替代等途径促进就业结构调整（Schumpeter,1942；毕先萍、赵坚毅,2007）。当然,技术进步对提升劳动力素质也有重要影响,技术进步的快速发展对人力资本投资有诱导作用（Mincer,1991；Bils、Klenow,2000；周礼,2006）。

可见,技术进步是影响就业质量的一个重要因素。从长期来看,技术进步不仅可以通过促进经济增长、带动产业结构升级等途径增加就业机会、调整就业结构,还可诱导人力资本投资进而提升劳动力素质。

第二节　产业转移对就业质量的影响途径与效应

就业质量包含就业机会、工资报酬、工作环境等多个方面,产业转移对就业质量的影响也存在多种途径。在产业转移过程中,东部通过产业转出在一定程度上会提高和改善当地的劳动力素质、工资待遇、权益维护、就业环境等,中西部（产业转入的重点地区）通过承接产业转移更能对当地的就业机会、就业技能、工资水平、就业环境等方面产生促进作用。因此,本节以产业转入地为主,分析产业转移对其就业质量的影响途径与效应。

一、创造就业机会

承接产业转移对增加转入地就业机会有重要作用,企业或生产环节的转入可为当地直接带来新的就业机会。《2014年世界投资报告》指出,以直接投资为表现形式的产业转移增加了东道国的就业机会,特别是一些大型跨国公司在海外设立的分支机构可创造大量就业机会,例如,1989年全球跨国海外分支机构的就业人员为2600万,2011年增加到6342万,2013年达到7073万（联合国贸易与发展会议,2013）。四川省打造的安岳县渝成国际制鞋产业园于2013年开工建设,在动工前就吸引了200多家企业签约入驻,不仅有制鞋企业,也有研发、物流、鞋材配套、辅料及鞋机配件等配套企业,预测建成后将提供30万的就业岗位①。对转入地而言,转移产业的进入往往意味着相应产业工作岗位的增加,例如,纺织企业的进入会促进与纺织行业相关的化纤、漂染、辅料生产等岗位增加,电子信息制造企业的进入会增加与之相关的研发、设计、销售等环节的

---

① http：//e.chengdu.cn/html/2013-10/23/content_433305.htm.

岗位。

此外,转入地就业岗位的增加会引起就业机会在各产业或行业间的转移。转移产业的进入可能带动当地高技术产业或部门的出现或发展,增加对高技能人才的需求,可解决转入地在原有产业发展条件下部分高技能劳动力无法找到合适工作的问题,提高这部分劳动力的配置效率。而且,产业的进入还会引起在职的同等熟练程度和专业水平的员工流向转入产业,对当地企业造成冲击甚至导致其破产倒闭,造成工人失业。因此,短时期内,因转移产业进入而引起的就业转移也可能导致当地出现"结构性失业"或"摩擦失业"。

二、提升就业技能

产业转移不仅伴随着资本、劳动力的转移,也伴随着技术、管理理念、营销方式等无形资产的转移,不仅可增加转入地的资本存量、缓解就业压力、促进教育培训投资,还会产生技术外溢效应,对提升转入地劳动力就业技能有重要影响。根据前文分析可知,技术进步对就业有双重影响,既可能是"就业创造",也可能是"就业毁灭",但从劳动力技能看,技术进步对人力资本投资有诱导作用,有利于提高劳动力技能。而产业转移为转入地学习、消化和吸收发达地区先进技术从而提高就业技能提供了机会。

产业转移通过技术溢出进而促进转入地劳动力就业技能提升的实现主要有以下几种途径:一是知识技术培训。与当地企业相比,转入企业不仅可提供较好的劳动报酬、工作环境及各类保障,而且会提供各种从业技能培训,更注重人力资本投资。通过对进入转移企业的当地劳动力进行有效培训,为其提供学习新知识、新技能的机会,可不断提高劳动力的就业技能。二是人员流动效应。转入地当地的工人、技术和管理人员在转入企业工作期间经过培训和锻炼会积累各种技能,当这部分员工再跳槽到当地企业或创建新企业时,会将在转入企业获得的知识、技术、经验、管理知识等传导到当地企业,提高当地企业技术水平,进而促进当地劳动力获得先进知识、技术及管理技能。而且,转入企业对高素质、高技能劳动力的需求还会遏制转入地经济欠发达地区普遍存在的"智力外流",甚至会引起"智力回流",对转入地的人力资本积累有积极作用。三是竞争效应。转入企业的进入会加大行业内竞争程度,对转入地市场造成冲击,加剧市场竞争,这种竞争不仅体现在市场份额上,还体现在对要素资源尤其是高技能劳动力的争夺上,这无疑会对当地政府和企业产生"信号作用"和"倒逼效应",刺激他们加大技术研发投入、完善劳动力就业技能培训体系。四是关联示范效应。转入企业在与当地处于产业链上、中、下游企业的接触过程中,可能产生知识、技术、信息等要素流动,转入企业会为其提供技术支持和人才培训,有利于提升当地企业人员的技能水平。而且，转入企业在产品技术、管理理念等方面的示范也可以促进当地企业学习模仿，促进其建立完善培训机制、加大人力资本投资。

三、增加女性就业

承接产业转移有利于增加当地女性的就业机会，提高其人力资本水平。受身体素质、心理素质、受教育程度、职业技能等自身因素以及历史、社会、经济、文化等多方面影响，女性劳动者在劳动力市场上始终处于劣势地位，这是各国发展过程中都会面临的现实问题。我国女性就业难问题也相当突出，尤其是在中西部等经济社会欠发达地区，女性受教育机会不公平，接受高等教育比例低，就业选择范围窄，且受家庭、个人能力等因素影响，较少能实现跨区域流动就业，女性就业难问题尤为严重。产业转入可为欠发达地区带来更多就业机会，尤其是为当地的女性劳动者带来更多在家门口就业的机会。据 2010 年广东妇女研究中心调查数据显示，在产业转移的承接地，51.45% 的务工人员来自当地，女性比例高达 52.96%，男性仅为 48.55%，女性比男性高 4.41 个百分点，且 70.7% 的转入地女性对自己工作感到满意，认可程度最高。

产业转入不仅为当地女性提供更多就业机会，改善其就业状况和经济状况，还可提高女性人力资本水平。在承接产业转移过程中，转移企业对女雇员的技能培训和职业教育会提高其工作能力，，而且会对当地女性就业产生间接示范效应，有助于改变当地女性的就业观点，提高整体就业水平。由于产业转入而引发的当地劳动力产业或行业间流动进而带来的收入提高和职位升迁在一定程度上也有利于提高女性家庭地位和社会地位。

四、促进教育和培训

一般而言，转入企业的雇员工资和待遇水平比当地企业高，对劳动力学历、技能也有较高要求。较高的报酬会吸引大量劳动力向转入企业集聚，特别是有较高技能和较高学历的劳动力，这一方面会增加转入地较高质量劳动力的就业，另一方面也促进其人力资本的形成与积累，实现转入地劳动力资源比较优势升级。这是因为，劳动力进入转移企业后，经过严格、先进的培训和管理会显著提高自身素质，一些有较高文化水平但在当地企业仅是一般雇员的劳动力进入转移企业后，经过多年培训和经验积累可激发其内在潜能，一部分人可发展成为创业者、企业家或者企业高级管理人才和技术人才。这会刺激转入地政府加大教育投入，特别是高等教育投入和职业教育投入。而且，随着承接产业转移的不断深入，转入企业对高技能劳动力需求会日益增加，为满足转入企业对技能型人才的需求，并在吸引产业转移时获得竞争优势，当地政府势必要适应企业对劳动力就业技能的要求,加大教育投入便成为一种重要手段,特别是扩大职业教育投入和就业技能培训。由于转入地教育供给的劳动力可能与转入企业所需劳动力在技能、学历等方面不匹配,转入企业也会倾向于支持并参与当地的教育和培训事业,特别是对高等教育、职业教育的参与,转入企业往往会加强与当地高校和科研机构的交流与合作,如合作办学、联合培养、联合科研、设立奖学金、举办学生竞赛等。这不仅为转入企业发展提供后备力量,也有利于促进转入地教育和培训市场的发展,加强对高技能人才的培养。

综上可见,产业转移不仅可以将转入地一般劳动力提升为具有一定技能、符合企业要求的较高素质劳动力,挖掘当地技术、管理等人才优势,还能刺激转入地政府、企业加大对教育和培训的投入,有利于提升当地的劳动力素质,扩大人力资本总量。

五、刺激劳动力市场发育

劳动力市场是劳动力资源配置的有效方式,而我国劳动力市场在地区、城乡、行业、单位等方面存在着主要、次要劳动力市场的分割,对劳动力工作找寻和流动形成严格限制。随着中西部的不断发展及相关政策的出台,东部产业向中西部转移步伐加快,劳动力从沿海返乡就业或发展的趋势日趋明显,这将有利于我国劳动力市场一体化的形成。

产业转移对转入地劳动力市场的发育存在重要影响。一方面,转入企业一般都采取市场经济的资源配置方式,通过劳动力市场招聘员工,且企业工资报酬反映劳动力市场供求状况及劳动者的人力资本禀赋和努力程度。转入企业的高工资报酬会引起当地劳动力的产业和地区间流动,进而提升劳动力重新配置效率,刺激当地政府创造条件、鼓励和引导劳动力流动。另一方面,由于转入企业对劳动力素质要求较高,而且为吸引高端人才,转入企业往往具有完善的聘用晋升、教育培训、薪酬福利及健全的激励机制和劳动保护标准。转入企业在与当地企业的接触过程中,会对当地劳动力市场形成冲击,转入企业的制度、标准会对当地企业产生竞争、示范效应。因此,当地企业为不断提高竞争力水平,获取竞争优势,必然也会改进工作环境、建立灵活的聘用晋升机制、完善教育培训体系、提供良好的福利保障。当然也会刺激地方政府建立和完善以市场为导向的就业机制,规范企业用工制度,协调企业劳动关系,创造良好的就业竞争氛围。

此外,根据前文分析,产业转移对转入地就业总量、就业结构、劳动力收入等方面都起到极其重要的作用。因此,总体而言,承接产业转移对改善和提高转入地就业质量有重要的促进作用。

第三节 典型案例分析

本节将以河南为例进一步对产业转移的就业质量效应进行分析和检验。河南既是我国中部地区的典型省份,也是中部崛起的重点省份之一,具有能源、劳动力、市场、区位等方面的比较优势,在中西部承接东部产业转移的过程中走在前列,而且作为我国人口大省和劳务输出第一大省,河南近年来出现明显的劳动力回流,对本地就业产生重要影响。

一、河南承接产业转移的特征

作为中部典型省份,河南也是承接产业转移的重点省份。"十一五"之后,我国政府出台一系列促进中部发展的政策措施,例如,2006年提出中部崛起战略,为鼓励和支持国际产业和东部沿海产业向中部转移,商务部推出"万商西进"工程;2011年《国务院关于支持河南省加快建设中原经济区的指导意见》出台,中原经济区上升为国家战略,加快河南承接产业转移步伐。而且,河南还具有独特的区位条件、四通八达的陆空交通、丰富的自然资源、相对低廉的生产要素、巨大的市场空间等多方面优势。以劳动力要素价格为例,中部六省的平均工资水平都低于全国平均水平,而河南工资水平在中部又处于较低水平,且增速缓慢。2007~2013年,全国平均工资水平由24721元增长到51483元,增长108.26%;河南由20935元提高到38301元,仅增长了82.95%,年均增长10.59%,远低于中部其他省份(江西15.23%;湖北,14.43%;安徽,14.07%;山西,13.85%;湖南,12.51%)(见图6-1)。

近年来,河南利用的境外及境内省外资金规模增长迅速,承接产业转移步伐明显加快。2003年河南实际利用境内省外资金为300亿元,到2005年也仅为503.6亿元,然而到2006年全省利用省外资金增加到1004亿元,与2005年相比几乎翻了一番。自此之后,河南承接产业转移的规模不断扩大,增长十分迅速(见图6-2)。2006~2014年,无论是外商直接投资还是境内省外资金都有大幅度增长,尤其是引进的境内省外资金增幅十分明显。本节重点分析河南承接的产业区际转移,即境内省外资金引进。在"十一五"期间,河南利用的境内省外资金从2006年的1004亿元增加到2010年的2743.4亿元,全省累计实际利用境内省外资金达9320.1亿元,是"十五"期间的六倍多,年均增长率达28.57%。进入"十二五"后,河南利用境内省外资金的规模增长更为迅速,2011年达到

4016.3 亿元，与 2010 年相比增长 46.4%，2012 年、2013 年和 2014 年分别突破 5000 亿元、6000 亿元和 7000 亿元，分别达 5026.6 亿元、6197.5 亿元和 7206 亿元。其中，2011~2014 年全省累计吸引境内省外资金为 22446.4 亿元，占同期全社会固定资产投资总额的 23.26%，境内省外资金已成为河南固定资产投资的一个重要来源。

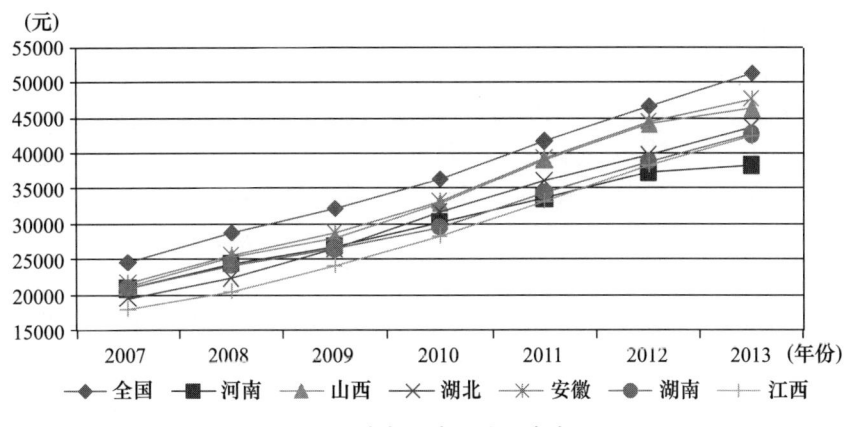

图 6-1　中部六省平均工资水平

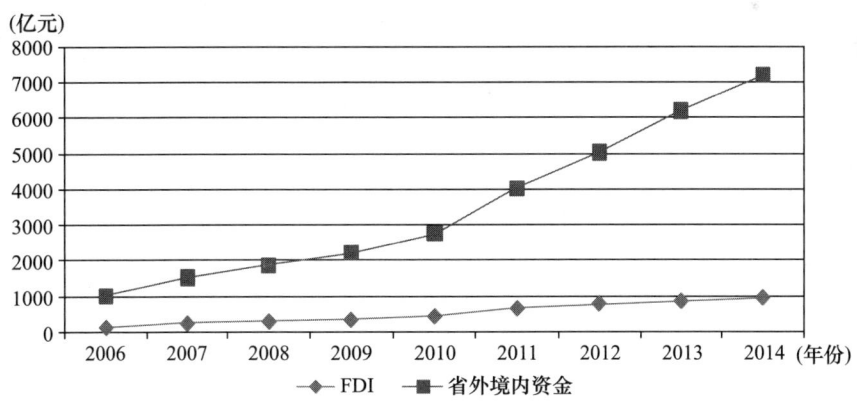

图 6-2　河南省引资规模

目前，河南省吸引了富士康、沃尔玛、西门子、百事可乐、家乐福、厦工集团、奇瑞汽车、杜邦等多家大型企业、大项目落户，截至 2013 年底，已有 121 家世界 500 强、146 家国内 500 强等知名企业在河南投资。以富士康的项目引进为例，它不仅刷新河南外贸数据，也带动了一系列上下游及相关产业在河南布局，引发更大规模产业转移，对促进就业、推动产业升级有重要作用。从引资行业结构看,河南承接的产业转移项目主要集中在纺织、冶金、石油化工、机械电子、房地产、建筑等在当地具有相对竞争优势的行业(何静,2012),其中制造业所占比重最大。以2013年为例,河南新落地的省外资金项目达5770个,引进资金结构以第二产业中加工产业比重最高,占全省47%,第三产业服务业比重为46.5%;在外资利用方面,以新能源、高端机械制造、汽车零部件、电子产品等先进制造业为主。

从产业转移来源地看,河南引进的境内省外资金和项目主要来自长三角、珠三角和京津冀等东部发达地区。据河南商务厅数据显示,2013年河南实际利用境内省外资金6197.5亿元,主要来源于广东、北京、浙江、上海、江苏和山东,这六省市共注入河南的资金总额达3935.1亿元,占全省63.5%,是河南承接区际产业转移重点地区。从转入产业的分布看,主要集中在中原城市群及一些后发地区,排名靠前的有郑州、洛阳、安阳、商丘、新乡、焦作、开封等,以中原城市群城市居多。以2013年为例,引进境内省外资金排名前十位的城市是郑州、洛阳、商丘、安阳、新兴、焦作、开封、周口、南阳和平顶山,这十个城市合计总额占当年全省74.14%。从2007~2013年各城市引进境内省外资金的增长速度看,周口、鹤壁、安阳和商丘增长迅速,年均增速分别达38.3%、34.7%、28.7%和28.4%(见表6-1)。

表6-1 各市利用境内省外资金情况　　　　　单位:亿元

年份	2007	2008	2009	2010	2011	2012	2013
全省	1521.6	1849.2	2201.9	2743.4	4016.3	5026.6	6197.5
郑州	183.1	220.1	263.7	318.8	473	592.3	730.4
开封	104.4	115.2	140.7	177.6	261.7	321.7	399.1
洛阳	121.8	146.5	176.2	220	325.4	418.2	521
平顶山	89.3	121.4	136.3	171.2	246.4	306.1	379.1
安阳	101.4	137.2	166.3	205.5	302.3	377.2	460.5
鹤壁	34.2	48.9	65.1	90.1	130.4	163.1	204.5
新乡	107.5	129.1	156.1	195.2	286.5	358.7	438.6
焦作	111.9	126.8	152.9	191.7	282.8	351.8	431.2
濮阳	38.3	44.2	50.6	61.2	88.6	112.4	146.1
许昌	88.8	100.9	121.7	142.1	207.7	260.9	319.4
漯河	38.4	51.9	62.3	78	111.8	137.2	166.1
三门峡	61.5	68.7	84.9	114.4	167	212.2	260.7
南阳	99.9	110.5	135.3	168.5	246.6	306.6	381.6

续表

年份	2007	2008	2009	2010	2011	2012	2013
商丘	105.2	142.2	159.1	200.5	294.7	377.3	470.4
信阳	92.3	54.8	60.2	81.3	120.1	146.1	177.8
周口	54.7	124.9	151.9	175.9	255.6	315.7	382.8
驻马店	53	61.3	68.9	89.2	126.4	156.5	189.6
济源	35.9	44.6	49.7	62.2	89.3	112.6	138.6

资料来源:《河南省统计年鉴》。

二、河南就业质量现状

河南既是我国人口大省,也是我国劳务输出第一大省,其就业问题非常重要。截至2014年底,河南农村劳动力转移就业总量为2741万人,其中,跨省流动农民工总量达1152万人,居全国之首。据河南省人社厅数据显示,河南农村劳动力转移就业的空间流向已由"传统的'孔雀东南飞'格局逐步向就地就近转移就业转变"。如图6-3所示,2011年河南农村劳动力省内转移就业数量首次超过跨省转移数(两者差额为78万),且省内转移就业数以年均7.83%的速度扩大,2012年和2013年省内就业人数分别超过跨省就业数332万和386万,2014年省内转移就业与跨省转移就业的劳动力差额达438万。这表明,河南农村劳动力净回流成为一种常态,这背后的一个重要原因就是沿海产业向内地的大规模转移。

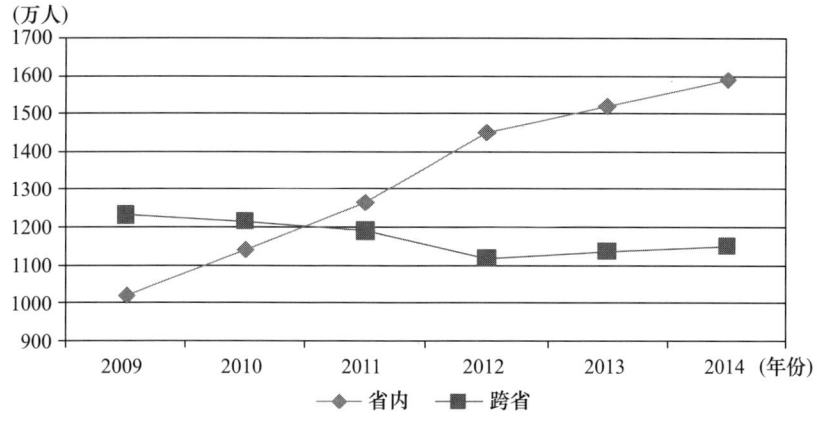

图6-3 2009~2014年河南省农村劳动力转移就业情况

我国区际产业转移的就业效应研究

可见，近年来河南不断加大承接沿海产业转移力度，越来越多的企业落户河南，在推动河南经济迅速增长的同时，也使其用工需求急剧增加，引发大批外出农村劳动力由省外转移就业转向就地就近就业。以河南承接产业转移的标志性事件——富士康入驻为例，它不仅带来 30 多万的用工需求，吸引大量外出务工人"回流"；而且，由于其相对规范的管理、较为完善的福利制度以及医疗保险制度，一度引发河南产业工人的"跳槽热"，"倒逼"河南本土企业提高工资待遇、政府加强劳动力技能培训。为更好地承接产业转移，河南政府积极开展劳动力技能培训，自 2010 年以来陆续实施"农村劳动力技能就业计划"、"阳光工程"、"雨露计划"等培训项目，并于 2014 年提出《深入推进河南全民技能振兴工程 2014~2017 年行动计划》，通过"订单式"、"冠名班"、"顶岗实习"、"工学结合"等方式，计划 4 年培训 427 万以上农村转移劳动力，为产业转移升级提供强有力的技能人才支撑。在承接产业转移的过程中，河南劳动力的就业技能不断提高，就业质量逐步提升。

由于工资收入是衡量就业质量最重要的一个标准，因此，本节以工资水平来衡量河南的就业质量。如表 6-2 所示，2007~2013 年河南平均工资水平一直不断上升，但各地级市之间存在明显差异。2007 年，只有郑州平均工资水平超过全省平均水平，周口、驻马店、漯河、开封、新乡的平均工资水平远低于全省平均水平，差额高达 8176 元、6801 元、6638 元、6501 元、6140 元。2013 年，郑州、洛阳、平顶山和三门峡四个地级市的平均工资水平均超过全省平均水平，其他地级市的平均工资水平则都低于全省平均水平，且大多地级市与全省平均水平的差额有大幅下降，只有驻马店工资水平一直与全省平均水平存在很大差距。

表 6-2 河南省及各地市平均工资水平   单位：元

年份	2007	2008	2009	2010	2011	2012	2013
全省	20935	24438	26906	30303	33634	37338	38301
郑州	23025	26176	29399	32455	35000	41086	44119
开封	14434	17608	20984	23948	27351	31398	34797
洛阳	19517	22424	25635	29059	32657	37074	39559
平顶山	20098	24776	28111	31506	36135	40179	41839
安阳	18535	20690	23290	26211	28543	33002	34348
鹤壁	16741	18300	20830	25542	29226	33440	36839
新乡	14795	17168	19872	22616	25207	30111	33427
焦作	19036	21244	24034	25760	30545	34684	37241
濮阳	19551	22293	23301	26092	31810	35122	36814

续表

年份	2007	2008	2009	2010	2011	2012	2013
许昌	15601	18464	22675	26452	29617	33672	35877
漯河	14297	16343	18869	20990	25322	30829	34538
三门峡	19871	23462	26328	29999	32707	38690	42746
南阳	16001	17713	20639	23127	26460	30112	36071
商丘	16879	18644	21444	24075	26863	30674	36300
信阳	15167	18285	21262	24526	26704	30482	33833
周口	12759	16627	20385	23784	26930	31846	36372
驻马店	14134	16692	18965	21220	24627	28968	31896
济源	18234	19459	21493	24290	27519	32090	36108

资料来源：《河南省统计年鉴》。

三、实证检验

（一）模型构建

为进一步分析承接产业转移对河南就业质量的影响，本书借鉴（孙文远、卢锐，2010）的方法，构建计量模型进行验证。

基于总量不变要素替代弹性的生产函数，假设生产函数形式如式（6-1）所示：

$$y = A[\alpha(\beta K^{\sigma} + (1-\beta)F^{\sigma})^{\rho/\sigma} + (1-\alpha)L^{\rho}]^{1/\rho} \qquad (6-1)$$

其中，y 是总产出，A 是生产技术进步参数，α 和 β 分别表示总资本和国内资本的产出弹性系数，ρ 是劳动和资本要素的替代弹性参数，σ 是本省资本和省外资本的要素替代弹性参数，K 是本省资本，L 是就业总量，F 是省外资本。根据利润最大化原则，对方程（6-1）求导得式（6-2）：

$$\frac{\partial y}{\partial L} = W = A\frac{(1-\alpha)}{\rho}\frac{\{\alpha[\beta K^{\sigma}+(1-\beta)F^{\sigma}]^{\rho/\sigma}+(1-\alpha)L^{\rho}\}^{1/\rho}}{\{\alpha[\beta K^{\sigma}+(1-\beta)F^{\sigma}]^{\rho/\sigma}+(1-\alpha)L^{\rho}\}}L^{\rho-1}$$

$$= A\frac{(1-\alpha)}{\rho}\frac{L^{\rho-1}}{\{\alpha[\beta K^{\sigma}+(1-\beta)F^{\sigma}]^{\rho/\sigma}+(1-\alpha)L^{\rho}\}}y \qquad (6-2)$$

其中，W 是劳动力工资，反映劳动力边际水平。由式（6-2）可知：

$$\frac{\partial W}{\partial L}<0, \quad \frac{\partial W}{\partial y}>0, \quad \frac{\partial W}{\partial F}>0 \qquad (6-3)$$

如式（6-3）所示，劳动力工资与劳动力需求量呈负向关系，与产出、省外资本呈正相关性。

根据上述分析，本章构建回归方程如式（6-4）所示：

$$\ln W_{it} = \beta_0 + \beta_1 \ln K_{it} + \beta_2 \ln Y_{it} + \beta_3 \ln L_{it} + \beta_4 \ln FDI_{it} + \varepsilon_{it} \qquad (6-4)$$

其中，β_0 表示常数项，β_i 为待估系数，K_{it} 表示第 t 年 i 市吸收的境内省外资金，Y_{it} 表示第 t 年 i 市的产出，L_{it} 表示第 t 年 i 市的总就业人数，FDI_{it} 表示第 t 年 i 市吸收的外商直接投资，ε_{it} 是误差项。

（二）数据来源

本节利用 2007~2013 年河南 18 个地级市的数据分析产业转移对就业质量的影响，数据均来自历年《河南省统计年鉴》。回归分析时为消除可能存在的异方差性，对变量取对数。

（三）研究结果

通过对河南 18 个地级市的面板数据进行回归分析，分别建立混合回归模型、固定效应模型和随机效应模型，如表 6-3 所示。由固定效应 F 检验值可知，应拒绝"所有个体虚拟变量都为 0"的原假设，即固定效应模型明显优于混合回归模型；Hausman 检验显示应拒绝随机效应模型，接受固定效应模型。因此，我们使用固定效应模型来对实证结果进行解释。此模型的 F 统计量较高，模型拟合优度较高，回归模型整体显著。

表 6-3　河南省 18 地市面板数据的回归分析

模型	混合回归	固定效应	随机效应
β_0	8.665*** （0.276）	6.599*** （0.999）	7.976*** （0.252）
lnK	0.276** （0.080）	0.263*** （0.042）	0.345*** （0.038）
lnY	0.082 （0.115）	0.399*** （0.074）	0.224*** （0.070）
lnL	-0.176*** （0.054）	-0.183 （0.192）	-0.278*** （0.048）
lnFDI	0.051 （0.039）	0.047* （0.018）	0.044** （0.020）
R^2（组内）	0.711	0.957	0.954
F 检验	28.26***	42.63***	—
Hausman 检验	—	45.18***	
样本总量	126	126	126

注：括号内为标准差，*、**和***分别表示在 10%、5% 和 1% 的显著性水平下显著。

从表 6-3 中可以得出以下结论：境内省外资金对河南劳动力的平均工资有显著正向促进作用，回归系数为 0.263，说明境内省外资金每增加 1%，劳动力的平均工资水平会提高 0.263%。这意味着引进境内省外资金越多，工资增长效应就越强。产出对劳动力工资的影响最大，回归系数为 0.399，说明河南省产出每增加 1%，会带动劳动力平均工资提高 0.399%。就业数量对劳动力工资的影响系数估计值为负却不显著,这可能是因为本书分析的时间区间较短,就业数量对工资水平的影响尚未显著显现。外商直接投资对河南劳动力工资也有正向促进作用,影响系数为0.047。

通过实证分析发现,承接产业转移对河南劳动力平均工资水平增加有显著的促进作用。这背后的逻辑可能是:一方面,转入企业的进入会加剧转入地劳动力市场竞争,为吸引劳动力,会逼迫当地企业提升工资待遇;另一方面,转入企业在雇用本地劳动力后会根据需要对其进行培训,提高劳动力技能和素质,当这些具有较高素质的劳动力在辞职转换工作时会对工资有较高要求,从而带动工资水平整体提升。

本章小结

与对就业空间、就业结构的影响相比,产业转移对就业质量的影响更为深远。就业质量最早见于国际劳工组织提出的"核心劳工标准"中,后来又出现"体面劳动"、"工作质量"、"高质量就业"等众多概念。结合我国具体国情,本书认为,就业质量是一个包含就业机会、工作环境、劳动报酬、权益保障、劳动关系在内的多层次、多维度、综合性概念。根据其含义可知,就业质量的影响因素众多,既有经济发展、社会制度等宏观因素,也有企业规模、组织形式等中观因素,还有劳动力自身的素质、技能等微观因素。本书认为,人力资本投资、劳动力市场分割、就业歧视、技术进步是影响就业质量的主要因素。产业转移可从多方面影响就业质量,在我国产业转移过程中,产业转出在一定程度上会提高和改善东部劳动力素质、工资待遇、权益维护、就业环境等,相较之下,产业转入对中西部就业机会、就业技能、工资水平、就业环境等的影响则更为明显。本章第二部分从产业转入地的角度出发,认为产业转移对转入地就业质量的影响途径与效应主要表现在:创造就业机会、提升就业技能、增加女性就业、促进教育和培训、刺激劳动力市场发育。最后,以承接产业转移的重点省份——河南省为例,分析河南省承接产业转移的特征及其就业质量现状,并以工资收入衡量就业质量、以利用的境内省外资金代表产业转移承接规模,对河南18个地级市的面板数据进行实证检验,发现承接产业转移对河南劳动力平均工资水平增加有显著的促进作用。

第七章 研究结论与展望

作为促进区域协调发展的一个重要抓手，产业转移成为国内学术界和政府部门关注的重要课题。特别是近年来东部沿海频现"用工荒"、"招工难"，中西部在面临"招工难"的同时，外出劳动力出现明显"回流"，这与东部产业向中西部转移是否相关？产业转移对各地劳动力就业会产生何种影响？产业转移引发的劳动力流动进而产生的就业效应，成为各界讨论的热点。在此背景下，本书对我国产业区际转移的就业效应进行分析发现，东部产业向中西部的大规模转移确实会带动中西部外出劳动力的回流，减缓劳动力向东部流动的速度，促进中西部就业增长，但这种影响并不十分明显，各地劳动力就业的增减程度明显低于产业转移幅度，两者并不同步。现阶段，距离通过产业转移实现劳动力由跨区域就业向就地就近就业转变的目标还有一定差距。随着新工业革命的到来，制造业的智能化发展将成为一大趋势，使用的人力会越来越少，产业转移对就业数量的影响不会太明显，但会产生对就业质量的深远影响。

第一节 主要结论

本书选择我国产业由东部向中西部的转移为主题，利用统计描述、面板数据模型、空间计量模型等方法来分析并验证产业转移对我国劳动力就业的影响。主要研究结论如下：

第一，区际产业转移的内涵及理论基础。产业转移内涵紧随其实践而发展，本书结合我国产业转移实践，将区际产业转移界定为：由于资源供给、市场需求及政策环境等条件变化而导致的产业在区域间的相对变化过程。本书基于区际产业转移视角梳理其理论基础，认为区际产业转移理论有梯度转移理论、产业集群理论、"中心—外围"理论和"推拉"理论。

第二，我国区际产业转移的动因。根据对产业转移动因及区位选择影响因素的分析可知，产业转移影响因素有很多，既有来自转出地的，也有来自转入地的，是多方面因素共同作用的结果。因此，本书借鉴人口迁移的"推拉理论"，将我国产业由东部向中西部转移的影响因素概括为：转出地的推力、转出地的阻力、转入地的拉力和转入地的斥力。具体而言，转出地的"推力"主要包括要素供给紧张、产业结构升级、集聚不经济，转出地的"阻力"包括产业集群的"极化效应"、产业发展的"路径依赖"和劳动力跨区域流动等，转入地的"拉力"有低廉丰富的要素资源、巨大的市场潜力、优惠的政策措施等，转入地的"斥力"为经济水平较低、产业配套设施较差、人力资本劣势等。

第三，我国工业空间分布格局及演变。本书采用空间基尼系数、集中率指标对我国工业空间分布进行测度发现：工业总体空间集聚水平呈倒"U"型变动轨迹，1999~2005年主要是向东部集聚，自2005年后产业由东部向中西部转移趋势逐渐增强。具体到各工业行业（本书选取了32个行业），有18个行业空间集聚程度呈倒"U"型变化，6个行业是波动下降的，4个行业是波动上升的，其余4个呈小幅波动，即大部分工业行业的集聚水平在不断下降。进一步以工业中最为重要、流动性最强的制造业为例进行分析得出，大多数制造业行业的重心分布在相对东南地区，但从2005年左右开始出现向西、向北方向移动的趋势，验证了制造业呈现由东部向中西部转移的趋势。

第四，我国制造业转移特征。通过对1999~2012年我国制造业的空间转移特征进行描述发现：以纺织业为代表的劳动密集型行业，其空间集聚水平呈倒"U"型变化，已开始由东部向中西部明显转移，呈现出"大规模转出，分散化小规模转入"特征，江苏、广东、浙江是主要转出地，安徽、江西、河南、山东、湖南、四川是主要转入地；以石油加工、炼焦及核燃料加工业为代表的资本密集型行业，其空间集聚水平呈现不断下降态势，虽然有空间转移迹象，但尚未出现大规模转移，主要是具备一定产业基础的个别省市如辽宁、黑龙江、北京、上海等出现明显转出现象，河北、山东、海南等发生明显转入现象；以计算机、通信和其他电子设备制造业为代表的技术密集型行业，其空间集中程度呈倒"U"型变化，已出现由东部向中西部的转移，当还处于初级阶段，产业的转出转入主要发生在有产业基础的地区，如北京、上海、广东出现明显的产业转出现象，江苏、山东、重庆、四川发生明显产业转入现象。

第五，我国产业区际转移和劳动力就业的对比分析。我国从2005年左右东部开始出现较大规模的产业转移，主要是由东部向中西部地区转移，东北承接产业转移迹象并不明显。从劳动力就业看，东部就业份额仍在不断增加，只是增速明显放缓；中部就业份额增幅不明显，个别年份甚至出现下降；西部就业份额整体呈现下降的态势,从2008年起降速有所减缓。这说明,大规模产业转移在一定程度上使中西部劳动力向东部流动速度减缓,并带动了中西部外出劳动力的回流,但这种影响并不明显,各地劳动力就业也有与产业出现同幅度变化,两者不同步。可见,产业转移通过引发劳动力流动而带来的各地就业变化存在滞后性,距离通过产业转移实现劳动力就地就近就业的目标还存在很大差距。这背后可能与产业转移的结构、新一代农民工成为劳动力流动主体、中西部就业环境、外出务工者在外定居等因素相关。

第六,产业转移的就业空间重构效应。产业转移的就业空间重构效应主要通过引导劳动力在地区间的动态配置来实现。通过构建理论模型探讨产业转移与劳动力流动的规律发现:如果欠发达地区与发达地区间的生产技术差距大于劳动力跨地区流动成本,那么发达地区产业的产业转移水平较弱,欠发达地区"农民工"会向发达地区流动;若两地区间技术差距等于劳动力跨地区流动成本,即两地生产成本相等,那么发达地区的产业可能转移也可能不转移,欠发达地区"农民工"向发达地区流动就业与在本地就业也可能同时存在;若两地间的技术差距小于劳动力跨地区流动成本,那么发达地区的产业转移水平增强,"农民工"将从发达地区向欠发达地区回流。将我国区际产业转移与劳动力跨区域流动放在一起分析发现,自改革开放以来,我国区际产业转移和劳动力流动经历了一个从两者"同向转移"为主到"逆向转移"为主再到"同向和逆向转移并存"的变化过程。在此过程中,我国就业的区域分布也由过度集中于东部沿海地区的非均衡状态向就业趋于分散的区域均衡状态转变。通过计量方法进一步验证了我国产业转移与就业分布之间的空间相关性,即产业转移通过影响各地劳动力就业而影响就业总体空间分布。

第七,产业转移的就业结构调整效应。产业转移可通过推动产业结构升级、技术进步、人力资本提升等途径促进劳动力在产业间重新配置,优化地区就业结构。其中,产业结构是影响就业结构最为重要的因素,产业结构的变化必然伴随着劳动力的产业间流动。产业结构对就业结构的影响主要表现在:产业结构决定就业结构、产业结构调整带动就业结构转型、产业结构调整升级会产生结构性失业、产业内部结构调整影响就业结构。进一步地,产业转移是地区产业结构调整升级的一个重要推手:对转出地而言,产业转移通过促进要素产业间流动、传统产业转出与新兴产业成长、产业分工深化等途径来实现产业结构优化升级;对转入地的影响表现在,一是因为产业转移结构变化而产生的直接产业结构效应,二是产业转移通过技术进步、产业关联、产业竞争等外溢作用对产业结构的间接影响;而且,产业转移对转入地、转出地产业集聚的形成、发展有重要影响。总而言之,产业转移会导致转出地和转入地产业结构的优化升级,而产业结构优化升级会导致就业结构的调整转型。以西部十二省份为例进行的实证分析也进一步反映了产业转移存在就业结构调整效应。

第八，产业转移的就业质量提升效应。与对就业空间、就业结构的影响相比，产业转移对就业质量的影响更为深远。就业质量是一个包含就业机会、工作环境、劳动报酬、权益保障、劳动关系在内的多层次、多维度、综合性概念，其中，人力资本投资、劳动力市场分割、就业歧视、技术进步是影响就业质量的主要因素。产业转移可从多方面影响就业质量，在我国产业转移中，产业转出对东部劳动力素质、工资待遇、权益维护、就业环境等的提高与改善有促进作用，相比之下，产业转入对中西部就业机会、就业技能、工资水平、就业环境等的影响更为明显。因此，本书以转入地为例，认为产业转移对其就业质量的影响途径与效应主要表现在：创造就业机会、提升就业技能、增加女性就业、促进教育和培训、刺激劳动力市场发育。最后，以承接产业转移的重点省份——河南为例进行实证分析发现，承接产业转移对其劳动力平均工资水平（衡量就业质量最重要的一个标准）增加有显著的促进作用。

第二节　研究展望

本书主要对我国区际产业转移特征及其就业效应进行研究，但由于数据可得性和研究能力限制，留下许多尚未解决的问题，有待进一步深入研究。

首先，我国区际产业转移的概念及特征需进一步准确界定和测度。本书虽然将区际产业转移界定为由于资源供给、市场需求及政策环境等条件变化而导致的产业在区域间的相对变化过程，用空间基尼系数、区位商和产业份额进行测度。但文中分析主要是指产业由东部向中西部的转移，对于各区域、省市内部之间的转移并未涉及，在产业选择上仅对两位码制造业行业进行测度，因而难免会使本书对产业转移特征的分析存在不当之处。若能得到各省市及行业的具体生产和输出（输入）数据，应更多地从范围涵盖较小的细分行业出发，对各区域间（内）及省市间（内）的产业转移进行更为严谨的测度。

其次，加深产业转移对转出地就业的研究。虽然本书从转入地和转出地对产业转移的就业效应进行分析，但大量篇幅是针对转入地的，对转出地分析甚少，且仅使用规范分析方法。如果获得东部各行业输出数据及由此导致的劳动力流入流出数据，则可进行具体的量化分析。由于产业转移对转入地和转出地就业影响存在差异，而且近年来东部频现"用工荒"、"招工难"，这是否是我国产业转移背景下的一种常态，如何解决此问题，都需要进一步深入研究。

最后，对转入地就业效应的研究需要进一步深化并拓展。本书主要从宏观角度对产业转移影响就业的途径与效应进行阐述，下一步需要加强从微观视角——劳动力市场供求的角度进行分析。而且，随着东部产业向中西部转移的不断加快，产业转移对中西部就业的地区结构、技能结构、行业结构都会产生深远影响，在这方面的研究有待进一步深入。此外，需要对就业质量的衡量进行更为全面的分析，尝试建立相关指标体系对各地区就业质量进行测度。

附 录

1999~2012年我国32个工业行业空间基尼系数变化趋势图。

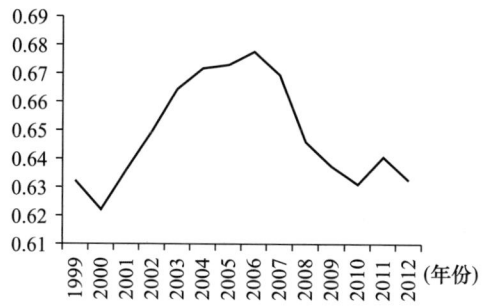

附图1 煤炭开采和洗选业

附图2 石油和天然气开采业

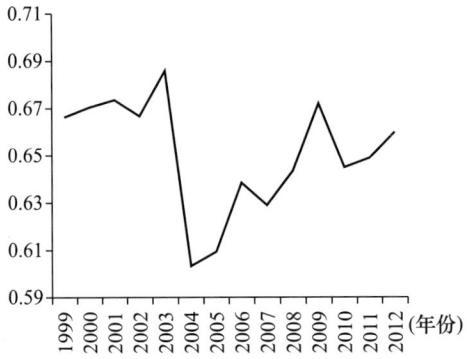

附图3　黑色金属矿采业

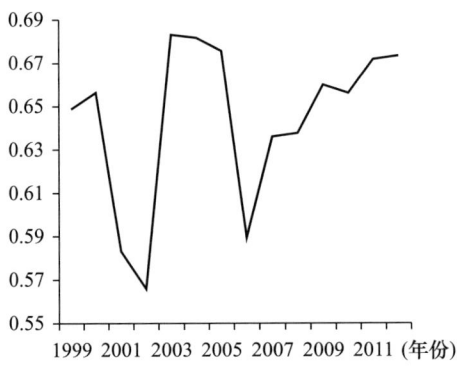

附图4　有色金属矿采业

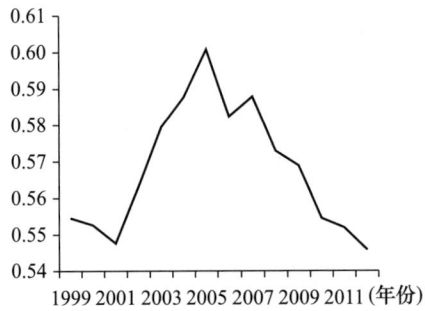

附图5　非金属矿采业

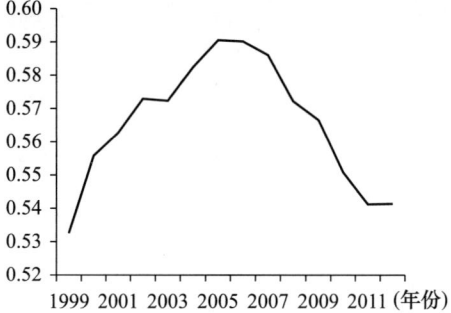

附图 6　农副食品加工业

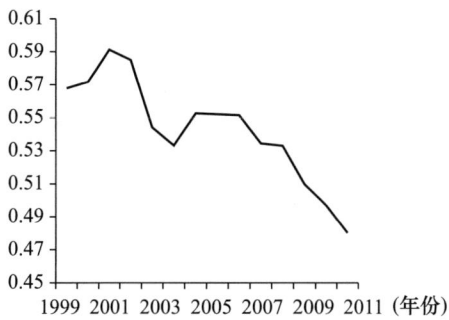

附图 7　食品制造业

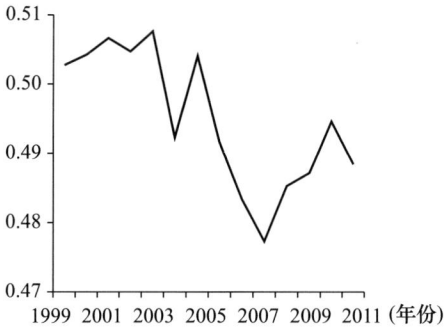

附图 8　饮料制造业

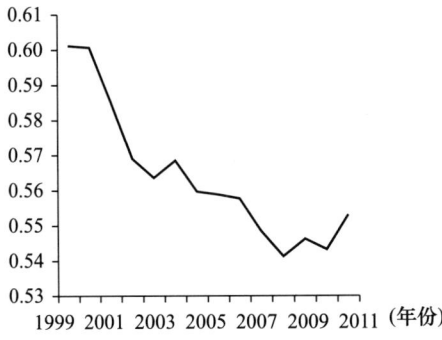

附图 9　烟草制品业

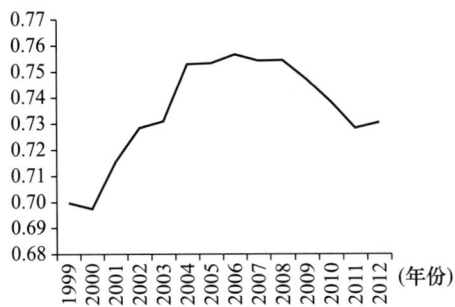

附图 10　纺织业

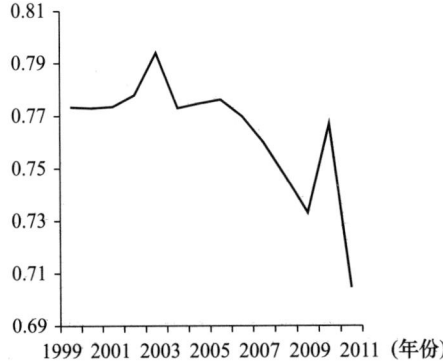

附图 11　纺织服装、鞋、帽制造业

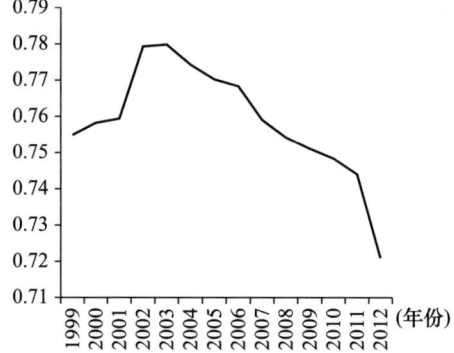

附图 12　皮革、毛皮、羽毛（绒）及其制品业

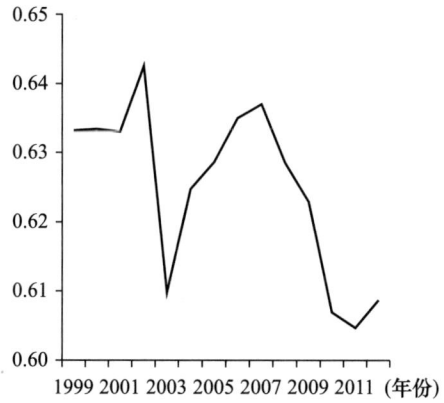

附图 13　木材加工及木竹藤棕草制品业

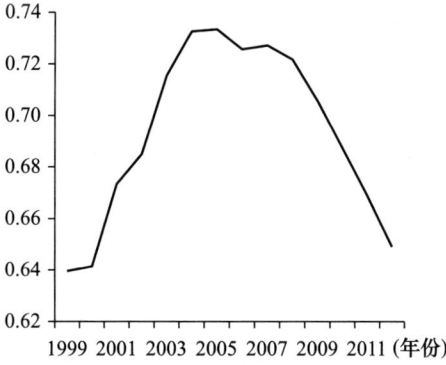

附图 14　家具制造业

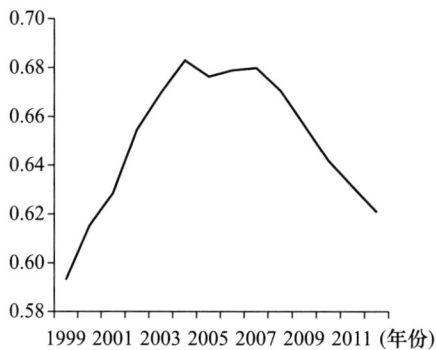

附图 15　造纸及纸制品业

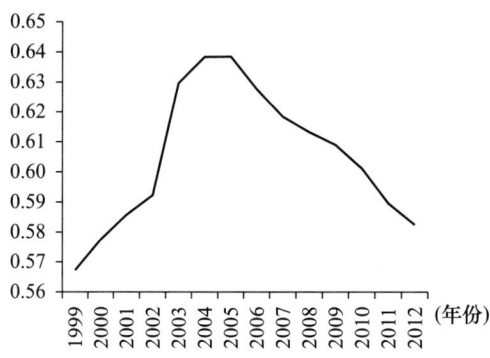

附图 16　印刷业和记录媒介的复制

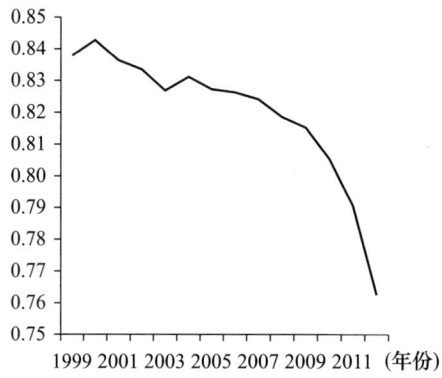

附图 17　文教体育用品制造业

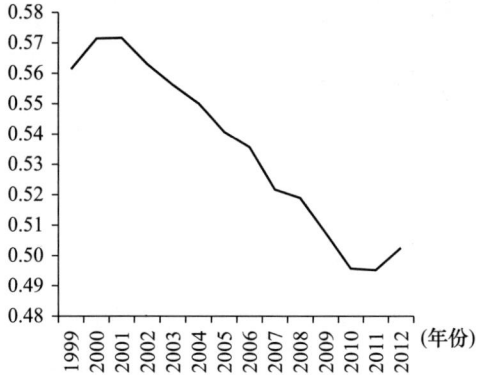

附图 18 石油加工、炼焦及核燃料加工业

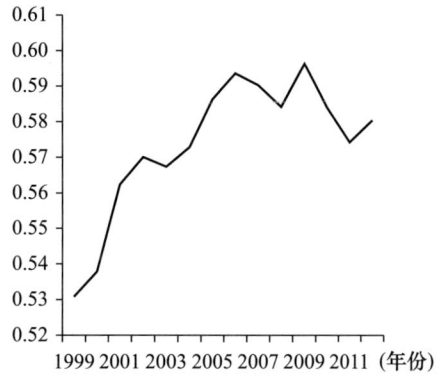

附图 19 化学原料及化学制品制造业

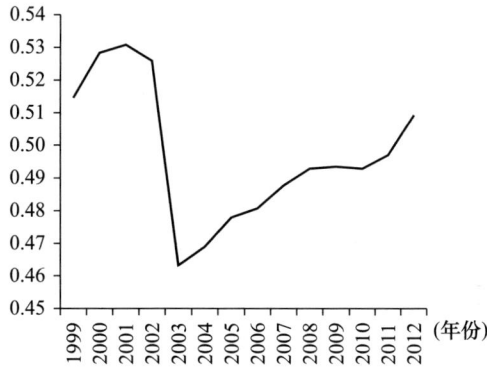

附图 20 医药制造业

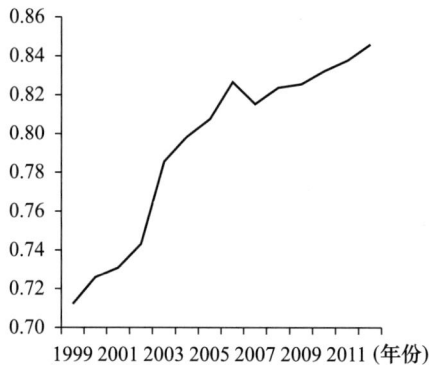

附图 21　化学纤维制造业

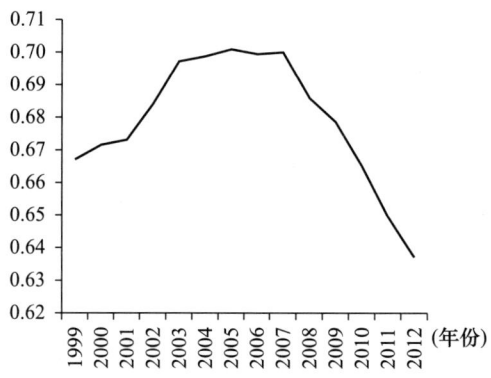

附图 22　橡胶和塑料制品业

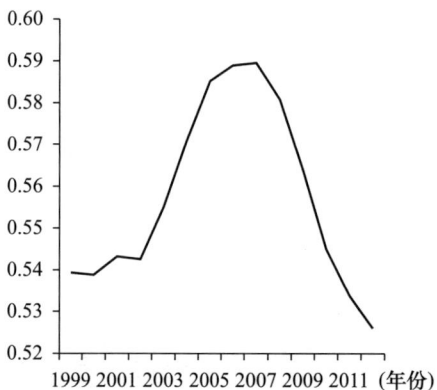

附图 23　非金属矿物制品业

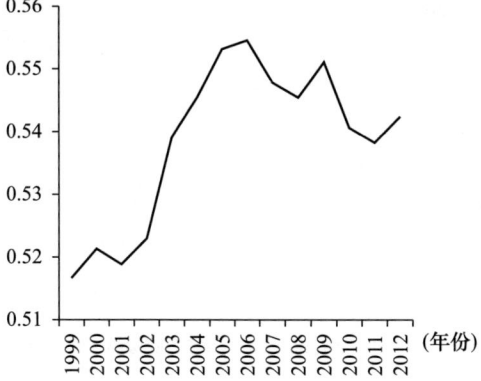

附图 24 黑色金属冶炼及压延加工业

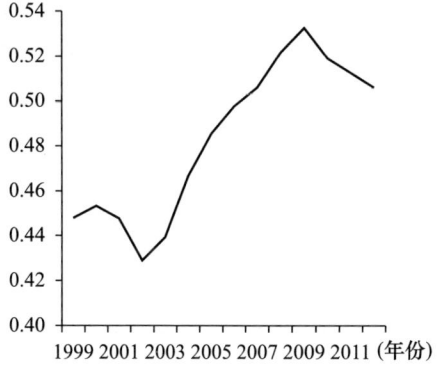

附图 25 有色金属冶炼及压延加工业

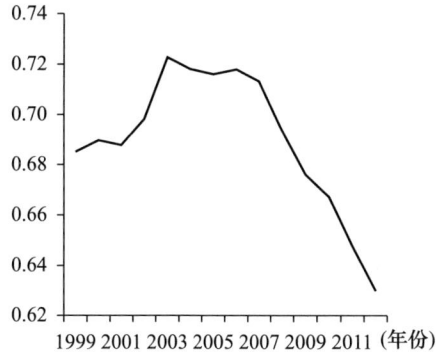

附图 26 金属制品业

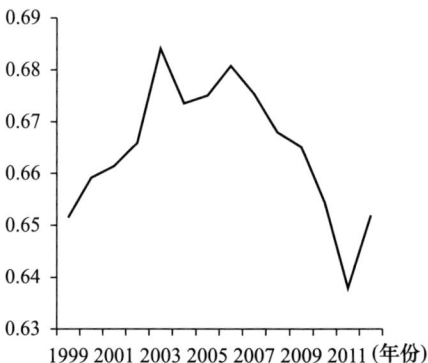

附图 27　通用设备制造业

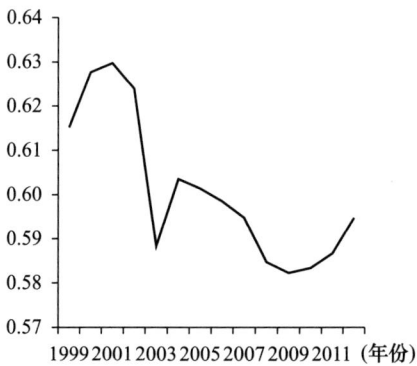

附图 28　专用设备制造业

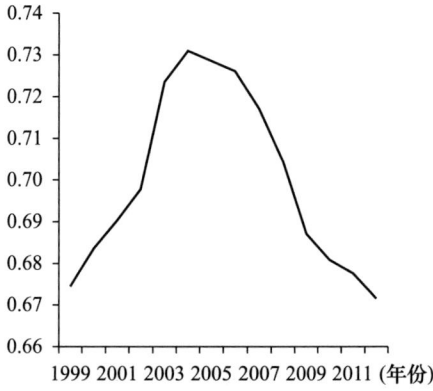

附图 29　电气机械及器材制造业

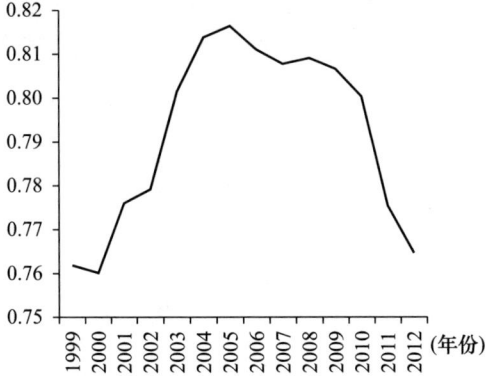

附图30　通信设备计算机及其他电子设备制造

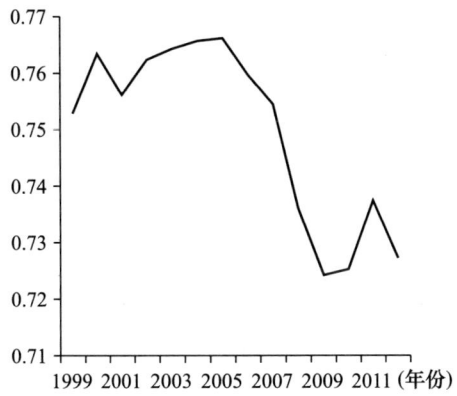

附图31　仪器仪表及文化、办公用机械制造业

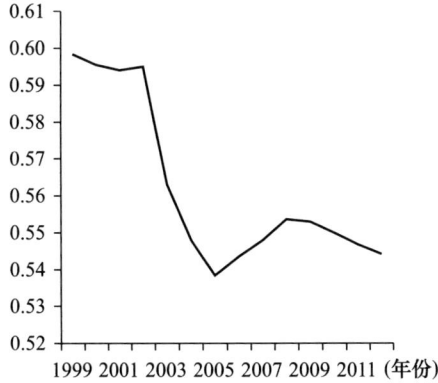

附图32　交通运输设备制造业

参考文献

[1] [美] 阿瑟·刘易斯：《国际经济秩序的演变》，北京：商务印书馆1984年版。

[2] 安士伟、刘珂、万三敏：《区域产业集聚度演变及对承接产业转移的启示——以河南省为例》，《地域研究与开发》2013年第4期。

[3] 安增军、刘琳：《中国产业梯度转移与区域产业结构调整的互动关系研究》，《华东经济管理》2009年第12期。

[4] 保罗·克鲁格曼：《地理和贸易》，北京大学出版社2000年版。

[5] 毕先萍、赵坚毅：《技术进步对我国就业总量及结构的影响》，《统计与决策》2007年第5期。

[6] 蔡昉、王德文、曲明：《中国产业升级的大国雁阵模型分析》，《经济研究》2009年第9期。

[7] 蔡昉：《中国经济面临的转折及其对发展和改革的挑战》，《中国社会科学》2007年第3期。

[8] 蔡昉：《中国流动人口问题》，河南人民出版社2000年版。

[9] 蔡昉、王德文：《外商直接投资与就业——一个人力资本分析框架》，《财经论丛》2004年第1期。

[10] 蔡昉：《劳动力迁移和流动的经济学分析》，《中国社会科学季刊》1996年春季。

[11] 蔡昉：《农村劳动力流动的制度性障碍分析——解释流动与差距同时扩大的悖论》，《经济学动态》2005年第1期。

[12] 蔡荣生、赵亚平、金驰华：《有效转移的前提是有效培训》，《经济》2005年第5期。

[13] 陈栋生：《东西互动、产业转移是实现区域协调发展的重要途径》，《中国金融》2008年第4期。

[14] 陈飞：《我国西部地区承接产业转移的比较优势和对策分析》，《价格

理论与实践》2013 年第 3 期。

［15］陈刚、陈红儿：《区际产业转移理论探微》，《贵州社会科学》2001 年第 4 期。

［16］陈刚、张解放：《区际产业转移的效应分析及相应政策建议》，《华东经济管理》2001 年第 4 期。

［17］陈浩、郭力：《"双转移"趋势与城镇化模式转型》，《城市问题》2012 年第 2 期。

［18］陈计旺：《区际产业转移与要素流动的比较研究》，《生产力研究》1999 年第 3 期。

［19］陈建军：《中国现阶段产业区际转移的实证研究——结合浙江 105 家企业的问卷调查报告的分析》，《管理世界》2002 年第 6 期。

［20］陈建军：《中国现阶段的产业区际转移及其动力机制》，《中国工业经济》2002 年第 8 期。

［21］陈明森：《自主成长与外向推动：产业结构演进模式比较》，《东南学术》2003 年第 3 期。

［22］陈新焱等：《"民工荒"真相调查》，《南方周末》2011 年 3 月 3 日第 3 版。

［23］陈玉宇、邢春冰：《农村工业化以及人力资本在农村劳动力市场中的角色》，《经济研究》2004 年第 8 期。

［24］陈泽聪：《我国制造业技术进步的就业效应——基于 25 个行业的实证分析》，《科技进步与对策》2011 年第 1 期。

［25］成学真：《东业西移对西部就业的效应分析》，《开发研究》2005 年第 4 期。

［26］仇保兴：《小企业集群研究》，复旦大学出版社 1999 年版。

［27］丁建军：《产业转移的新经济地理学解释》，《财经科学》2011 年第 1 期。

［28］［德］杜能：《孤立国同农业和国民经济的关系》，吴衡康译，商务印书馆 1997 版。

［29］杜鹰、白南生：《走出乡村：中国农村劳动力流动的实证研究》，经济科学出版社 1997 年版。

［30］段平忠：《我国人口流动对区域经济增长收敛效应的影响》，《人口与经济》2008 年第 4 期。

［31］樊杰、［美］W. 陶普曼：《中国农村工业化的经济分析及省际发展水平差异》，《地理学报》1996 年第 5 期。

[32] 樊明:《健康经济学——健康对劳动力市场表现的影响》,社会科学文献出版社 2002 年版。

[33] 樊士德、姜德波:《劳动力流动与地区经济增长差距研究》,《中国人口科学》2011 年第 2 期。

[34] 范建军:《就业问题不能忽视乡村就业人口的增减变化》,《中国经济时报》2014 年 7 月 22 日第 6 版。

[35] 范剑勇:《市场一体化、地区专业化与产业集聚趋势——兼谈对地区差距的影响》,《中国社会科学》2004 年第 6 期。

[36] 冯宗宪、黄建山:《1978～2003 年中国经济重心与产业重心的动态轨迹及其对比研究》,《经济地理》2006 年第 2 期。

[37] 冯宗宪、黄建山:《重心研究方法在我国产业与经济空间演变及特征中的实证应用》,《社会科学家》2005 年第 2 期。

[38] 符淼:《地理距离和技术外溢效应——对技术和经济集聚现象的空间计量学解释》,《经济学》2009 年第 8 期。

[39] 傅鸿源等:《中国农村劳动力流动对产业梯度转移的影响探析》,《经济经纬》2008 年第 5 期。

[40] 傅允生:《产业转移、劳动力回流与区域经济协调发展》,《学术月刊》2013 年第 3 期。

[41] 高国力:《区域经济发展与劳动力迁移》,《南开经济研究》1995 年第 2 期。

[42] 格里克曼:《新竞争者——外国投资者正在如何改变美国的经济》,中国经济出版社 1994 年版。

[43] 龚雪:《产业转移的动力机制与福利效应研究》,法律出版社 2009 年版。

[44] 辜胜阻、孙祥栋、刘江日:《推进产业和劳动力"双转移"的战略思考》,《人口研究》2013 年第 3 期。

[45] 郭凡生:《何为"反梯度理论"》,《开发研究》1986 年第 3 期。

[46] 郭军:《中原经济区建设中原理论问题研究》,经济管理出版社 2011 年版。

[47] 郭丽:《产业区际转移粘性分析》,《经济地理》2009 年第 3 期。

[48] [英] 哈维·阿姆斯特朗、吉姆·泰勒著:《区域经济学与区域政策》(第三版),刘乃全等译,上海人民出版社 2007 年版。

[49] 何钟秀:《论国内技术的梯度转移》,《人民日报》1983 年 2 月 6 日第 5 版。

[50] 侯风云：《农村劳动力流动的人力资本效应探析》，《光明日报》2000年2月5日第6版。

[51] 侯力：《劳动力流动对人力资本形成与配置的影响》，《人口学刊》2003年第6期。

[52] 胡济飞：《产业转移中企业迁移的制约因素分析——对劳动密集型产业的分析》，《现代商业》2009年第36期。

[53] 胡黎明、刘友金、赵瑞霞：《承接产业转移的经济效应研究——以新余承接光伏产业转移为例》，《云南财经大学学报（社会科学版）》2012年第3期。

[54] 黄安余：《我国劳动市场分割与就业》，《理论建设》2005年第6期。

[55] 纪韶、朱志胜：《中国省际劳动力流动的特征演变及经济合理性研究：1995~2010》，《经济与管理》2013年第8期。

[56] 江小涓：《全球化中的科技资源重组与中国产业技术竞争力提升》，中国社会科学院出版社2004年版。

[57] 江泽民：《全国建设小康社会，开创中国特色社会主义新局面——在中国共产党第十六次代表大会上的报告》，《人民日报》2002年11月8日第1版。

[58] 金碚：《新编工业经济学》，经济管理出版社2005年版。

[59] 金润奎：《全球战略：跨国公司与中国企业国际化》，高等教育出版社1999年版。

[60] 邝惠贞、刘力：《产业转移与劳动力结构优化效应研究——以河源市为例》，《城市观察》2011年第4期。

[61] 赖德胜、苏丽锋等：《中国各地区就业质量测算与评价》，《经济理论与经济管理》2011年第11期。

[62] 赖德胜：《论劳动力市场的制度性分割》，《经济科学》1996年第6期。

[63] 黎贵才：《增长与就业的动态结构分析》，经济科学出版社2011年版。

[64] 李刚、任志安：《区域空间分工、产业转移与我国劳动力流动新趋势——兼论东部沿海"民工荒"问题》，《平顶山学院学报》2008年第10期。

[65] 李春玲、李实：《市场竞争还是性别歧视——收入性别差异扩大趋势及其原因解释》，《社会学研究》2008年第2期。

[66] 李洪江：《跨国公司新发展及其经济效应分析》黑龙江人民出版社2002年版。

[67] 李建民：《中国劳动力市场多重分隔及其对劳动力市场供求的影响》，

《中国人口科学》2002 年第 2 期。

[68] 李军峰：《就业质量的性别比较分析》，《市场与人口分析》2003 年第 6 期。

[69] 李军政：《企业迁移区位选择的影响因素及决策》，《经济导刊》2011 年第 2 期。

[70] 李培林：《流动民工的社会网络和社会地位》，《社会学研究》1996 年第 4 期。

[71] 李实：《中国农村劳动力流动与收入增长和分配》，《中国社会科学》1999 年第 2 期。

[72] 李实、丁赛：《中国城镇教育收益率的长期变动趋势》，《中国社会科学》2003 年第 6 期。

[73] 李实：《中国个人收入分配研究回顾与展望》，《经济学（季刊）》2003 年第 2 期。

[74] 李小建、覃成林等：《我国产业转移与中原经济崛起》，《中州学刊》2004 年第 3 期。

[75] 李晓西：《东部产业转移趋势与承接机遇》，《中国国情国力》2009 年第 2 期。

[76] 李雪辉、许罗丹：《FDI 对外资集中地区工资水平影响是实证研究》，《南开经济研究》2002 年第 2 期。

[77] 李运萍：《中部地区农村劳动力就业及收入与学历关系分析》，《江苏技术师范学院学报》2004 年第 5 期。

[78] 李占国、孙久文：《我国产业区际转移滞缓的空间经济学解释及其加速途径研究》，《经济问题》2011 年第 1 期。

[79] 李治邦：《发展农村教育促进农村剩余劳动力转移》，《农业经济》2004 年第 12 期。

[80] 联合国贸易与发展会议：《2014 年世界投资报告——投资于可持续发展目标：一项行动计划》经济管理出版社 2013 年版。

[81] 梁琦：《产业集聚论》，商务印书馆 2004 年版。

[82] 梁琦：《分工、集聚与增长》，商务印书馆 2009 年版。

[83] 林毅夫、蔡昉、李周：《中国经济转型时期的地区差距分析》，《经济研究》1998 第 6 期。

[84] 林毅夫、刘培林：《中国的经济发展战略与地区收入差距》，《经济研究》2003 年第 3 期。

[85] 刘力：《区域产业结构协同的"双转移"战略：广东省证据》，《改

革》2009年第8期。

[86] 刘声：《我国外出农民工已超1.3亿需新就业人数超2000万》，《中国青年报》2009年2月7日第3版。

[87] 刘生龙、王亚华、胡鞍钢：《西部大开发成效与中国区域经济收敛》，《经济研究》2009年第9期。

[88] 刘素华：《就业质量：概念、内容及其对就业数量的影响》，《人口与计划生育》2005年第7期。

[89] 刘文：《农村劳动力流动过程中的人力资本效应研究》，《农业现代化研究》2004年第5期。

[90] 刘艳：《论东部产业集群对西部开发的影响——对传统"梯度转移"理论的一种质疑》，《经济问题探索》2004年第1期。

[91] 刘友金：《关于集群创新优势的研究及其启示》，《经济学动态》2003年第2期。

[92] 娄晓黎：《地域梯级分工模型与区际产业转移的空间机制分析》，《当代经济研究》2004年第7期。

[93] 卢根鑫：《国际产业转移论》，上海人民出版社1994年版。

[94] 罗良文、刘辉：《外商直接投资的就业效应分析》，《华中农业大学学报》2003年第4期。

[95] 罗良文：《国际贸易、国际直接投资与就业》，中国财政经济出版社2004年版。

[96] 罗润东：《当代技术进步对劳动力就业的影响》，《经济社会体制比较》2006年第4期。

[97] 吕冰洋、余丹林：《中国梯度发展模式下经济效率的增进》，《中国社会科学》2009年第6期。

[98] ［英］马歇尔：《经济学原理》，朱志泰译，商务印书馆1964年版。

[99] 穆建新：《从劳动力转移到产业转移——金融危机背景下推进经济结构战略性调整的有效途径》，《现代经济探讨》2009年第11期。

[100] 潘隽：《全国约有两千万农民工失业返乡》，《新闻晨报》2009年2月3日第4版。

[101] 逄增辉：《当代外国对美国直接投资》，厦门大学博士学位论文2003年。

[102] 彭远新、林振山：《能源消费产生的SO_2和工业烟尘排放量时空演变分析》，《自然资源学报》2010年第1期。

[103] 秦建国：《大学生就业质量评价体系探析》，《中国青年研究》2007

年第 3 期。

[104] 任国强、薛守刚:《培训对农户就业选择和收入增长的影响研究》,《中国农机化》2009 年第 6 期。

[105] 任国强:《农户教育水平和培训对农户就业行为的影响研究》,中国"三农"问题国际研讨会,杭州,2004 年 6 月 25 日。

[106] 任志成:《国际产业转移的就业效应研究》,经济科学出版社 2012 年版。

[107] 山社武、刘志勇、张德生:《劳动力自由流动是阻碍传统产业区际转移的根本原因吗?——基于 27 个产业的实证分析》,《财贸研究》2010 年第 5 期。

[108] 石奇:《集成经济原理与产业转移》,《中国工业经济》2004 年第 10 期。

[109] 石彤、王献蜜:《大学生就业质量的性别差异》,《中华女子学院学报》2009 年第 6 期。

[110] 苏方林:《中国研发与经济增长空间统计分析》,经济科学出版社 2009 年版。

[111] 孙华平、黄祖辉:《区际产业转移与产业集聚的稳定性》,《技术经济》2008 年第 7 期。

[112] 覃成林:《区域协调发展机制体系研究》,《经济学家》2011 年第 4 期。

[113] 谭崇台:《发展经济学》,上海人民出版社 1996 年版。

[114] 唐智敏、陈福生:《东部地区产业转移的趋势与特点》,《理论导报》2008 年第 11 期。

[115] 藤田昌久、克鲁格曼等:《空间经济学:城市、区域与贸易》,中国人民大学出版社 2005 年版。

[116] 汪彩君、唐根年:《长江三角洲地区制造业空间集聚、生产要素拥挤与集聚适度识别研究》,《统计研究》2011 年第 2 期。

[117] 王国中:《产业转移与贸易格局》,中国商业出版社 2006 年版。

[118] 王洪春、阮宜胜:《中国民工潮的经济学分析》,中国商务出版社 2004 年版。

[119] 王缉慈:《创新的空间——企业集群与区域发展》,北京大学出版社 2001 年版。

[120] 王莉:《产业集聚与产业转移的互动关系》,《辽宁经济》2007 年第 12 期。

[121] 王文成、杨树旺：《中国产业转移问题研究：基于产业集聚效应》，《中国经济评论》2004 年第 8 期。

[122] 王先庆：《产业扩张》，广东经济出版社 1998 年版。

[123] 王先庆：《跨世纪整合：粤港产业升级与产业转移》，《商学论坛》1997 年第 2 期。

[124] 王小鲁、樊纲：《中国地区差距的变动趋势和影响因素》，《经济研究》2004 年第 1 期。

[125] 王兴中：《要素流动与我国地带间的产业梯度转移》，《改革与战略》2006 年第 1 期。

[126] 王忠平、王怀宇：《区际产业转移形成的动力研究》，《大连理工大学学报》（社会科学版）2007 年第 1 期。

[127] 威廉·配第：《政治算术》，商务印书馆 1978 年版。

[128] [德] 韦伯：《工业区位论》，李刚剑等译，商务印书馆 1997 年版。

[129] 魏浩：《中国 30 个省市对外贸易的集聚效应和辐射效应研究》，《世界经济》2010 年第 4 期。

[130] 魏后凯：《产业转移的发展趋势及其对竞争力的影响》，《福建论坛经济社会版》2003 年第 4 期。

[131] 魏后凯：《现代区域经济学北京》，经济管理出版社 2006 年版。

[132] 魏玮、毕超：《环境规制、区际产业转移与污染避难所效应——基于省级面板 Poisson 模型的实证分析》，《山西财经大学学报》2011 年第 8 期。

[133] 文玫：《中国工业在区域上的重新定位和聚集》，《经济研究》2004 年第 2 期。

[134] 吴殿廷、葛岳静：《我国东部沿海地区经济发展与资源——环境演变轨迹》，《中国人口·资源环境》1996 年第 3 期。

[135] 吴三忙、李善同：《中国制造业地理集聚的时空演变特征分析：1980～2008》，《财经研究》2010 年第 10 期。

[136] 吴新成：《农民培训——解决"三农"问题的当务之急》，《西部大开发》2005 年第 3 期。

[137] 吴要武：《产业转移的潜在收益估算——一个劳动力成本视角》，《经济学（季刊）》2014 年第 1 期。

[138] 吴玉鸣：《中国经济增长与收入分配差异的空间计量经济分析》，经济科学出版社 2005 年版。

[139] 武晓霞、任志成：《基于产业集聚的中国劳动力流动研究》，《南京审计学院学报》2007 年第 4 期。

[140] 夏禹龙、冯之浚：《梯度理论和区域经济》，《研究与建议》1982 年第 8 期。

[141] 肖六亿：《劳动力流动与地区经济差距》，《经济体制改革》2007 年第 3 期。

[142] 谢丽霜：《产业梯度转移滞缓原因及西部对策研究》，《中央民族大学学报》2005 年第 5 期。

[143] 谢丽霜：《西部地区承接东部产业转移的环境风险及防范对策》，《商业研究》2009 年第 1 期。

[144] 徐建华、岳文泽：《近 20 年来中国人口重心与经济重心的演变及其对比分析》，《地理科学》2001 年第 5 期。

[145] 徐林清：《试析我国劳动力市场分割对农村人力资本积累的制约》，《岭南学刊》2002 年第 4 期。

[146] 徐毅：《刘易斯二元经济增长理论的一个数理描述》，《数量经济技术经济研究》2007 年第 1 期。

[147] 许召元、李善同：《区域间劳动力迁移对经济增长和地区差距的影响》，《数量经济技术经济研究》2008 年第 2 期。

[148] 严浩坤：《劳动力跨地区流动与地区差距》，《地理科学》2008 年第 4 期。

[149] 颜蔚篮、梁健彬：《论佛山建陶之"腾笼换鸟"》，《中国陶瓷工业》2012 年第 4 期。

[150] 杨昌举等：《关注西部：产业转移与污染转移》，《环境保护》2006 年第 8 期。

[151] 杨春瑰：《劳动力迁移的 Logistic 离散模型及其稳定性分析》，《中国农村观察》2003 年第 2 期。

[152] 杨云彦：《劳动力流动、人力资本转移与区域政策》，《人口研究》1999 年第 9 期。

[153] 杨云彦等：《就业替代与劳动力流动：一个新的分析框架》，《经济研究》2003 年第 9 期。

[154] 姚裕群：《市场经济下的就业理论与就业促进》，中国劳动出版社 1996 年版。

[155] 姚枝仲、周素芳：《劳动力流动与地区差距》，《世界经济》2003 年第 4 期。

[156] 叶仁荪、王光栋、王雷：《技术进步的就业效应与技术进步路线的选择》，《数量经济技术经济研究》2008 年第 3 期。

[157] 应龙根、宁越敏：《空间数据——性质、影响和分析方法》，《地球科学进展》2005年第1期。

[158] 于爱晶、周凌瑶：《我国政府投资与经济增长、居民收入和就业的关系》，《中央财经大学学报》2001年第9期。

[159] 袁晓玲、张宝山、胡得佳：《人口迁移对区域经济增长地区差异的影响分析——以陕西省为例》，《华东经济管理》2009年第9期。

[160] 张二震、任志成：《FDI与中国就业结构的演进》，《经济理论与经济管理》2005年第5期。

[161] 张公嵬、梁琦：《产业转移与资源的空间配置效率研究》，《产业经济评论》2010年第9期。

[162] 张建华、欧阳轶雯：《外商直接投资、技术外溢与经济增长——对广东数据的实证分析》，《经济学（季刊）》2003年第3期。

[163] 张抗私、周鹏、姜广东：《当代劳动经济学》，经济科学出版社2000年版。

[164] 张鑫：《基于产业集聚的中西部地区承接产业转移问题研究》，《特区经济》2009年第6期。

[165] 张智勇：《户籍制度：农民工就业歧视形成之根源》，《农村经济》2005年第4期。

[166] 赵伟、李芬：《异质性劳动与区域收入差距：新经济地理学模型的扩展分析》，《中国人口科学》2007年第1期。

[167] 赵延东、王奋宇：《城乡流动人口的经济地位获得及决定因素》，《中国人口科学》2002年第4期。

[168] 钟甫宁、徐志刚、栾敬东：《经济发达农村地区外来劳动力的性别差异研究》，《人口与经济》2001年第2期。

[169] 周礼：《技术进步与人力资本形成——基于员工与企业的微观视角》，浙江大学博士学位论文，2006年。

[170] 周民良：《经济重心、区域差距与协调发展》，《中国社会科学》2000年第2期。

[171] 朱华友：《新经济地理学经济活动空间集聚的机制过程及其意义》，《经济地理》2005年第6期。

[172] 朱艳戴、良铁：《就业歧视的比较研究》，《经济问题探索》2003年第12期。

[173] 朱希伟：《偏好、技术与工业化》，《经济研究》2004年第11期。

[174] 朱钟棣：《劳尔·普雷维什的经济思想与政策主张》，《世界经济》

1987年第10期。

[175] Aboufadel E., Austin D., "A New Method for Computing the Mean Center of Population of the United States", *The Professional Geographer*, Vol. 58, No. 1, 2006, pp. 65 – 69.

[176] Aghion P., Howitt P., "Growth and Unemployment", *Review of Economic Studies*, Vol. 61, 1994, pp. 477 – 494.

[177] Anselin L., "Local Indicators of Spatial Association – LISA", *Geographical Analysis*, Vol. 27, No. 2, 1999, pp. 93 – 115.

[178] Anselin L., "Spatial Dependence and Spatial Structural Instability in Applied Regression Analysis", *Journal of Regional Science*, Vol. 30, 1990, pp. 185 – 207.

[179] Anselin L., *Spatial Econometrics: Methods and Models*, Dordrecht: Kluwer Academic Publishers, 1988.

[180] Belderbos R., Carree M., "The Location of Japanese Investment in China: Agglomeration Effects, Keiretsu, and Firm Heterogeneity", *Journal of the Japanese and International Economics*, Vol. 16, 2002, pp. 194 – 211.

[181] Benjamin D., Brandt L., Glewwe P. et al., "Markets, Human Capital, and Inequality: Evidence from Rural China", *Unpublished Paper*, University of Toronto, 2000.

[182] Bils M., Klenow P. J., "Does Schooling Cause Growth?", *American Economic Review*, Vol. 90, No. 5, 2000, pp. 1160 – 1183.

[183] Blomstrom M., Fors G., Lipsey, R., "Foreign Direct Investment and Employment: Home Country Experience in the United States and Sweden", *The Economic Journal*, Vol. 107, 1997, pp. 1787 – 1797.

[184] Brainard S., Riker D., "Are US Multinationals Exporting US Jobs?", *NBER Working Paper*, No. 5958, 1997.

[185] Brakman S. H., Garretsen R., Gigengack C., "Negative Feedbacks in the Economy and Industrial Location", *Journal of Regional Science*, Vol. 36, No. 4, 1996, pp. 631 – 651.

[186] Breitung J., "The Local Power of Some Unit Root Tests for Panel Data", in B. Baltagi (ed.), Advances in Econometrics, Vol. 115: Nonstationary Panels, Panel Cointegration, and Dynamic Panels, Amsterdam: JAI press, 2000, pp. 161 – 1781.

[187] Chen George Shih – Ku, "Determinants of Taiwanese Investment in Chi-

na: An Agglomeration Economies – Based Perspective", *Monash Economics Working Papers 01/09*, 2009, pp. 1 – 39.

[188] Chen X. L., Zhou F., "Gravity Center Change in the Coastal Area of the Pearl River Estuary Based on GIS and RS", in: Dai, M. et al. (eds.), Innovative Computing and Information International Conference, Vol. 232, 2011, pp. 281 – 286.

[189] Chun Jinsuk, *Interregional Migration and Regional Development*, Ashgate Publishing Limited, 1996.

[190] Clark C., *The Conditions of Economic Progress*, London: Macmillan, 1957.

[191] Clower R. W., "The Keynesian Counter – Revolution: A Theoretical Appraisal", in: F. H. Hahn and F. Brechling (eds.), The Theory of Interest Rates, London: Macmillan, 1965.

[192] Cumings B., "The Origins and Development of the Northeast Asian Political Economy: Industrial Sectors, Product Cycles and Political Consequences", *International Organization*, Vol. 4, 1984, pp. 1 – 40.

[193] Doeringer P., Piore, M., *Internal Labor Markets and Man Power Analysis*, Lexington, MA: D. C. Heath, 1971.

[194] Dunning J. H., "The Determinants of International Production", *Oxford Economic Papers*, Vol. 25, No. 3, 1973, pp. 289 – 336.

[195] Dunning J. H., *International Production and the Multinational Enterprise*, London: George Allen & Unwin, 1981.

[196] Etsuro Shioji, "Comosition Effect of Migration and Regional Growth in Japan", *Journal of the Japanese and International Economies*, Vol. 15, No. 1, 2001, pp. 29 – 49.

[197] European Commission, "Taking Stock of Five Years of The European Employment Strategy", *Communication*, No. 7, 2002.

[198] Feenstra R. C., Hanson, G. H., "Foreign Investment, Outsourcing and Relative Wages", *NBER Working Paper*, 1996.

[199] Feng W., Xuejin, Z., "History's Largest Labor Flow: Understanding China's Rural Migration inside China's Cities: Institutional Barriers and Opportunities for Urban Migrants", *The American Economic Review*, Vol. 89, No. 2, 1999, pp. 276 – 280.

[200] Friedman J., et al., "What Attracts Foreign Multinational Corporation? Evidence From Branch Plant Location in the United States", *Journal of Regional Sci-*

ence, Vol. 32, No. 4, 1992, pp. 403 – 418.

[201] Friedman, *Regional Development Policy*, Cam – bridge: MIT Press, 1996.

[202] Fu J., Gao Z. G., Huang L. Y., Zhang L., "The Movement Route of Consumption Gravity Center of Xinjiang From 1965 to 2009 Based on GIS", *Procedia Earth and Planetary Science*, No. 2, 2011, pp. 321 – 326.

[203] Grether J. M., Mathys N. A., "Is the World's Economic Center of Gravity Already in Asia?", *Area*, Vol. 42, No. 1, 2010, pp. 47 – 50.

[204] Gustafsson Bojorn, Shi Li. "Economic Transformation and the Gender Earnings Gap in Urban China", *Journal of Population Economics*, Vol. 13, No. 2, 2000, pp. 305 – 329.

[205] Hallstrom K. T., *Organizing International Standardization: ISO and the IASC in Quest of Authority*, Cheltenham: Edward Elgar Press, 2004.

[206] Haning R., "Spatial Models and Regional Science: A Comment on Anselin's Paper and Research Directions?", *Journal of Regional Science*, No. 26, 1986, pp. 793 – 798.

[207] Hawkins R. G., "Job Displacement and Multinational Firm: A Methodological Review", *Center for Multinational Studies Occasional Paper*, No. 4, 1972, pp. 198.

[208] Heckman James J., Hotz V. Joseph., "An Investigation of the Labor Market Earnings of Panamanian Males: Evaluating the Sources of Inequality", *The Journal of Human Resources*, Vol. 1, No. 4, 1986, pp. 507 – 541.

[209] Helen M., Johnston K., Henry C., "Multinational Companies as A Source of Entrepreneurial Learning", *Education & Training*, Vol. 46, No. 8 – 9, 2004, pp. 433 – 443.

[210] Helpman E., "The Size of Regions", in: D. Pines, E. Sadka and I. Zilcha (eds.), Topics in Public Economics, London: Cambridge University Press, 1998.

[211] Hilgard J. E., "The Advance of Population in the United States", *Scribner's Monthly*, No. 4, 1872, pp. 214 – 218.

[212] Huffman W. E., "Farm and Off – farm Work Decisions: the Role of Human Capital", *The Review of Economics and Statistics*, Vol. 62, No. 1, 1980, pp. 14 – 23.

[213] ILO *Decent Work*, Report of the Director General, Deneva, 1999.

[214] Im K. S., Peasaran, M. H., Shin, Y., "Testing for Unit Roots in Heterogeneous Panels", *Journal of Econometrics*, No. 115, 2003, pp. 53 – 74.

［215］Jasay A. E. , "The Social Choice between Home and Oversea Investment", *Economic Journal*, Vol. 70, No. 7, 1960, pp. 277 – 285.

［216］Johri R. , "Work Values and the Quality of Employment: A Literature Review", Working Paper, http://www.dol.govt.nz/pdfs/lit – review – work – values, pdf, 2011 – 07 – 30.

［217］Jones B. G. , "Applications of Centrographic Techniques to the Study of Urban Phenomena: Atlanta, Georgia 1940 ~ 1975", *Economic Geography*, Vol. 56, No. 3, 1980, pp. 201 – 222.

［218］Keeble D. , Offord, J. , Walker, S. , *Peripheral Regions in a Community of Twelve Member States*, Luxembourg: Commission of European Communities, 1986.

［219］Kidd M. P. , "Sex Discrimination and Occupational Segregation in the Australian Labour Market", *The Economic Record*, No. 69, 1993, pp. 44 – 55.

［220］Klein L. R. , "Measurement of A Shift in the World's Center of Economic Gravity", *Journal of Policy Modeling*, Vol. 31, No. 4, 2009, pp. 489 – 492.

［221］Klimenko M. , "Competition, Matching, and Geographical Clustering at Early Stages of the Industry Life Cycle", *Journal of Economics and Business*, Vol. 56, Issue. 3, 2004, pp. 177 – 195.

［222］Knight J. , Song L. , *The Rural – Urban Divide, Economic Disparities and Interactions in China*, Oxford: Oxford University Press, 1999.

［223］Kojima K. , "Reorganization of North – South Trade: Japan's Foreign Economic Policy for the 1970's", *Hitosubashi Journal of Economics*, Vol. 13, No. 2, 1973, pp. 11 – 23.

［224］Krugman P. , "Increasing Returns and Economic Geography", *Journal of Political Geography*, Vol. 99, 1991, pp. 483 – 499.

［225］Lee Everett S. , "A Theory of Migration, Demography", *Demography*, Vol. 3, No. 1, 1966, pp. 47 – 57.

［226］Lefever D. W. , "Measuring Geographic Concentration by Means of the Standard Deviational Ellipse", *American Journal of Sociology*, Vol. 32, No. 1, 1926, pp. 89 – 94.

［227］Levin A. , Lin C. F. , Chu C. S. J. , "Unit Root Tests in Panel Data, Asymptotic and Finite – Sample Properties", *Journal of Econometrices*, No. 108, 2002, pp. 1 – 24.

［228］Lipsey R. E. , Sjöholm F. , "Foreign Direct Investment and Wages in Indonesian Manufacturing", *NBER Working Paper*, No. 8299, 2001.

[229] Little J. S. , "Location Decisions of Foreign Direct Investors in the United States", *New England Economic Review*, No. 7, 1978, pp. 43 – 63.

[230] Maddala G. S. , Wu S. , "A Comparative Study of Unit Root Tests with Panel Data and A New Simple Test", *Oxford Bulletin of Economics and Statistics*, No. 61, 1999, pp. 631 – 652.

[231] Mano Y. , Otsuka, K. , "Agglomeration Economies and Geographical Concentration of Industries: A Case Study of Manufacturing Sectors in Postwar Japan", *Journal of Japanese and International Economies*, Vol. 14, 2000, pp. 189 – 203.

[232] Meng X. , "The Role of Education in Wage Determination in China Rural Industrial Sector", *Education Economies*, Vol. 3, No. 3, 1995, pp. 235 – 247.

[233] Miller P. W. , "The Wage Effect of the Occupational Segregation of Women in Britain", *The Economic Journal*, No. 97, 1987, pp. 885 – 896.

[234] Mincer J. , "Human Capital, Technology and the Wage Structure: What Do Time Series Show?", *NBER Working Paper*, No. 3581, 1991.

[235] Moran P. A. P. , "The Interpretation of Statistical Maps", *Journal of the Royal Statistical Society*, Vol. 10, No. 2, 1948, pp. 243 – 251.

[236] Mortensen D. T. , Pissarides C. A. , "Unemployment Responses to 'Skilled – Biased' Technology Shocks: The Role of Labor Market Policy", *Economic Journal*, No. 109, 1999, pp. 242 – 265.

[237] Nakosteen R. A. , Zimmer M. A. , "Determinants of Regional Migration by Manufacturing Firms", *Economic Inquiry*, Vol. 25, No. 2, 1987, pp. 351 – 362.

[238] North D. , Rees J. , "The Product Cycle and the Spatial Decentralization of American Manufacturing", *Regional Studies*, Vol. 13, 1979, pp. 141 – 151.

[239] Oaxaca R. , "Male – female Wage Differentials in Urban Labor Markets", *International Economic Review*, Vol. 14, No. 3, 1973, pp. 693 – 709.

[240] Ozawa T. , "Foreign Direct Investment and Structural Transformation: Japan as A Recycler of Market and Industry", *Business and Contemporary World*, Vol. 2, 1993, 129 – 150.

[241] Packard T. G. , "Do Workers in Chile Choose Informal Employment? A Dynamic Analysis of Sector Choice", *World Bank Policy Research Working Paper*, No. 4232, 2007.

[242] Pasinetti L. , *Structural Change and Economic Growth*, Cambridge University Press, 1981.

[243] Pedroni P. , "Critical Values for Cointegration Tests in Heterogeneous Pan-

els with Multiple Regressors", *Oxford Bulletin of Economics and Statistics*, Vol. 61, 1999, pp. 653 – 6781.

[244] Pellenbarg P. H. , L. . J. G. van Wissen, J. van Dijk, Firm migration In: P. McCann (eds.) . Industrial Location Economics, Northampton, MA, USA: Edward Elgar, 2002.

[245] Pissarides C. A. , *Equilibrium Unemployment Theory*, London: Basil Blackwell, 1990.

[246] Porter M. E. , "Clusters and New Economics of Competition", *Harvard Business Review*, 1998, pp. 77 – 90.

[247] Puga D. , Venables A. J. , "The Spread of Industry: Spatial Agglomeration in Economic Development", *Journal of the Japanese and International Economies*, Vol. 10, No. 4, 1996, pp. 440 – 464.

[248] Richard Harris, Victoria Kravtsova, "In Search of 'W'", *Spatial Economic Analysis*, Vol. 6, No. 3, 2011, pp. 249 – 270.

[249] Schultz T. P. , "Education Investment and Returns", in H. Chenery and T. N. Srinivasan (eds.), Handbook of Development Economics, Vol. 1, New York: North – Holland, 1988, pp. 543 – 630.

[250] Schultz T. Paul, Tansel Aysit, "Wage and Labor Supply Effects of Illness in Cote d'Ivoire and Ghana: Instrumental Variable Estimates for Days Disabled", *Journal of Development Economics*, Vol. 53, No. 2, 1997, pp. 251 – 286.

[251] Schumpeter Joseph A. , *Capitalism, Socialism, and Democracy*, New York: Harper and Row Publishers, 1942.

[252] Sumner D. A. , "The Off – farm Labor Supply of Farmers", *American Journal of Agricultural Economics*, Vol. 64, No. 3, 1982, pp. 499 – 509.

[253] Thompson J. H. , "Some Theoretical Considerations for Manufacturing Geography", *Economic Geography*, Vol. 42, No. 4, 1966, pp. 356 – 365.

[254] Todaro M. P. , "A Model of Labor Migration and Urban Unemployment in Less Developed Countries", *American Economic Review*, Vol. 59, No. 3, 1969, pp. 138 – 148.

[255] Vernon R. , "International Investment and International Trade in the Product Cycle", *The Quarterly Journal of Economics*, Vol. 80, No. 2, 1966, pp. 190 – 207.

[256] Wang Q. , Yue T. X. , Wang C. L. , Fan Z. M. , Liu X. H. , "Spatial – Temporal Variations of Food Provision in China", *Procedia Environmental Sciences*, Vol. 13, 2012, pp. 1933 – 1945.

后　记

　　本书是在我博士学位论文的基础上修改完成的，是我对中国产业转移与劳动力就业问题研究的一项初步学术研究成果。书稿的顺利完成不仅仅靠我自己的汗水和智慧，更离不开诸多良师益友的关心和帮助。

　　首先要感谢我的导师陈耀研究员。2012年，我有幸进入陈老师门下。恩师渊博的学识、严谨的治学态度、诲人不倦的高尚师德、平易近人的人格魅力无不让我们折服。一直以来，陈老师都对我关怀备至、悉心指导，并逐步引导我走进学术研究领域。在攻读博士期间，恩师不仅为我提供大量的科研实践和学术交流机会，而且在生活中也给予我许多非常中肯的建议，特别是在我博士论文写作过程中，从论文选题、题目确定、框架构建、写作、修改、定稿，直到论文的送审、答辩，各个环节都充满了恩师的谆谆教诲和殷切关怀。尽管论文写作时留下很多遗憾，恩师还是鼓励我尽快修改出版。人生幸得遇此恩师，永志难忘。

　　感谢工业经济研究所对我的培养，工业经济研究所浓厚的学术氛围让我受益匪浅。感谢金碚老师、黄群慧老师、史丹老师、李海舰老师、刘戒骄老师、吕铁老师、石碧华老师、孙承平老师、叶振宇老师等对我论文选题、框架构建、科研实践等方面的指导和帮助，各位老师深厚的理论素养、广博的学识和平易近人的品格让我铭刻在心。感谢师兄陈钰在博士3年学习和生活中给予我的帮助和支持，也同样感谢其他同门师兄弟们——师兄王东升、郑鑫、皮亚彬、师弟郑重阳、汪斌等，同门之谊，情比手足，点滴之恩，历历在目。另外，真诚感谢我的同窗好友们，他们使我在研院的生活更加丰富多彩，给我留下了很多美好的回忆。

　　感谢我家人的体谅和关爱，他们是我的精神支柱，没有他们的关心、鼓励和支持，我很难顺利完成学业。最后，特别感谢我的爱人尤利东，他在繁忙的工作之外承担了绝大部分家务，在我博士论文的写作过程中帮我处理数据、厘清思路，不厌其烦地听我一遍遍地讲述我的论文，无论是论文的写作还是本书的修改，都凝聚着他的心血。他的理解、支持和无微不至的照顾，使我可以全身心地投入到论文写作和书稿修改中去。

  本书之所以能顺利完成,也离不开工作单位的有力支持,感谢我的工作单位——农业部农村经济研究中心的领导和同事给予的热情帮助。同时,也感谢经济管理出版社的杨雅琳编辑,感谢她和她的同事为本书的出版所付出的辛勤劳动。

  由于作者水平有限,书中难免会有疏漏和不足之处,恳请读者批评指正。

周洪霞

2016 年 10 月